国家出版基金资助项目
湖北省公益学术著作出版专项资金资助项目
节能与新能源汽车关键技术研究丛书

丛书主编：欧阳明高

电动汽车用永磁电机模型预测控制

花 为 黄文涛 ⊙著

MODEL PREDICTIVE CONTROL OF PERMANENT MAGNET MOTORS FOR ELECTRIC VEHICLES

http://press.hust.edu.cn
中国·武汉

内 容 简 介

本书系统介绍了电动汽车用永磁同步电机模型预测控制技术，包括电机稳态性能提升、扰动观测与抑制、故障诊断和容错运行等内容，涵盖了电动汽车驱动方面的最新研究成果。其主要特点是内容新颖丰富、系统性强、条理清晰、图文并茂，且书中以较大篇幅描述了相关仿真和实验验证过程，论述详细，具有说服力。

本书可供从事纯电动汽车及混合动力汽车技术研发的工程师及相关研究人员参考阅读。

图书在版编目(CIP)数据

电动汽车用永磁电机模型预测控制/花为，黄文涛著. —武汉：华中科技大学出版社，2024.5
（节能与新能源汽车关键技术研究丛书）
ISBN 978-7-5772-0570-0

Ⅰ.①电… Ⅱ.①花… ②黄… Ⅲ.①电动汽车-电机-预测控制 Ⅳ.①U469.720.3

中国国家版本馆 CIP 数据核字(2024)第 090792 号

电动汽车用永磁电机模型预测控制　　　　　　　　花　为　黄文涛　著
Diandongqicheyong Yongci Dianji Moxing Yuce Kongzhi

策划编辑：俞道凯　胡周昊	
责任编辑：杨赛君	
封面设计：原色设计	
责任监印：朱　玢	
出版发行：华中科技大学出版社(中国·武汉)	电话：(027)81321913
武汉市东湖新技术开发区华工科技园	邮编：430223
录　　排：武汉三月禾文化传播有限公司	
印　　刷：湖北新华印务有限公司	
开　　本：710mm×1000mm　1/16	
印　　张：15.5	
字　　数：246 千字	
版　　次：2024 年 5 月第 1 版第 1 次印刷	
定　　价：158.00 元	

本书若有印装质量问题，请向出版社营销中心调换
全国免费服务热线：400-6679-118　竭诚为您服务
版权所有　侵权必究

节能与新能源汽车关键技术研究丛书
编审委员会

主任委员　欧阳明高（清华大学）

副主任委员　王俊敏（得克萨斯大学奥斯汀分校）

委　员（按姓氏笔画排列）

马芳武（吉林大学）　　　王飞跃（中国科学院自动化研究所）

王建强（清华大学）　　　邓伟文（北京航空航天大学）

艾新平（武汉大学）　　　华　林（武汉理工大学）

李克强（清华大学）　　　吴超仲（武汉理工大学）

余卓平（同济大学）　　　陈　虹（吉林大学）

陈　勇（广西大学）　　　殷国栋（东南大学）

殷承良（上海交通大学）　黄云辉（华中科技大学）

作者简介

▶ **花 为** 工学博士,东南大学首席教授,博士生导师,国家杰出青年科学基金项目、优秀青年科学基金项目获得者,曾获科技部中青年科技创新领军人才、国家"万人计划"科技创新领军人才荣誉和"青年长江学者"称号。主持国家重点研发计划项目、国家自然科学基金重点项目、国防科技基础加强计划173研究项目课题和装备预研项目、"慧眼行动"项目等。发表论文被SCI收录200余篇,出版国家级教材1部,授权发明专利100余件。获国家技术发明奖二等奖、教育部自然科学奖一等奖、江苏省科学技术一等奖、中国电工技术学会科学技术奖一等奖、中国机械工业科学技术奖一等奖、中国专利优秀奖等。

▶ **黄文涛** 工学博士,毕业于东南大学电气工程专业,江南大学物联网工程学院副教授,于2018—2019年参与澳大利亚悉尼科技大学联合培养,入选2021年江苏省"双创博士"计划。主持国家自然科学基金项目、江苏省自然科学基金项目和中央高校基本科研业务费项目各1项。主要从事永磁电机驱动、模型预测控制技术、故障诊断与容错控制研究。发表论文被SCI收录20余篇。

新能源汽车与新能源革命（代总序）

中国新能源汽车研发与产业化已经走过了 20 个年头。回顾中国新能源汽车的发展历程："十五"期间是中国新能源汽车打基础的阶段，我国开始对电动汽车技术进行大规模有组织的研究开发；"十一五"期间是中国新能源汽车从打基础到示范考核的阶段，科技部组织实施了"节能与新能源汽车"重大项目；"十二五"期间是中国新能源汽车从示范考核到产业化启动阶段，科技部组织实施了"电动汽车"重大项目；"十三五"期间是中国新能源汽车产业快速发展升级阶段，科技部进行了"新能源汽车"科技重点专项布局。

2009—2018 年的 10 年间，中国新能源汽车产业从无到有，新能源汽车年产量从零发展到 127 万辆，保有量从零提升到 261 万辆，均占全球的 53% 以上，居世界第一位；锂离子动力电池能量密度提升两倍以上，成本降低 80% 以上，2018 年全球十大电池企业中国占 6 席，第一名和第三名分别为中国的宁德时代和比亚迪。与此同时，众多跨国汽车企业纷纷转型，大力发展新能源汽车。这是中国首次在全球率先成功大规模导入高科技民用大宗消费品，更是首次引领全球汽车发展方向。2020 年是新能源汽车发展进程中具有里程碑意义的年份。这一年是新能源汽车大规模进入家庭的元年，也是新能源汽车从政策驱动到市场驱动的转折年。这一年，《节能与新能源汽车产业发展规划（2012—2020 年）》目标任务圆满收官，《新能源汽车产业发展规划（2021—2035 年）》正式发布，尤其是 2020 年年底习近平主席提出中国力争于 2030 年前碳达峰和 2060 年前实现碳中和的宏伟目标，给新能源汽车可持续发展注入强大动力。

回顾过去，展望未来，我们可以更加清晰地看出当前新能源汽车发展在能源与工业革命中所处的历史方位。众所周知，每次能源革命都始于动力装置和交通工具的发明，而动力装置和交通工具的发展则带动对能源的开发利用，并引发工业革命。第一次能源革命，动力装置是蒸汽机，能源是煤炭，交通工具是火车。第二次能源革命，动力装置是内燃机，能源是石油和天然气，能源载体是汽、柴油,交通工具是汽车。现在正处于第三次能源革命,动力装置是各种电池,能源主体是可再生能源,能源载体是电和氢,交通工具就是电动汽车。第一次能源革命使英国经济实力超过荷兰,第二次能源革命使美国经济实力超过英国,而这一次可能是中国赶超的机会。第四次工业革命又是什么?我认为是以可再生能源为基础的绿色化和以数字网络为基础的智能化。

从能源与工业革命的视角看新能源汽车,我们可以发现与之密切相关的三大革命:动力电动化——电动车革命;能源低碳化——新能源革命;系统智能化——人工智能革命。

第一,动力电动化与电动车革命。

锂离子动力电池的发明引发了蓄电池领域百年来的技术革命。从动力电池、电力电子器件的发展来看,高比能量电池与高比功率电驱动系统的发展将促使电动底盘平台化。基于新一代电力电子技术的电机控制器升功率提升一倍以上,可达50千瓦,未来高速高电压电机升功率提升接近一倍,可达20千瓦,100千瓦轿车的动力体积不到10升。随着电动力系统体积不断减小,电动化将引发底盘平台化和模块化,使汽车设计发生重大变革。电动底盘平台化与车身材料轻量化会带来车型的多样化和个性化。主动避撞技术与车身轻量化技术相结合,将带来汽车制造体系的重大变革。动力电动化革命将促进新能源电动汽车的普及,最终将带动交通领域全面电动化。中国汽车工程学会《节能与新能源汽车技术路线图2.0》提出了我国新能源汽车的发展目标:到2030年,新能源汽车销量达到汽车总销量的40%左右;到2035年,新能源汽车成为主流,其销量达到汽车总销量的50%以上。在可预见的未来,电动机车、电动船舶、电动飞机等都将成为现实。

第二,能源低碳化与新能源革命。

国家发改委和能源局共同发布的《能源生产和消费革命战略(2016—2030)》提出到2030年非化石能源占能源消费总量比重达到20%左右,到2050年非化石能源占比超过一半的目标。实现能源革命有五大支柱:第一是向可再生能源转型,发展光伏发电和风电技术;第二是能源体系由集中式向分布式转型,将每一栋建筑都变成微型发电厂;第三是利用氢气、电池等相关技术存储间歇式能源;第四是发展能源(电能)互联网技术;第五是使电动汽车成为用能、储能和回馈能源的终端。中国的光伏发电和风电技术已经完全具备大规模推广条件,但储能仍是瓶颈,需要靠电池、氢能和电动汽车等来解决。而随着电动汽车的大规模推广,以及电动汽车与可再生能源的结合,电动汽车将成为利用全链条清洁能源的"真正"的新能源汽车。这不仅能解决汽车自身的污染和碳排放问题,同时还能带动整个能源系统碳减排,从而带来一场面向整个能源系统的新能源革命。

第三,系统智能化与人工智能革命。

电动汽车具有出行工具、能源装置和智能终端三重属性。智能网联汽车将重构汽车产业链和价值链,软件定义汽车,数据决定价值,传统汽车业将转型为引领人工智能革命的高科技行业。同时,从智能出行革命和新能源革命双重角度来看汽车"新四化"中的网联化和共享化:一方面,网联化内涵里车联信息互联网和移动能源互联网并重;另一方面,共享化内涵里出行共享和储能共享并重,停止和行驶的电动汽车都可以连接到移动能源互联网,最终实现全面的车网互动(vehicle to grid,V2G)。分布式汽车在储能规模足够大时,将成为交通智慧能源也即移动能源互联网的核心枢纽。智能充电和车网互动将满足消纳可再生能源波动的需求。到 2035 年我国新能源汽车保有量将达到 1 亿辆左右,届时新能源车载电池能量将达到 50 亿千瓦时左右,充放电功率将达到 25 亿~50 亿千瓦。而 2035 年风电、光伏发电最大装机容量不超过 40 亿千瓦,车载储能电池与氢能结合完全可以满足负荷平衡需求。

总之,从 2001 年以来,经过近 20 年积累,中国电动汽车"换道先行",引领全球,同时可再生能源建立中国优势,人工智能走在世界前列。可以预见,2020 年至 2035 年将是新能源电动汽车革命、可再生能源革命和人工智能革命突飞猛进、协同发展,创造新能源智能化电动汽车这一战略性产品和产业的中国奇迹的新时代。三大技术革命和三大优势集成在一个战略产品和产业中,将爆发出巨大力量,不仅能支撑汽车强国梦的实现,而且具有全方位带动引领作用。借助这一力量,我国将创造出主体产业规模超过十万亿元、相关产业规模达几十万亿元的大产业集群。新能源汽车规模化,引发新能源革命,将使传统的汽车、能源、化工行业发生翻天覆地的变化,真正实现汽车代替马车以来新的百年未有之大变局。

新能源汽车技术革命正在带动相关交叉学科的大发展。从技术背景看,节能与新能源汽车的核心技术——新能源动力系统技术是当代前沿科技。中国科学技术协会发布的 2019 年 20 个重大科学问题和工程技术难题中,有 2 个(高能量密度动力电池材料电化学、氢燃料电池动力系统)属于新能源动力系技术范畴;中国工程院发布的报告《全球工程前沿 2019》提及动力电池 4 次、燃料电池 2 次、氢能与可再生能源 4 次、电驱动/混合电驱动系统 2 次。中国在 20 年的节能与新能源汽车的研发过程中实际上已经积累了大量的新知识、新方法、新经验。"节能与新能源汽车关键技术研究丛书"立足于中国实践与国际前沿,旨在总结我国节能与新能源汽车的研发成果,满足我国节能与新能源汽车技术发展需要,反映国际节能与新能源汽车关键技术研究趋势,推动我国节能与新能源汽车关键技术转化应用。丛书内容包括四个模块:整车控制技术、动力电池技术、电机驱动技术、燃料电池技术。丛书所包含图书均为国家自然科学基金项目、国家科技重大专项或国家重点研发计划项目等支持下取得的研究成果。该丛书的出版对于增强我国新能源汽车关键技术的知识积累、提升我国自主创新能力、应对气候变化、推动汽车产业的绿色发展具有重要作用,并能助力我国迈向汽车强国。希望通过该丛书能够建立学术和技术交流的平台,让作者和读者共同为我国节能与新能源汽车技术水平和学术水平跻身国际一流做出贡献。

中国科学院院士
清华大学教授

2021 年 1 月

前言

电动汽车技术发展日新月异，国内外各大汽车厂商都推出了电动汽车新产品，许多造车新势力也蓬勃发展，推出了各具特色的电动汽车，而电动汽车技术的发展对电机驱动技术提出了新的挑战。与此同时，随着先进控制理论不断发展，线性控制、非线性控制、智能控制以及模型预测控制等先进控制方法在电机驱动领域中得到了广泛应用，大幅提高了电机的控制性能。相对于其他控制方法，模型预测控制具有概念直观、易于理解，能够提高系统响应速度，能够处理含有约束条件的多变量非线性控制问题，能够实现多目标优化，能够考虑变换器的开关特性等优点，从而成为电机控制研究的热点和主要的发展方向。为了更好地适应技术发展和电动汽车对可靠性的需求，本书介绍了模型预测控制技术在电动汽车驱动系统中的应用情况。

本书共有七章，第1章为电动汽车概述，第2章介绍永磁电机驱动系统，第3章至第5章主要介绍三相永磁电机模型预测控制技术，其中第3章介绍三相磁通切换永磁电机模型预测控制，第4章介绍基于转矩脉动抑制的模型预测控制，第5章介绍基于预测模型的开路故障诊断；第6章和第7章以五相永磁电机为例介绍多相电机在高可靠电机驱动系统中的应用，其中第6章介绍多相磁通切换永磁电机模型预测控制，第7章介绍开路故障容错模型预测控制。

本书由东南大学花为提出总体撰写思路和提纲，并进行全书统稿，江南大学黄文涛承担了主要撰写工作。此外，陈富扬起草了6.4节"基于电压矢量优化的改进型模型预测控制"的初稿，夏卫国起草了6.5节"参数敏感性及系统稳定性分析"和6.6节"电流静差消除算法"的初稿。

由于电动汽车用永磁电机模型预测控制技术仍处于发展阶段，加上作者水平有限，书中难免有不完善和错误之处，敬请各位专家和读者批评指正。

花　为

2024 年 1 月

目录

第1章 电动汽车概述 … 1
1.1 电动汽车的主要特点和发展方向 … 2
1.1.1 电动汽车的主要特点 … 2
1.1.2 电动汽车的发展方向 … 6
1.2 电动汽车关键技术 … 7
本章参考文献 … 10

第2章 永磁电机驱动系统 … 12
2.1 研究背景及意义 … 12
2.2 磁通切换永磁电机 … 13
2.2.1 三相系统 … 14
2.2.2 多相系统 … 15
2.3 控制策略概述 … 16
2.3.1 传统三相永磁同步电机控制 … 16
2.3.2 多相永磁同步电机控制 … 21
本章参考文献 … 26

第3章 三相磁通切换永磁电机模型预测控制 … 33
3.1 三相磁通切换永磁电机驱动系统 … 33
3.1.1 电机结构与特性 … 33
3.1.2 逆变器状态 … 37
3.1.3 数学模型 … 39
3.2 模型预测电流控制 … 41

3.2.1	预测电流控制	41
3.2.2	价值函数	42
3.2.3	延时补偿	42

3.3 模型预测转矩控制 45
3.3.1	预测转矩与磁链模型	46
3.3.2	价值函数	46
3.3.3	MPCC 与 MPTC 的联系	48

3.4 仿真分析 48
3.5 实验验证 53
3.5.1	硬件平台	53
3.5.2	稳态测试	55
3.5.3	动态测试	56

3.6 本章小结 58
本章参考文献 58

第4章 基于转矩脉动抑制的模型预测控制 59

4.1 定位力矩补偿的模型预测电流控制 60
4.1.1	谐波电流补偿	60
4.1.2	迭代学习控制	62
4.1.3	实验验证	63

4.2 基于矢量合成的模型预测转矩控制 66
4.2.1	矢量筛选与定子磁链参考计算	67
4.2.2	预测模型	70
4.2.3	实验验证	70

4.3 本章小结 74
本章参考文献 75

第5章 基于预测模型的开路故障诊断 76

5.1 故障诊断概述 76
5.2 基于信号的故障诊断 77
5.2.1	故障分析	77

5.2.2 算法设计	81
5.2.3 实验验证	86
5.3 基于混合模型的故障诊断	92
5.3.1 模型构建	92
5.3.2 算法设计	95
5.3.3 仿真分析	100
5.3.4 实验验证	101
5.4 本章小结	105
本章参考文献	106

第6章 多相磁通切换永磁电机模型预测控制 … 109

6.1 多相电机控制概述	109
6.2 五相磁通切换永磁电机驱动系统	110
6.2.1 电机结构	110
6.2.2 数学模型	113
6.3 五相FSPM电机模型预测控制	118
6.3.1 预测模型	118
6.3.2 价值函数	119
6.3.3 控制延迟补偿	120
6.3.4 系统框图	121
6.3.5 仿真结果	122
6.4 基于电压矢量优化的改进型模型预测控制	123
6.4.1 单矢量优化	123
6.4.2 双矢量优化	127
6.4.3 多矢量优化	135
6.4.4 实验验证	136
6.4.5 方法对比与分析	142
6.5 参数敏感性及系统稳定性分析	142
6.5.1 常规MPCC算法敏感性分析	143
6.5.2 DB-MPCC算法参数敏感性及系统稳定性分析	147

6.6 电流静差消除算法 … 155
6.6.1 基于积分法的 IDB-MPCC 算法 … 155
6.6.2 基于龙伯格观测器的 RDB-MPCC 算法 … 164
6.6.3 算法验证 … 176
6.7 本章小结 … 185
本章参考文献 … 186

第7章 开路故障容错模型预测控制 … 189
7.1 多相电机容错模型预测控制概述 … 189
7.2 开路故障的五相磁通切换电机系统 … 190
7.2.1 矢量空间分解 … 190
7.2.2 数学模型 … 193
7.3 计及谐波约束的容错模型预测转矩控制 … 201
7.3.1 预测模型 … 202
7.3.2 价值函数 … 203
7.3.3 矢量筛选 … 204
7.3.4 实验验证 … 206
7.4 基于空间矢量调制的容错模型预测转矩控制 … 216
7.4.1 常规 SVPWM … 216
7.4.2 改进 SVPWM … 217
7.4.3 预测模型 … 221
7.4.4 占空比生成 … 223
7.4.5 实验验证 … 224
7.5 本章小结 … 231
本章参考文献 … 231

第1章
电动汽车概述

自 2009 年以来,随着经济的高速发展,中国已经成为世界上最大的乘用车市场。截至 2022 年底,中国民用汽车保有量达到 3.19 亿辆[1]。然而,传统燃油汽车的快速增长,导致中国的石油消耗量也在不断增加。2022 年,中国成品油消费量为 3.45 亿吨,给中国能源安全以及经济发展带来了巨大影响。与此同时,燃油汽车在使用过程中产生大量尾气,导致环境污染问题日益加剧。目前,节约能源和保护环境受到全世界的高度关注,发展节能环保型汽车成为各国政府和汽车企业的共识。

2020 年 9 月,习近平主席在第七十五届联合国大会一般性辩论上正式宣布:"中国将提高国家自主贡献力度,采取更加有力的政策和措施,二氧化碳排放力争于 2030 年前达到峰值,努力争取 2060 年前实现碳中和。"我国构建"1+N"政策体系,扎实推进"碳达峰""碳中和"。《中共中央 国务院关于完整准确全面贯彻新发展理念做好碳达峰碳中和工作的意见》《2030 年前碳达峰行动方案》相继发布,为实现"双碳"目标做出顶层设计,明确了时间表、路线图、施工图。此后,能源、工业、城乡建设、交通运输等重点领域实施方案,煤炭、石油、天然气、钢铁等重点行业实施方案,科技支撑、财政支持、统计核算等支撑保障方案,以及 31 个省(区、市)碳达峰实施方案陆续制定施行[2]。

纯电动汽车和混合动力汽车因其高效节能的显著优势,成为解决能源环境危机的主要途径。电池技术、电机技术和电控技术是电动汽车的三大关键技术,其中电池技术相对独立,而电机与电控技术位于执行层,二者结合紧密。电机及其控制系统作为新能源汽车的核心部件之一,直接影响整车的安全性、稳定性和经济性等各项性能指标,已经成为衡量电动汽车技术水平的重要标志。《关于 2016—2020 年新能源汽车推广应用财政支持政策的通知》要求新能源汽车生产企业应对动力电池等储能装置、驱动电机、电机控制器提供质量保证。

1.1 电动汽车的主要特点和发展方向

1.1.1 电动汽车的主要特点

面对可持续交通发展的巨大挑战及解决能源和环保问题的重大需求,目前国内外各大研究机构和汽车制造商针对电动汽车的研发和推广,主要集中于三类电动汽车的发展,分别是蓄电池纯电动汽车、混合动力汽车和燃料电池电动汽车。

蓄电池纯电动汽车使用电动机作为动力源,以蓄电池作为能源存储单元,用电力作为能源。蓄电池纯电动汽车在结构上主要由电力驱动子系统、能源子系统和辅助子系统三个子系统构成。电力驱动子系统包括电子控制器、功率转换器、电动机、机械传动装置;能源子系统包括能量源(电源)、能量单元以及能量控制单元;辅助子系统包括助力转向单元、温控单元和辅助动力供给单元等。

驾驶员通过加速踏板或制动踏板发出信号,电子控制器发出相应的控制信号,以控制功率转换器的功率电子开关工作,功率转换器的作用是调节电动机和能量源之间的能量流动。电动汽车制动产生再生能量,再生能量通过能量转换器由能量源吸收。多数电动汽车的电池、超级电容和飞轮都能够吸收再生制动能量。能量控制单元与电子控制器一起调节再生制动能量,实现系统能量流的优化。能量控制单元与能量单元一起监控能源的使用情况。辅助动力供给单元向电动汽车的所有辅助装置提供所需的不同电压等级的电源。

蓄电池纯电动汽车的特点是无排放、不依赖化石燃料,但是由于蓄电池的能量密度和功率密度比汽油或柴油的低很多,因此蓄电池纯电动汽车的连续行驶里程有限。近年来,虽然高性能动力电池(如锂离子动力电池)技术取得很大进展,但初期投入成本较高,因此蓄电池纯电动汽车目前主要应用于小型车,以满足短途交通需要。

混合动力汽车采用发动机和电动机作为动力源,燃油和蓄电池作为能源(蓄电池可由汽车中发动机驱动发电机充电)。现在市场上的混合动力汽车一般采用这种方式。因为同时有多个能量源,混合动力汽车设计的主要难点在于如何根据行驶的循环工况进行多个能量源之间的优化控制。混合动力汽车通常分为串联式和并联式两类,但近年来出现了一些新的形式,包括兼具串联式和并联式特征的混联式,以及不能归纳到以上三类之中的第四类——综合式。这些类型的混合动力汽车可以提供更多的工作模式。

串联式是其中最简单的一种,它的主要特征是发动机/发电机提供的电能和蓄电池提供的电能叠加在一起,供给电动机进而驱动车轮运转,以满足车辆的动力需要。发动机输出的机械能首先通过发电机转化成电能,转化后的电能一部分用于给蓄电池充电,另一部分被传递给电动机和传动装置以驱动车轮。串联式混合动力汽车由于三种能量源提供的能量最终以电能形式叠加,因此只要用电缆连接三种能量源即可,容易实现,器件布置也比较灵活。但是该类混合动力汽车需要三种驱动装置——发动机、发电机和电动机,因而该类电动汽车的效率通常较低。

而并联式的主要特征是发动机的输出能量和电动机的输出能量以机械能的方式叠加,提供给传动机构以满足车辆的动力需要。并联式混合动力汽车采用了发动机和电动机两套独立的驱动系统,通常采用不同的离合器来驱动车轮,包括发动机单独驱动、电动机单独驱动、发动机和电动机混合驱动三种工作模式。同串联式相比,它只需要两个驱动装置,不需要单独的发电机。此外,由于并联式的发动机和电动机能够同时驱动车辆,在相同动力性能需求下,并联式的发动机和电动机尺寸比串联式的小,但由于并联式混合动力汽车的两种能量源是以机械能的形式叠加的,因此其需要匹配相应的机械传动装置,实现形式不如串联式简单,器件布置也有一定的局限性。目前市面上大多数混合动力车型都采用了并联式结构。

混联式在结构上综合了串联式和并联式的特点:同串联式相比,它增加了机械动力的传递路线;同并联式相比,它增加了电能的传输路线。尽管混联式混合动力汽车同时具有串联式和并联式的优点,但其结构复杂、成本高。丰田Prius系统的混合动力系统采用的就是这种结构形式。

综合式混合动力汽车的结构更复杂,无法归结到上面三种形式之中,它包含了更多的能量控制单元,能够提供更多的工作模式。具体而言,其结构和混联式相似,都有起起动和发电作用的起动/发电一体机。这两者的主要区别在于综合式中的电动机允许功率流双向流动,而混联式中的电动机只允许功率流单向流动。双向流动的功率流允许综合式混合动力汽车有更多的工作模式。虽然这样的配置会给汽车带来结构复杂、成本高的缺点,但是现在有些新型混合动力汽车仍采用了这种双轴驱动的综合式系统。

根据电动汽车的发动机与电动机功率比例及运行特征,混合动力汽车又可以分为轻度混合型(简称"轻混")、中度混合型(简称"中混")和重度混合型(简称"重混")。简单地说,发动机功率占总功率的比例越小,混合度越低,反之则越高。轻度混合动力汽车中,传统的发电机被由输送带驱动的起动/发电一体机所代替,其功率一般为$3\sim 5$ kW。起动/发电一体机不直接推动车轮,但会提供两个重要的混合特性:一方面,当汽车处于怠速状态时,关闭发动机,节省能源,从而提高在城市中行驶的汽车的燃油经济性;另一方面,当汽车下坡或者制动时对电池充电,从而提供大量的再生制动能量,电池电压一般为 12 V。雪铁龙 C3 就是一款轻度混合动力汽车,该类型汽车虽然只能节能 5%~8%,但其成本只增加几个百分点,较易为市场所接受。

中度混合动力汽车的起动/发电一体机一般放置于发动机与变速器之间,其功率为$7\sim 12$ kW。由于发动机和起动/发电一体机共用一个轴承,在单独使用电能情况下不能提供功能,也就是不能单独利用电能起动。但是它可以提供其他的混合型特性,包括怠速停机以及再生制动。起动/发电一体机由于可以辅助驱动汽车,它在性能上类似于一个小型发动机,因此可以降低引擎的额定功率要求。电池电压一般为$36\sim 144$ V。本田公司的 Civic 和 Accord 系列、通用公司的 Silverado 和 Sierra 系列均为该类型汽车。中度混合动力汽车可节能 20%~30%,但成本却增加了 20%~30%。

重度混合动力汽车可以提供全面的混合性能,包括纯电能起动、怠速停机和再生制动等。相应地,电动机功率为$30\sim 50$ kW,电池电压为$200\sim 500$ V。丰田公司的 Prius 及福特公司的 Escape 系列属于该类型汽车。其电动机可以提供额外的转矩,在加速性能上远远好于配置相同发动机的传统汽车。重度混合动力汽车又分为节能型和动力型,节能型追求节能和减少排放;而动力型则追求更强劲的动力,具有优越的加速性能,但成本更高。重度混合动力汽车可节能30％～50％,但成本也增加了30％～40％。

插电式混合动力汽车可看作一种特殊的混合动力汽车,不仅包括以发动机与蓄电池为能量源的类型,还有以压缩天然气发动机与蓄电池为能量源的类型,甚至有同时以多个驱动装置为能量源的类型。但无论如何配置,这些混合动力汽车都有类似的连接类型和特点。

总体而言,混合动力汽车的特点是排放低、连续行驶里程长,但因为有多个驱动源,其结构复杂并依赖原油。

燃料电池电动汽车采用电动机作为动力源,用燃料电池作为能源转换装置,其能源主要来自氢气。燃料电池电动汽车在国内还处于研究阶段,存在不同的结构,目前主要还是指燃料电池与蓄电池混合类型的电动汽车。蓄电池能够实现制动能量的回收,可以相对降低对燃料电池的功率要求,进而降低成本。虽然在结构上燃料电池电动汽车同蓄电池电动汽车非常相似,但是单独的燃料电池并不能直接发电来驱动汽车,它需要和燃料供给与循环单元、氧化剂供给单元、水热管理单元以及一个协调上述各个单元的控制单元共同组成燃料电池的发电系统。由于燃料电池的能量密度与汽油相当,因此燃料电池电动汽车的连续行驶里程也和燃油汽车不相上下,但燃料电池的功率密度较汽油的功率密度低很多,因此燃料电池电动汽车还需要配置少量的电池或超级电容以提高汽车的加速性能。虽然燃料电池电动汽车有良好的发展前景,但是目前尚未产业化,成本仍然较高,而且燃料电池的可靠性和寿命有待改进,加灌氢气的基础设施有待建立与系统化,氢气的来源和供应链也有待进一步完善。

除上述三种主要的电动汽车类型外,还有几种运行模式介于这三者之间的电动汽车类型,包括增程型电动汽车（或称为在线充电式电动汽车）、外接充电型混合动力汽车和双模电动汽车。增程型电动汽车通常运行在纯电池电动汽车模式下,当连续行驶里程不足时,会以汽油、柴油或乙醇等为媒介,提供能量给由发动机和发电机集成的动力系统,动力系统将发出的电能提供给主驱电动机,使车辆运行在串联式混合动力汽车模式下。外接充电型混合动力汽车在短途行驶时消耗存储的电能,而在行驶里程较长时运行于以发动机为主导的混合动力模式,因此该车辆通常采用并联式或者混联式,而且多为重度混合型。与前两种类型的电动汽车相比,双模电动汽车可让驾驶员拥有更加自主的决策权:在储蓄电量允许的条件下,驾驶员可根据实际路况和动力性能要求通过按键在纯电动和混合动力两种模式之间任意切换,以满足人们对排放标准、动力性能和驾驶体验的不同要求[3]。

1.1.2 电动汽车的发展方向

汽车诞生已经100多年,经历了从欧洲的手工生产到美国的自动化生产再到日本的精益生产的发展过程。汽车的出现改变了世界,促进了经济的发展,改善了人们的生活。但是,发展到今天,汽车也带来了三大严重问题,即能源、环保和安全问题,这也是可持续交通发展面临的三大挑战,是21世纪汽车革命的方向。

为解决这些问题,科学家需要改造汽车的驱动动力和燃料。动力的改造包括研制新型发动机、革新发动机的燃烧及控制方式、提高其燃油经济性和减少排放。在燃料方面,要研发新型清洁燃料,诸如天然气、液化气、生物柴油、氢气等。而在电动汽车开发方面,包括蓄电池纯电动汽车、混合动力汽车和燃料电池电动汽车,有效地改造传统汽车的动力设备,提高燃料效率。因此,电动汽车是节省能源、促进环保的现代汽车发展主方向。

然而在过去,人们曾经存在这样的认识误区:蓄电池纯电动汽车和燃料电池电动汽车由于可以实现低排放,甚至零排放而注定会成为最终的研究方向,混合动力汽车不过是当前过渡阶段的折中方案。但值得注意的是,虽然当今石油价格一直居高不下,但是至少未来几十年内,市场依然可以得到较为稳定的石油供应,燃油汽车的主导地位不会立即受到很大威胁。目前,各国政府、研究机构和汽车制造商在电动汽车领域都投入了较大的力量,在很大程度上促进了电动汽车产业的发展。但这个推动电动汽车产业发展的主要力量,源于政府部门对环境的关注,而不完全源于能源问题。

混合动力汽车的工程哲学是集成、优化电动机驱动系统和发动机驱动系统,发挥电动机驱动的优势以弥补发动机驱动的弱点,使发动机保持在最佳工况下工作,取消怠速,同时实现再生制动能量反馈。混合动力系统一定要发挥附加值,使电动机驱动和发动机驱动的结合不是简单的 $1+1=2$,而是要大于2。

2015年，科技部联合财政部、工信部等组织实施"十三五"国家重点研发计划新能源汽车试点专项，从基础科学问题、共性核心关键、动力系统技术、集成开发与示范四个层次，重点对动力电池与电池的管理系统、电机驱动与电力电池总成、电动汽车智能化、燃料电池动力系统、插电增程式混合动力系统、纯电动系统六个方向进行了研发部署，以完善我国新能源汽车研发体系，升级新能源汽车技术平台。与此同时，我国新能源汽车发展也面临核心技术创新能力不强、质量保障体系有待完善、基础设施建设仍显滞后、产业生态尚不健全、市场竞争日益加剧等问题。为推动新能源汽车产业高质量发展，加快建设汽车强国，国务院在2020年制定了《新能源汽车产业发展规划（2021—2035年）》，提出强化整车集成技术创新，以纯电动汽车、插电式混合动力（含增程式）汽车、燃料电池汽车为"三纵"，布局整车技术创新链；提升产业基础能力，以动力电池与管理系统、驱动电机与电力电子、网联化与智能化技术为"三横"，构建关键零部件技术供给体系。力争经过15年的持续努力，我国新能源汽车核心技术达到国际先进水平，质量品牌具备较强国际竞争力[4]。

1.2 电动汽车关键技术

现代电动汽车的核心是高效、清洁和智能化地利用电能驱动车辆，其关键技术涉及汽车制造、电子、信息、能源、电力驱动、能量管理、自动控制、材料、化学工艺及系统优化等方面，以及智能交通网络互联、全球定位、自动驾驶等相关技术。只有将相关的技术全面整合，并且控制好成本，才能取得电动汽车技术的成功[5]。

现代电动汽车的核心技术可以归纳为以下几个方面。

1. 电机驱动系统

电机驱动系统是电动汽车的心脏，该系统包括电动机驱动装置、机械传动装置和车轮。而电动机驱动装置是电机驱动系统的核心，针对电动汽车设计的电机驱动系统需要灵活有效地驱动车轮（或者提供辅助动力以驱动车轮）。目前用于电动汽车的电动机种类有直流电动机、感应电动机、永磁无刷直流电动机、永磁同步电动机、开关磁阻电动机等，其中永磁同步电动机的市场占有率最高。

对于现代电动汽车,电机驱动系统需要满足如下基本要求:

(1) 高功率密度和高瞬时输出功率;

(2) 低速或者爬坡时能提供低速大转矩,高速时能为巡航提供高速低转矩特性;

(3) 调速范围宽,包括恒转矩区和恒功率区;

(4) 转矩响应快速;

(5) 在较宽的转速和转矩工作区内保持较高能量效率;

(6) 再生制动时可实现高的能量回收效率;

(7) 在各种工况下具有高可靠性和鲁棒性;

(8) 价格合理。

2. 能量源

现代电动汽车的能量源是电动汽车商业化全面推广的一个主要因素。在现在和将来一段时间,如何发展电动汽车的能量源是电动汽车领域的一个重点研发问题。

现代电动汽车的发展和推广所需要的能量源应满足以下要求:

(1) 高能量和能量密度;

(2) 高功率和功率密度;

(3) 快速充电和深度放电的能力;

(4) 可循环使用,寿命长;

(5) 高充电和放电效率;

(6) 安全性能高且成本合理;

(7) 免维护;

(8) 环保且可以回收;

(9) 能与汽车工程有机结合。

目前的电动汽车能量源还无法完全符合上述要求,但是采用多种能量源的组合可以符合较多的要求,如选用一种能量源满足能量高的要求,选用另一种能量源满足功率高的要求,则这两种能量源的组合就可以取得较佳的效果。现在正在应用或开发的具有一定前景的能量源有蓄电池、超级电容、燃料电池和超高速飞轮组合等。目前用于电动汽车的蓄电池种类有铅酸电池、镍氢电池、锂离子电池等。需要注意的是,电动汽车的电池和其他一般用途的电池在运行工况和环境方面有显著不同,因此必须由电化学专家、汽车专家和电气专家共同开发,才能满足电动汽车对电池的要求。

3. 能量管理系统

当前,电动汽车的车载能量源还比不上燃油汽车,因此为了最大限度地利用电动汽车所带能量源,需要设计相应的能量变换系统以增加行驶里程,并优化设计电动汽车的能量管理系统。通过安装在电动汽车内的各种传感器,能量管理系统可以得到所需要的全部信息,从而实现以下功能:

(1) 优化系统能量流;
(2) 实时显示所剩的能量和可继续行驶的里程数;
(3) 提供最佳的驾驶模式;
(4) 从制动过程中获取能量并存储;
(5) 根据外界的气温实时调节车内的温度;
(6) 根据外界的光照条件自动调节车内外的灯光系统;
(7) 分析能量源,尤其是蓄电池的工作记录;
(8) 诊断能量源错误的工作方式,并监控能量源的运行状况。

另外,将能量管理系统和电动汽车导航系统结合起来,就可以规划能源的最佳利用方式,锁定充电站的位置。总之,能量管理系统可以最大限度地利用电动汽车的能源,优化能源配置,使电动汽车高效运行。

4. 车身结构

现代电动汽车的生产主要有两种方式:一种是改装;另一种是专门设计和生产。改装的电动汽车,就是用电动机、功率转换及分配装置、蓄电池等取代现有燃油汽车的发动机和相关部件。而改装的混合动力汽车,则是用电动汽车的相关装置辅助发动机运作,以提高电动汽车的整体效率。改装可采用现有汽车的发动机底盘,对小规模生产的电动汽车而言这样比较经济。但是,改装的电动汽车由于天生具有车体重、重心高、质量分布不平衡等缺点,因此目前的电动汽车大多数都采用专门设计和生产方案。专门设计的电动汽车可以实现特定的设计目标,可以让工程师灵活地协调和综合电动汽车的各个子系统,以便它们可以一起有效地工作。

为了提高全新设计的电动汽车的整体性能,连续行驶里程、最高速度、加速能力和爬坡能力等因素都需重新考虑。经过专门设计和规划,电动汽车应具有车身质量轻、风阻系数小、轮胎滚动阻力小、人机接口灵活方便、快速充电能力强等显著特点。

5. 系统整体优化

电动汽车系统是综合了多个学科、多个领域技术的复杂系统,其性能也受各个方面的影响。为了提高电动汽车的总体性能并降低成本,系统整体优化就显得极其重要。利用计算机仿真,可以非常有效地进行电动汽车的仿真和评估,从而降低汽车生产商开发成本、缩短开发时间。由于电动汽车整体由各个不同的子系统连接而成,因此仿真信号应由机械、电子、电磁等信号组成。电动汽车系统整体优化需要考虑以下几个问题:

(1) 因电动汽车的各个子系统之间相互作用,并影响全车性能,故应该充分考虑子系统相互作用的重要性;

(2) 模型的精确性常常与复杂性一致,但系统过于复杂会影响仿真的实用性,必须协调好二者之间的关系;

(3) 各子系统的电压等级相差较大,在电动汽车设计中必须考虑好蓄电池电压、驱动电机电压与额定电流、加速性能、行驶里程、安全性能等方面的关系;

(4) 对于多能量源体系的电动汽车设计,应该综合考虑各能量源所占的比例及对电动汽车性能的影响,从而确定各能量源的最优配置比例;

(5) 传动比对电动汽车的运行性能和操作性能影响很大,而通常情况下电动汽车采用的是固定的传动比,即使将来能采用更好的传动方式替代现有的齿轮传动方式,设计时也必须考虑和确定最优传动比。

系统整体优化是一个复杂的过程,需要多学科人才的大力配合,而且没有一个固定的标准,因此在未来电动汽车的发展中,需逐步总结并完善。

本章参考文献

[1] 国家统计局. 中华人民共和国 2022 年国民经济和社会发展统计公报[J].

中国统计,2023(3):12-29.

[2] 刘毅,刘温馨.积极稳妥推进碳达峰碳中和[N].人民日报,2022-11-09(001)[2023-11-09].

[3] CHENG M,TONG M H. Development status and trend of electric vehicles in China[J]. Chinese Journal of Electrical Engineering,2017,3(2):1-13.

[4] 国务院办公厅.国务院办公厅关于印发新能源汽车产业发展规划(2021—2035年)的通知:国办发〔2020〕39号[A/OL].(2020-11-02)[2023-11-09]. https://www.gov.cn/zhengce/content/2020-11-02/content_5556716.htm.

[5] 邹国棠,程明.电动汽车的新型驱动技术[M].2版.北京:机械工业出版社,2015.

第 2 章
永磁电机驱动系统

2.1 研究背景及意义

目前,国内外新能源汽车驱动电机类型大多为感应电机(induction motor, IM)和永磁同步电机(permanent magnet synchronous motor, PMSM),如表 2-1 所示。相比于 IM,PMSM 因具有效率高、转矩大、功率密度大等优点而在新能源汽车研究和生产中更受青睐。因此,研究 PMSM 及其高性能控制策略,对推动新能源汽车发展具有重大理论意义与工程价值。

表 2-1 国内外部分新能源汽车驱动电机类型

国产品牌		外资/合资品牌	
车型	电机类型	车型	电机类型
北汽 EU	PMSM	特斯拉 Model 3、Model X	PMSM、IM
上汽宝骏 E 系列	PMSM	奔驰 EQE	PMSM
比亚迪 秦、唐、元	PMSM	丰田 Prius	PMSM
广汽传祺 GS4	PMSM	宝马 i3	混合同步电机
名爵 EZS	PMSM	三菱 祺智 EV	PMSM
奇瑞 eQ7	PMSM	现代 索纳塔 PHEV	PMSM
威马 EX5	PMSM	本田 雅阁 PHEV	PMSM
蔚来 ES6	PMSM、IM	奥迪 e-tron	IM
小鹏 G3	PMSM	福特 蒙迪欧 PHEV	PMSM
吉利 帝豪 GSe	PMSM	大众 e-Golf	PMSM

2.2 磁通切换永磁电机

转子永磁型电机就是目前广泛研究的 PMSM,然而这种电机通常需要对转子采取特别加固措施以克服高速运转时的离心力,这样不仅导致结构复杂,制造成本上升,还增大了等效气隙,降低了电机性能。同时,永磁体安放在转子上,散热困难,引起的温升可能会导致永磁体发生不可逆退磁、限制电机出力、减小功率密度等[1]。为克服转子永磁型电机的上述缺点,近年来出现了将永磁体安置于定子侧的定子永磁型无刷电机,且这种电机在出现后受到了广泛关注。

定子永磁型电机主要有三种结构类型,分别为双凸极永磁(doubly-salient permanent magnet,DSPM)电机、磁通反向永磁(flux reversal permanent magnet,FRPM)电机、磁通切换永磁(flux-switching permanent magnet,FSPM)电机,如图 2-1 所示。相较于 DSPM 电机和 FRPM 电机,FSPM 电机的转矩输出能力和功率密度最为优越,且 FSPM 电机的电枢绕组具有一致性和互补性,可抵消永磁磁链和感应电动势中的偶次谐波分量,在采用集中绕组和直槽转子时即可获得正弦电枢电流,适合以无刷交流方式运行。因此,本章选取 FSPM 电机作为研究对象。

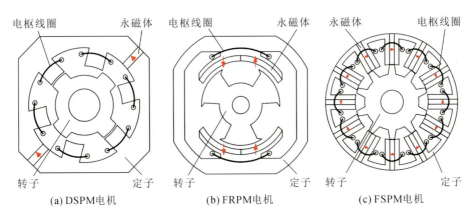

图 2-1 定子永磁型电机结构

磁通切换是指穿过电机电枢绕组的永磁磁通随着转子位置的变化而切换方向和数量,即改变正负极性和数值大小。在一个转子齿距(对应一个电周期)

内,磁通数量会从最大变为最小,再变为最大,方向从穿出电枢绕组变为穿入电枢绕组(或从穿入电枢绕组变为穿出电枢绕组)。根据磁阻最小原理,磁通总是沿着磁阻最小的路径闭合,如图 2-2 所示。在图 2-2(a)所示转子位置,永磁体磁通沿顺时针方向闭合,并经永磁体右侧的定子齿穿出电枢绕组;当电机转子向右运动到图 2-2(b)所示位置时,永磁体磁通依然沿顺时针方向闭合,但经过永磁体左侧的定子齿穿入电枢绕组。显然,随着转子位置变化,永磁体磁通在穿出电枢绕组与穿入电枢绕组之间交替变化,进而在绕组两端产生交变感应电动势,该过程称为"磁通切换"[2]。

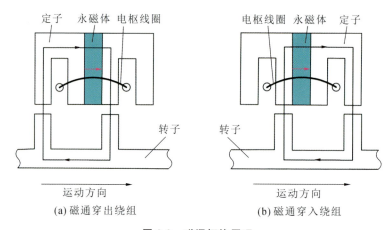

图 2-2 磁通切换原理

2.2.1 三相系统

以三相 12 槽 10 极磁通切换永磁(FSPM)电机为例说明。FSPM 电机结构的转子部分和双凸极永磁(DSPM)电机相似,都为凸极结构,转子上既无绕组也无永磁体,结构非常简单。若将由一块 U 形硅钢片导磁铁芯和一块永磁体组成的部分称为一个定子导磁单元,则 FSPM 电机的定子由 12 个这样的单元依次紧贴拼装而成。国内外关于 FSPM 电机的研究主要集中于机理分析、模型构建、结构设计与优化等方面[3]。

文献[4]以一台 12 槽 10 极三相 FSPM 电机为对象,利用有限元法研究了转子极弧对每相空载反电动势谐波的影响,得到了最优转子极弧角。FSPM 电机气隙磁场主要由永磁磁场产生,为了实现对气隙磁场的有效调节,文献[5]和文献[6]对混合励磁型磁通切换电机展开研究。该类电机同时存在电励磁源和永磁励磁源,二者在气隙中共同作用,产生励磁磁场,通过调节直流励磁电流大小和方向即可调节转速和转矩。另外,为提高 FSPM 电机过载能力和抗饱和性能,文献[7]通过将永磁体由定子侧移至转子,提出了一种转子永磁型磁通切换电机,如图 2-3 所示。文献[8]设计了一种新型复合式双转子 FSPM 电机,并对其拓扑结构、运行原理、数学模型、磁场耦合、功率分配及设计方法进行了研究,为其在燃油增程式电动汽车中的应用提供了理论基础与技术支持。FSPM 电机特有的双凸极结构和聚磁效应,导致其定位力矩比常规转子永磁型电机的大。针对这一问题,文献[9]深入研究了定位力矩产生机理,并从本体角度分析并总结了各类抑制定位力矩的方法。

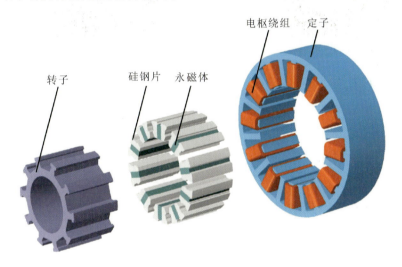

图 2-3　转子永磁型磁通切换电机拓扑结构

2.2.2　多相系统

以多相 FSPM 电机为例,其因转矩脉动小、容错性能强、功率密度高等优点而备受关注。文献[10]和文献[11]提出了两种不同结构的五相混合励磁磁通切换电机,一种为 U 形铁芯单元,另一种为 E 形铁芯单元,如图 2-4 所示。研究结果表明,由于 E 形铁芯单元具有容错齿,该电机的相间互感更小,容错性能更强。文献[12]分别设计了 12/22 六相半齿绕和 E 形混合励磁电机,文献[13]提出了 12/22 六相半齿绕和 E 形、C 形结构；文献[14]对比分析了 18/16、18/17 和 36/34 三种不同齿槽配合的九相 FSPM 电机，其中 18/16 结构不具有绕组互补性，电磁特性较差，而 18/17 和 36/34 结构具有绕组互补性，电机空载感应电动势对称，转矩脉动较小；文献[15]提出了一种 24/22 十二相 FSPM 电机，并建立了其数学模型。

 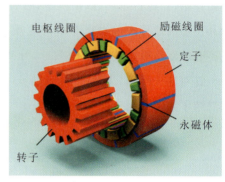

(a) U 形铁芯单元　　　　　　　　　　(b) E 形铁芯单元

图 2-4　五相混合励磁磁通切换电机拓扑结构

2.3　控制策略概述

2.3.1　传统三相永磁同步电机控制

目前，PMSM 的控制策略主要集中于磁场定向控制（矢量控制）、直接转矩控制和模型预测控制。

1. 磁场定向控制

磁场定向控制（field oriented control, FOC）于 1970 年被提出，其基本思想是通过坐标变换，将三相交流电机的数学模型从三相静止坐标系变换到两相 d-q 轴同步旋转坐标系，得到类似直流电机的数学模型，从而模拟直流电机用电流环控制正交的直轴电流和交轴电流，以达到独立控制磁链和转矩的目的[16]。按照脉冲宽度调制（pulse width modulation, PWM）的实现方式，FOC 技术可以进一步分为滞环电流控制（hysteresis current control, HCC）和空间矢量脉冲宽度调制（space vector PWM, SVPWM）两种，其原理分别如图 2-5(a)、(b) 所示。

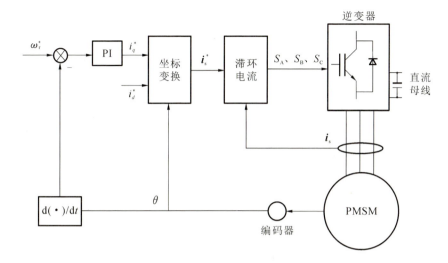

(a) 滞环电流控制(HCC)

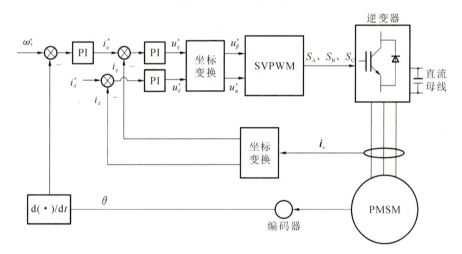

(b) 空间矢量脉冲宽度调制(SVPWM)

图 2-5　FOC 的两种实现方式

HCC 系统结构简单,易于实现,但输出性能受滞环宽度影响大,开关频率不固定。SVPWM 系统可精准跟踪目标电压、开关频率固定,具有更好的稳态性能。FOC 技术发展较为成熟,目前的研究热点主要集中于无位置传感器控制和参数辨识等方面。文献[17]和文献[18]分别研究了滑模观测器和脉冲载波信号注入方法在 PMSM 无位置传感器控制中的应用。针对 PMSM 在线参数辨识,国内外学者将遗传算法[19]、粒子群算法[20]和神经网络[21]等人工智能算法应用到FOC中。

FOC技术在工业领域已得到广泛应用,美国特斯拉电动汽车公司在其电机驱动系统中采用FOC,德国西门子公司基于FOC推出了MICROMASTER 440多功能标准变频器,中国汇川技术公司研发了适用于电动汽车的InoGreen IEVD系列控制器。

2. 直接转矩控制

20世纪80年代,德国学者M. Depenbrock和日本学者I. Takahashi提出了异步电机的直接转矩控制(direct torque control,DTC)。随后,澳大利亚新南威尔士大学和南京航空航天大学学者将DTC技术成功推广至正弦波的PMSM中。该控制策略的基本思想是:在定子坐标系中,基于定子磁链参考幅值和实际值之间的偏差、转矩参考值与实际值之间的偏差、定子磁链位置角及开关状态表,利用滞环比较器选择合适的逆变器输出状态,以达到控制定子磁链和电磁转矩的目的[22],相应的DTC框架结构如图2-6(a)所示。DTC方法以定子磁链和电磁转矩为控制变量,无须进行矢量变换和电流控制,因此控制更为简单、快速。然而,其输出电压受限于预设的开关状态表和滞环环宽,转矩和磁链脉动较大,谐波损耗较高。当前的研究大多集中于提升DTC稳态性能,常见的方法有PWM、无差拍控制和开关表优化。文献[23]采用占空比调制方法优化DTC中矢量作用时间,从而减小转矩脉动。文献[24]将SVPWM技术应用到传统DTC策略中,通过引入转矩角计算期望空间电压矢量以消除跟踪误差,实现对定子磁链和转矩的精准控制,同时保证逆变器开关频率恒定,控制框图如图2-6(b)所示。文献[25]研究了无差拍控制在DTC中的应用,通过计算下一采样周期中使转矩和定子磁链幅值误差为零的空间电压合成矢量,达到转矩和磁链的无差拍控制。文献[26]基于占空比调制方法设计了矢量评价系数表,并用该表代替传统DTC中的开关状态表,从而降低了转矩和磁链脉动。

自DTC问世以来,该技术就一直受到工业界关注。欧洲的ABB公司长期致力于研究这项技术,相继推出了ACS600、ACS800等系列DTC变频器,广泛应用于各种场合。

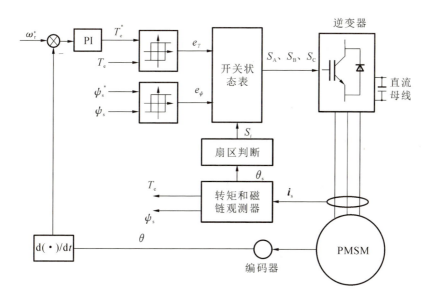

(a) 应用开关状态表

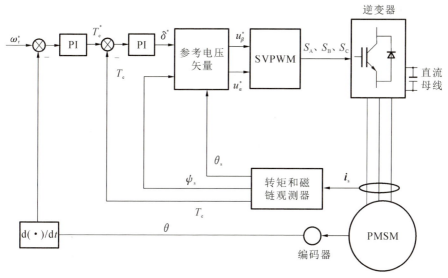

(b) 应用SVPWM

图 2-6 DTC 框架结构

3. 模型预测控制

模型预测控制(model predictive control，MPC)自 20 世纪 70 年代问世以来，已经发展成为一个具有丰富理论和实践内容的电气传动控制技术新分支。

MPC 的基本思想简单,很快便有学者将其拓展到电力电子与电机驱动领域[27],其基本工作原理如图 2-7 所示。在预定义的时间段 $k+N$ 内,利用系统模型和时刻 k 之间的有效信息预测系统状态的未来值。按照价值函数最小化原则,可得到最优动作序列,然后使用序列的第一个元素作为系统输出。考虑系统会不断获得新的测量数据,每个采样时刻都会重复整个处理过程,该过程称为滚动优化。根据系统精确数学模型建立被控变量的预测模型,并设计含有被控变量参考值与预测值的价值函数,在每个采样周期,计算系统所有状态变量对应的价值函数值,将价值函数值最小的状态作为 MPC 的最优输出[28]。

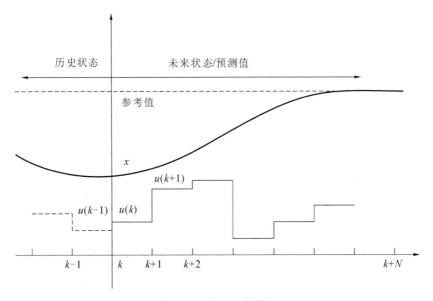

图 2-7　MPC 工作原理

在电力电子和电机驱动领域,MPC 技术按照优化问题的类型,可以分为连续控制集模型预测控制(continuous control set-MPC,CCS-MPC)和有限控制集模型预测控制(finite control set-MPC,FCS-MPC)。CCS-MPC 直接计算连续信号并利用调制技术输出优化结果,其最大优势在于能提供固定开关频率。而 FCS-MPC 基于电力电子器件的有限离散状态解决优化问题,无须对输出信号进行调制,更易于实现,因而受到国内外学者青睐。根据控制变量的不同,FCS-MPC 又可进一步细分为有限控制集模型预测电流控制(finite control set-model predictive current control,FCS-MPCC,简称 MPCC)[29-31]和有限控制集模型预测转矩控制(finite control set-model predictive torque control,FCS-MPTC,简称 MPTC)[32,33]。其中,MPCC 与 FOC 控制变量相同,而 MPTC 与传统的 DTC 控制变量相同。相比于 FOC,MPCC 不含电流内环,因而其具有更优的动态性能。相比于 DTC,MPTC 以价值函数优化代替开关状态表,稳态性能更好[33]。

当前 MPC 技术的研究热点主要集中在稳态性能优化、计算量降低和权值系数选择上。由于 MPC 在每个控制周期内仅作用一个电压矢量,因而电机稳态性能不佳,主要表现为相电流谐波含量较高,转矩及磁链脉动较大。针对这一问题,文献[34]至文献[36]从占空比优化和多矢量作用角度展开研究,并取得良好效果。为解决 MPC 因多次遍历开关状态而产生的计算量较大的问题,文献[37]和文献[38]设计了电压矢量预筛选策略,利用被控变量参考值筛选有效开关状态,从而减少遍历次数。在价值函数设计过程中,由于被优化的物理量量纲不同,故需要权值链接。权值的选择仍然是一个开放性的研究课题,目前缺少有效的统一指导。文献[39]提出用归一化方法来调节权值,但该方法需要进行大量的仿真或实验。文献[40]和文献[41]通过统一控制变量,将 MPTC 中的转矩和定子磁链幅值转化为相同的变量,从而消除权值。文献[42]提出一种多目标排序方法,将价值函数中不同量纲的分量转换为单一函数,再对单一函数进行计算并排序优化,从而得到最优输出。此外,预测模型构建[43]、价值函数设计[44]和模型参数误差影响[45]等研究方向也受到国内外学者关注。

除了学术研究外,MPC 技术在工业中也得到成功应用。ABB 公司研发了用于大型电机驱动系统的中压变频器 MEGADRIVE-LCI。该设备采用的 MPTC 技术,可实现对大型同步电机的软起动,降低对电网和机械设备的影响,电压最高达 13.8 kV,功率超过 100 MW[46]。

2.3.2 多相永磁同步电机控制

1. 正常运行控制

多相 PMSM 具有功率密度高、转矩脉动小和容错能力强等特点,在低压、大功率和高可靠性应用场合更具优势,并日益受到国内外学者关注。相比于传统三相 PMSM,多相 PMSM 具有以下显著优点:① 功率相同的条件下,每相传递功率较小,现有功率电力电子器件容量能够满足需要;② 多相绕组设计时可通过极槽配合减小定位力矩,抑制转矩脉动,改善电机低速运行性能;③ 相数增加,具有更强的容错运行能力;④ 具有更高的设计自由度与控制自由度。

三相 PMSM 的建模和控制方法都可以应用于多相 PMSM,因此多相系统的控制仍然以磁场定向控制、直接转矩控制和模型预测控制为主。然而,多相电机的控制自由度比三相电机高,同时存在基波和谐波两个子空间,其数学模型和耦合关系较三相电机的更复杂。国内外针对多相 PMSM 的控制算法研究主要集中于以下方面:多相电机建模与谐波磁势分析、PWM 矢量控制和容错控制等。

基于矢量空间分解(vector space decomposition,VSD)原理[46],文献[47]对隐极五相电机和绕组正弦分布五相电机的磁场定向控制展开深入研究,通过推导数学模型,设计了正交矢量空间多维多相 SVPWM 方法,以实现对基波子空间和谐波子空间的统一控制。

文献[48]研究了五相表贴式 PMSM 的无位置传感器 DTC 方法,通过负载角与定子磁链位置判断转子位置,利用查表法获取最优电压矢量。由于基本电压矢量数量增多,定子磁链幅值和转矩的暂态变化选择更加灵活,有助于提高转矩响应、减小定子磁链和转矩脉动。针对多相电机 DTC 电流谐波含量高的问题,文献[49]深入分析不同电压矢量组合对转矩、定子磁链和电流谐波的影响,以抑制定子磁链谐波为目标,设计了基于 12 个合成矢量的改进开关状态表,所提方法可有效提高双三相 PMSM 稳态性能。文献[50]将空间矢量调制(space vector modulation,SVM)技术应用于由三电平逆变器供电的双绕组 PMSM 的直接转矩控制,基于伏秒平衡原则选择有效电压矢量并合成参考电压矢量,同时引入比例谐振(proportional-resonant,PR)控制器实现对谐波电流的闭环控制,该方法能有效抑制因反电动势谐波和参数不确定所引起的电流谐波。

文献[51]将 MPTC 应用于五相 PMSM 控制,为消除谐波子空间中的电压矢量,提出了一种合成矢量概念,并根据转矩与定子磁链变化设计了开关状态表,降低了每个控制周期内的价值函数优化次数。基于无差拍控制思想和合成矢量技术,文献[52]将 MPCC 拓展应用于六相 PMSM 控制,所提方法可抑制谐波电流与转矩脉动。文献[40]研究了无权值 MPTC 方法在六相 PMSM 驱动系统中的应用,通过计算参考电压矢量筛选备选虚拟矢量,达到减少算法计算量的目的。

2. 容错运行控制

多相电机系统在故障状态下,通过容错控制算法可实现容错无扰运行,这是其相较于传统三相系统的突出优势。因而,容错控制是多相电机系统的一个重要研究方向。电机系统的故障类型较多,主要分为开路故障和短路故障。开路故障包括绕组断路和功率器件损坏所造成的开路,可以是一相或多相同时开路;短路故障包括绕组匝间短路、相间短路以及逆变器开关管短路等。图 2-8 为多相电机系统开路与短路故障示意图。相对而言,逆变器开关管故障概率远高于电机绕组故障概率[53]。近年来,针对开路故障的容错控制研究最为广泛[54]。

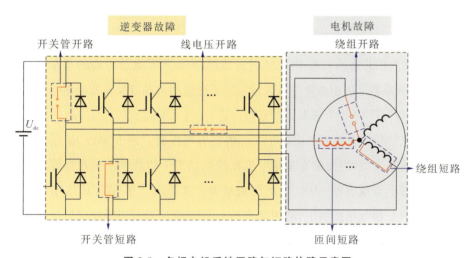

图 2-8 多相电机系统开路与短路故障示意图

开路故障的容错控制基本思想是利用剩余健康电流保证旋转磁动势在故障出现后不发生变化。基于这一原则,可根据实际工况对剩余相电流最优控制方法作进一步细分。按照优化目标类型,最优电流控制方法有两个准则:转矩最大(maximum torque,MT)准则和损耗最小(minimum loss,ML)准则[55]。MT 准则可保证系统的最大输出转矩在故障前后保持一致,该准则会使各相电流幅值增大。ML 准则的目标是保持故障前后的损耗不变,该准则会导致相电流呈现出两种幅值:以一台五相 PMSM 为例,若 A 相开路,则 B、E 两相幅值相同，C、D两相幅值相同，且前一组幅值大于后一组幅值[54]。基于FOC策略，文献[56]利用MT准则详细推导了五相电机在单相和多相开路故障下的重构电流表达式，并通过电流滞环比较器产生PWM信号。文献[57]针对多相电机开路故障提出了一种无扰动容错控制算法，以ML准则计算参考电流，利用PI控制器实现对基波电流和谐波电流的控制，最终利用正弦脉宽调制技术输出PWM信号至逆变器。

除了电流最优控制外，开路解耦容错控制也是目前国内外学者关注的热点之一。其基本思想是：在开路故障条件下，分析逆变器能够产生的电压矢量，利用解耦变换和非对称旋转变换重新建立电机数学模型，并通过选择适合的电压矢量对励磁电流分量和转矩电流分量进行控制，最终实现故障系统的解耦容错控制[58]。文献[59]基于VSD理论，推导出缺相故障状态下的坐标变换矩阵，建立了五相PMSM在单相开路故障下的解耦数学模型，并在FOC策略中利用MT和ML两种准则对获得的模型进行了验证。文献[60]利用恒功率正交变换矩阵对任意两相开路的六相PMSM进行建模，推导了系统故障后的基本电压矢量，通过分析基波空间中参考电压矢量与定子磁链的关系以及谐波电压与谐波电流的关系，对DTC中的开关状态表进行改进，实现了不同子空间的控制。

近年来，MPC已被拓展应用于多相电机容错控制。由于MPC依赖被控对象的精确数学模型，因此建立多相电机在故障状态下的数学模型和推导逆变器电压矢量对于实现容错MPC算法至关重要。文献[61]将MPCC应用于单相开路故障的五相电机控制中，利用降维的Clarke变换对故障系统进行建模并重构基本电压矢量，选取电流的α-β轴及y轴分量作为控制变量，实现对两个子空间的控制，在MT和ML两种准则下对所提方法进行了验证。文献[62]研究MPTC方法在六相PMSM与三相PMSM并联系统中的容错控制应用，当六相电机发生开路故障时，通过重构定子磁链预测模型，可实现系统的无扰切换运行。此外，调制策略也在多相电机容错控制中得到了广泛研究。基于SVM思想，文献[63]和文献[64]分别基于FOC和DTC研究了PWM控制在五相PMSM单相开路故障时的应用。

开路故障下的多相电机容错控制大致分为两类：一类是基于电流控制；另一类是基于转矩和定子磁链幅值控制。其结构框图分别如图2-9(a)、(b)所示。

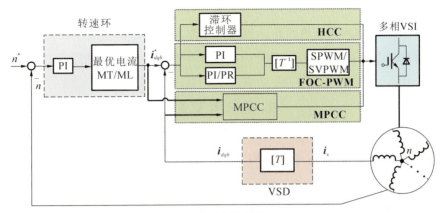

(a) 基于电流控制

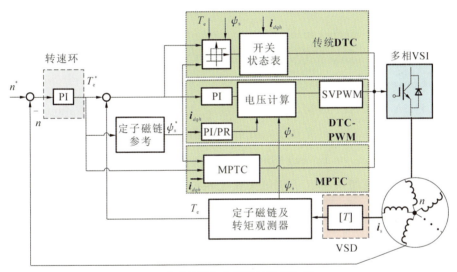

(b) 基于转矩和定子磁链幅值控制

图 2-9　多相电机开路控制策略

基于电流控制的方法又可细分为 HCC、FOC-PWM 和 MPCC。HCC 方法通常仅关注基波子空间，不能控制谐波变量。而 FOC-PWM 方法利用双 PI 控制器实现对基波子空间的控制，利用 PI 或 PR 控制器实现对谐波子空间的控制[61]。相比前两种方法，MPCC 方法仅有转速环，而无电流内环，且不需要设计单独的控制回路就能实现对谐波子空间的控制，因而更容易实现。

基于转矩和定子磁链幅值的方法又可细分为传统 DTC、DTC-PWM 和

MPTC。若要实现对两个不同子空间的控制,除了需要常规的转矩和定子磁链幅值外,还需要引入谐波电流作为辅助变量以实现对谐波子空间的控制,该变量可用于改进开关状态表[60]、设计控制回路[65]和构建预测模型[62]。

本章参考文献

[1] 程明,张淦,花为.定子永磁型无刷电机系统及其关键技术综述[J].中国电机工程学报,2014,34(29):5204-5220.

[2] 花为.新型磁通切换型永磁电机的分析、设计和控制[D].南京:东南大学,2007.

[3] CHEN H, EL-REFAIE A M, DEMERDASH N A O. Flux-switching permanent magnet machines: a review of opportunities and challenges—Part Ⅰ: fundamentals and topologies[J]. IEEE Transactions on Energy Conversion, 2020, 35(2): 684-698.

[4] HUA W, CHENG M, ZHU Z Q, et al. Analysis and optimization of back EMF waveform of a flux-switching permanent magnet motor[J]. IEEE Transactions on Energy Conversion, 2008, 23(3): 727-733.

[5] 张淦.磁通切换型定子励磁无刷电机的分析与设计[D].南京:东南大学,2016.

[6] 王宇.磁通切换型电机拓扑结构及运行特性的分析与研究[D].南京:南京航空航天大学,2012.

[7] 苏鹏.电动汽车用模块化转子永磁型磁通切换电机分析与设计[D].南京:东南大学,2019.

[8] 周令康.增程式电动汽车用复合磁通切换永磁电机分析与设计[D].南京:东南大学,2019.

[9] 朱晓锋,花为.定子永磁型磁通切换电机齿槽转矩及其抑制技术[J].中国电机工程学报,2017,37(21):6146-6157.

[10] HUA W, YIN X M, ZHANG G, et al. Analysis of two novel five-phase hybrid-excitation flux-switching machines for electric vehicles[J]. IEEE

Transactions on Magnetics,2014,50(11):8700305.

[11] 印晓梅.电动汽车用五相混合励磁磁通切换电机的设计与分析[D].南京:东南大学,2014.

[12] ZHANG G,HUA W,CHENG M,et al. Design and comparison of two six-phase hybrid-excited flux-switching machines for EV/HEV applications[J]. IEEE Transactions on Industrial Electronics,2016,63(1):481-493.

[13] ZHANG G,HUA W,HAN P. Quantitative evaluation of the topologies and electromagnetic performances of dual-three-phase flux-switching machines[J]. IEEE Transactions on Industrial Electronics,2018,65(11):9157-9167.

[14] LI F,HUA W,TONG M H,et al. Nine-phase flux-switching permanent magnet brushless machine for low-speed and high-torque applications[J]. IEEE Transactions on Magnetics,2015,51(3):8700204.

[15] SHAO L Y,HUA W,DAI N Y,et al. Mathematical modeling of a 12-phase flux-switching permanent-magnet machine for wind power generation[J]. IEEE Transactions on Industrial Electronics,2016,63(1):504-516.

[16] 王成元,夏加宽,孙宜标.现代电机控制技术[M].北京:机械工业出版社,2013.

[17] 鲁文其,胡育文,杜栩杨,等.永磁同步电机新型滑模观测器无传感器矢量控制调速系统[J].中国电机工程学报,2010,30(33):78-83.

[18] XU P L,ZHU Z Q. Novel carrier signal injection method using zero-sequence voltage for sensorless control of PMSM drives[J]. IEEE Transactions on Industrial Electronics,2016,63(4):2053-2061.

[19] 肖曦,许青松,王雅婷,等.基于遗传算法的内埋式永磁同步电机参数辨识方法[J].电工技术学报,2014,29(3):21-26.

[20] LIU Z H,WEI H L,LI X H,et al. Global identification of electrical and mechanical parameters in PMSM drive based on dynamic self-learning PSO[J]. IEEE Transactions on Power Electronics,2018,33(12):

10858-10871.

[21] 谷鑫,胡升,史婷娜,等.基于神经网络的永磁同步电机多参数解耦在线辨识[J].电工技术学报,2015,30(6):114-121.

[22] BUJA G S,KAZMIERKOWSKI M P.Direct torque control of PWM inverter-fed AC motors—a survey[J].IEEE Transactions on Industrial Electronics,2004,51(4):744-757.

[23] NIU F,LI K,WANG Y.Direct torque control for permanent-magnet synchronous machines based on duty ratio modulation[J].IEEE Transactions on Industrial Electronics,2015,62(10):6160-6170.

[24] 孙丹,贺益康.基于恒定开关频率空间矢量调制的永磁同步电机直接转矩控制[J].中国电机工程学报,2005,25(12):112-116.

[25] LEE J S,CHOI C-H,SEOK J-K,et al.Deadbeat-direct torque and flux control of interior permanent magnet synchronous machines with discrete time stator current and stator flux linkage observer[J].IEEE Transactions on Industry Applications,2011,47(4):1749-1758.

[26] XIA C L,WANG S,GU X,et al.Direct torque control for VSI-PMSM using vector evaluation factor table[J].IEEE Transactions on Industrial Electronics,2016,63(7):4571-4583.

[27] HOLTZ J S S.A predictive controller for the stator current vector of AC machines fed from a switched voltage source[C]//Proceedings of IEE of Japan International Power Electronics Conference,Tokyo,1983:1665-1675.

[28] VAZQUEZ S,RODRIGUEZ J,RIVERA M,et al.Model predictive control for power converters and drives:advances and trends[J].IEEE Transactions on Industrial Electronics,2017,64(2):935-947.

[29] RODRIGUEZ J,PONTT J,SILVA C A.Predictive current control of a voltage source inverter[J].IEEE Transactions on Industrial Electronics,2007,54(1):495-503.

[30] MOREL F,LIN-SHI X F,RETIF J-M,et al.A comparative study of

predictive current control schemes for a permanent-magnet synchronous machine drive[J]. IEEE Transactions on Industrial Electronics,2009,56(7):2715-2728.

[31] LIN C K,LIU T H,YU J,et al. Model-free predictive current control for interior permanent-magnet synchronous motor drives based on current difference detection technique[J]. IEEE Transactions on Industrial Electronics,2014,61(2):667-681.

[32] CORREA P,PACAS M,RODRIGUEZ J. Predictive torque control for inverter-fed induction machines[J]. IEEE Transactions on Industrial Electronics,2007,54(2):1073-1079.

[33] RODRIGUEZ J,KENNEL R M,ESPINOZA J R,et al. High-performance control strategies for electrical drives:an experimental assessment [J]. IEEE Transactions on Industrial Electronics,2012,59(2):812-820.

[34] ZHANG Y C,XU D L,HUANG L L. Generalized multiple-vector-based model predictive control for PMSM drives[J]. IEEE Transactions on Industrial Electronics,2018,65(12):9356-9366.

[35] ZHANG Y C,HUANG L L,XU D L,et al. Performance evaluation of two-vector-based model predictive current control of PMSM drives[J]. Chinese Journal of Electrical Engineering,2018,4(2):65-81.

[36] SANDRE-HERNANDEZ O,RANGEL-MAGDALENO J,MORALES-CAPORAL R. A comparison on finite-set model predictive torque control schemes for PMSMs[J]. IEEE Transactions on Power Electronics,2018,33(10):8838-8847.

[37] 殷芳博,花为,黄文涛,等. 基于电压矢量优化的磁通反向永磁电机模型预测转矩控制[J]. 中国电机工程学报,2017,37(22):6524-6533,6764.

[38] 张永昌,杨海涛,魏香龙. 基于快速矢量选择的永磁同步电机模型预测控制[J]. 电工技术学报,2016,31(6):66-73.

[39] CORTES P,KOURO S,ROCCA B L,et al. Guidelines for weighting factors design in model predictive control of power converters and

drives[C]//Proceedings of 2009 IEEE International Conference on Industrial Technology. New York: IEEE, 2009.

[40] LUO Y X, LIU C H. A flux constrained predictive control for a six-phase PMSM motor with lower complexity[J]. IEEE Transactions on Industrial Electronics, 2019, 66(7): 5081-5093.

[41] ZHANG X G, HOU B S. Double vectors model predictive torque control without weighting factor based on voltage tracking error[J]. IEEE Transactions on Power Electronics, 2018, 33(3): 2368-2380.

[42] ROJAS C A, RODRIGUEZ J, VILLARROEL F, et al. Predictive torque and flux control without weighting factors[J]. IEEE Transactions on Industrial Electronics, 2013, 60(2): 681-690.

[43] RODRIGUEZ J, CORTES P. Predictive control of power converters and electrical drives[M]. Hoboken: Wiley-IEEE Press, 2012.

[44] WANG F X, ZHANG Z B, DAVARI S A, et al. An encoderless predictive torque control for an induction machine with a revised prediction model and EFOSMO[J]. IEEE Transactions on Industrial Electronics, 2014, 61(12): 6635-6644.

[45] YOUNG H A, PEREZ M A, RODRIGUEZ J. Analysis of finite-control-set model predictive current control with model parameter mismatch in a three-phase inverter[J]. IEEE Transactions on Industrial Electronics, 2016, 63(5): 3100-3107.

[46] ZHAO Y F, LIPO T A. Space vector PWM control of dual three-phase induction machine using vector space decomposition[J]. IEEE Transactions on Industry Applications, 1995, 31(5): 1100-1109.

[47] 薛山. 多相永磁同步电机驱动技术研究[D]. 北京: 中国科学院电工研究所, 2006.

[48] PARSA L, TOLIYAT H A. Sensorless direct torque control of five-phase interior permanent-magnet motor drives[J]. IEEE Transactions on Industry Applications, 2007, 43(4): 952-959.

[49] REN Y,ZHU Z Q. Enhancement of steady-state performance in direct-torque-controlled dual three-phase permanent-magnet synchronous machine drives with modified switching table[J]. IEEE Transactions on Industrial Electronics,2015,62(6):3338-3350.

[50] WANG Z,WANG X Q,CAO J W,et al. Direct torque control of T-NPC inverters-fed double-stator-winding PMSM drives with SVM[J]. IEEE Transactions on Power Electronics,2018,33(2):1541-1553.

[51] WU X S,SONG W S,XUE C. Low-complexity model predictive torque control method without weighting factor for five-phase PMSM based on hysteresis comparators[J]. IEEE Journal of Emerging and Selected Topics in Power Electronics,2018,6(4):1650-1661.

[52] LUO Y X,LIU C H. Elimination of harmonic currents using a reference voltage vector based-model predictive control for a six-phase PMSM motor[J]. IEEE Transactions on Power Electronics,2019,34(7):6960-6972.

[53] CAO W P,MECROW B C,ATKINSON G J,et al. Overview of electric motor technologies used for more electric aircraft(MEA)[J]. IEEE Transactions on Industrial Electronics,2012,59(9):3523-3531.

[54] DURAN M J,BARRERO F. Recent advances in the design,modeling, and control of multiphase machines—part II[J]. IEEE Transactions on Industrial Electronics,2016,63(1):459-468.

[55] LEVI E. Multiphase electric machines for variable-speed applications [J]. IEEE Transactions on Industrial Electronics, 2008, 55(5): 1893-1909.

[56] TOLIYAT H A. Analysis and simulation of five-phase variable-speed induction motor drives under asymmetrical connections[J]. IEEE Transactions on Power Electronics,1998,13(4):748-756.

[57] TANI A,MENGONI M,ZARRI L,et al. Control of multiphase induction motors with an odd number of phases under open-circuit phase

faults[J]. IEEE Transactions on Power Electronics, 2012, 27(2):
565-577.

[58] 刘自程,李永东,郑泽东.多相电机控制驱动技术研究综述[J].电工技术学报,2017,32(24):17-29.

[59] 高宏伟,杨贵杰,刘剑.五相永磁同步电机容错控制策略[J].电机与控制学报,2014,18(6):61-65,71.

[60] ZHOU Y Z, LIN X G, CHENG M. A fault-tolerant direct torque control for six-phase permanent magnet synchronous motor with arbitrary two opened phases based on modified variables[J]. IEEE Transactions on Energy Conversion, 2016, 31(2):549-556.

[61] GUZMAN H, DURAN M J, BARRERO F, et al. Comparative study of predictive and resonant controllers in fault-tolerant five-phase induction motor drives[J]. IEEE Transactions on Industrial Electronics, 2016, 63(1):606-617.

[62] ZHOU Y Z, CHEN G T. Predictive DTC strategy with fault-tolerant function for six-phase and three-phase PMSM series-connected drive system[J]. IEEE Transactions on Industrial Electronics, 2018, 65(11):9101-9112.

[63] LIU G H, QU L, ZHAO W X, et al. Comparison of two SVPWM control strategies of five-phase fault-tolerant permanent-magnet motor[J]. IEEE Transactions on Power Electronics, 2016, 31(9):6621-6630.

[64] ZHANG L, FAN Y, CUI R H, et al. Fault-tolerant direct torque control of five-phase FTFSCW-IPM motor based on analogous three-phase SVPWM for electric vehicle applications[J]. IEEE Transactions on Vehicular Technology, 2018, 67(2):910-919.

[65] WANG X Q, WANG Z, CHENG M, et al. Remedial strategies of TNPC three-level asymmetric six-phase PMSM drives based on SVM-DTC[J]. IEEE Transactions on Industrial Electronics, 2017, 64(9):6841-6853.

第 3 章
三相磁通切换永磁电机模型预测控制

本章以一台 12 槽 10 极 FSPM 电机作为研究对象,介绍了该电机结构特点和电磁特性,并在两相旋转坐标系下建立电机数学模型;基于模型预测控制(MPC)理论,从预测模型构建、价值函数设计及优化三方面详细阐述了模型预测电流控制(MPCC)和模型预测转矩控制(MPTC)的原理及实现方式;通过预测模型和价值函数,分析了两种 MPC 方法的内在联系;利用 MATLAB/Simulink 软件对两种 MPC 方法展开仿真研究,并基于 dSPACE DS1104 控制器设计了三相 FSPM 电机实验平台,对 MPCC 和 MPTC 算法进行验证。

3.1 三相磁通切换永磁电机驱动系统

3.1.1 电机结构与特性

图 3-1 为一台三相 12 槽 10 极 FSPM 电机的拓扑结构[1]。该电机定子、转子呈双凸极结构,转子上既无绕组也无永磁体,结构简单,适合高速运行。由一块 U 形硅钢片导磁铁芯和一块永磁体组成的部分称为一个定子导磁单元,FSPM 电机的定子由 12 个这样的单元依次紧贴拼装而成。每个 U 形导磁铁芯围成的槽中并排放置了两个集中式绕组线圈,12 个线圈分成 3 组,每 4 个串联成一相。该电机实物如图 3-2 所示。

1. *反电动势*

图 3-3(a)为额定转速(1500 r/min)下三相 FSPM 电机空载反电动势仿真波形,图 3-3(b)为对应的快速傅里叶变换(fast Fourier transform,FFT)分析结果。结果表明,FSPM 电机反电动势正弦度较好,反电动势总谐波失真(total

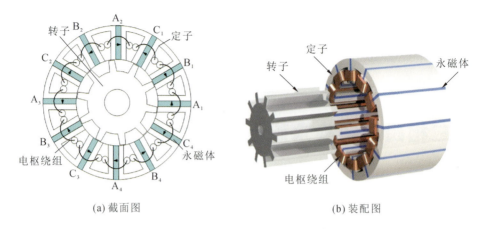

(a) 截面图　　　　　　　　　　　(b) 装配图

图 3-1　三相 12 槽 10 极 FSPM 电机结构

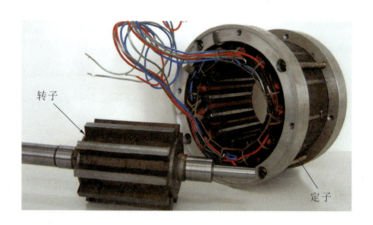

图 3-2　三相 12 槽 10 极 FSPM 电机实物

harmonic distortion,THD)较低。若忽略高次谐波,则可认为三相 FSPM 电机空载反电动势仅由基波分量构成,可表示为

$$\begin{cases} e_A = E_m \sin(P_r \omega_r t) \\ e_B = E_m \sin\left(P_r \omega_r t + \dfrac{2\pi}{3}\right) \\ e_C = E_m \sin\left(P_r \omega_r t - \dfrac{2\pi}{3}\right) \end{cases} \quad (3\text{-}1)$$

式中　P_r——FSPM 电机电磁极对数(等于转子齿数);

ω_r——转子机械角速度,rad/s;

E_m——每相空载反电动势基波幅值,V。

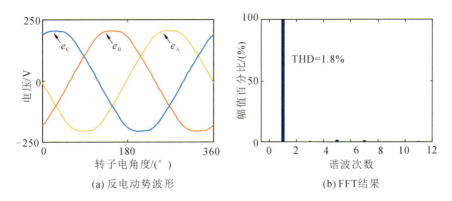

(a) 反电动势波形

(b) FFT 结果

图 3-3　空载反电动势(1500 r/min)

2. 电感

三相 FSPM 电机自感与互感的有限元仿真结果如图 3-4 所示。FFT 分析结果表明,每相绕组自感和互感主要由直流分量和二倍频谐波分量组成。

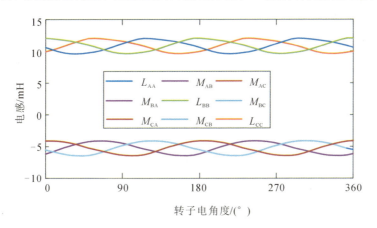

图 3-4　三相绕组自感与互感

若忽略二次以上谐波,三相 FSPM 电机电感在定子坐标系下的表达式为

$$\begin{cases} L_{AA} = L_0 - L_m\cos(2P_r\theta_r) \\ L_{BB} = L_0 - L_m\cos\left(2P_r\theta_r + \dfrac{2\pi}{3}\right) \\ L_{CC} = L_0 - L_m\cos\left(2P_r\theta_r - \dfrac{2\pi}{3}\right) \end{cases} \quad (3\text{-}2)$$

$$\begin{cases} M_{AB} = M_{BA} = M_0 - M_m\cos\left(2P_r\theta_r - \dfrac{2\pi}{3}\right) \\ M_{BC} = M_{CB} = M_0 - M_m\cos(2P_r\theta_r) \\ M_{CA} = M_{AC} = M_0 - M_m\cos\left(2P_r\theta_r + \dfrac{2\pi}{3}\right) \end{cases} \quad (3-3)$$

式中　L_{AA}，L_{BB}，L_{CC}——三相绕组自感，H；

M_{AB}，M_{BC}，M_{CA}，M_{BA}，M_{CB}，M_{AC}——三相绕组互感，H；

L_0——每相绕组自感的平均值，H，对应于自感波形的直流分量；

L_m——每相绕组自感的二次谐波幅值，H，对应于自感波形的脉动分量幅值；

M_0——绕组互感的平均值，H，对应于互感波形的直流分量，且 $M_0 = -L_0/2$；

M_m——绕组互感的二次谐波幅值，H，对应于互感波形的脉动分量幅值，且 $M_m = L_m$。

3. 定位力矩

在定子槽距范围内，FSPM 电机定位力矩周期 N_p 由电机的定子槽数和转子极数确定，其表达式为

$$N_p = \dfrac{P_r}{\mathrm{HCF}\{P_s, P_r\}} \quad (3-4)$$

式中　P_s——定子槽数；

$\mathrm{HCF}\{P_s, P_r\}$——取 P_s 和 P_r 的最大公约数。

对于本章中的三相 12/10（即 12 槽 10 极）FSPM 电机，$N_p = 5$，则定位力矩周期以机械角度可表示为

$$\theta_{\mathrm{cog}} = \dfrac{360°}{N_p P_s} = 6° \quad (3-5)$$

采用有限元软件计算得到的定位力矩仿真波形如图 3-5 所示，从图中可见定位力矩周期与理论计算值一致，定位力矩峰值为 1.2 N·m，占额定转矩（13.38 N·m）的 9%。仿真结果表明，该 FSPM 电机的定位力矩是关于转子位置的周期性函数，为得到其数学表达式，利用 FFT 进行分析，结果见表 3-1，可见定位力矩谐波含量较高，基波分量和二次谐波分量幅值起主导作用。若忽略

二次以上高次谐波,可得 FSPM 电机定位力矩表达式为

$$T_{\text{cog}} = \sum_{h=1}^{M} T_{\text{cm}h} \sin(6hP_r\theta_r + \varphi_{\text{cog}h}) \quad (3\text{-}6)$$

式中　$T_{\text{cm}h}$——定位力矩谐波分量的幅值,N·m;

　　　θ_r——转子机械位置角,rad;

　　　$\varphi_{\text{cog}h}$——定位力矩谐波分量相位角,rad;

　　　h——谐波次数,且 $M=2$。

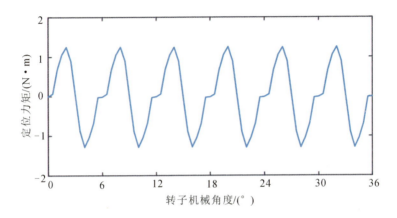

图 3-5　定位力矩仿真波形

表 3-1　定位力矩 FFT 分析结果

h	谐波分量幅值/(N·m)	谐波分量相位角/(°)	谐波与基波幅值比/(%)
1	1.11	13.56	100
2	0.59	27.39	53.15
3	0.03	19.48	2.70
4	0.06	50.20	5.41
5	0.01	−62.74	0.90
6	0.07	−85.54	6.31

3.1.2　逆变器状态

图 3-6 为由两电平电压源型逆变器(voltage source inverter,VSI)供电的三相 FSPM 电机系统结构示意图,共有 8 种开关状态。相电压与开关状态之间的

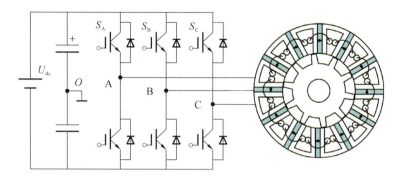

图 3-6　两电平 VSI 供电的三相 FSPM 电机系统结构示意图

关系见式(3-7)。

$$\begin{bmatrix} u_A \\ u_B \\ u_C \end{bmatrix} = \frac{U_{dc}}{3} \begin{bmatrix} 2 & -1 & -1 \\ -1 & 2 & -1 \\ -1 & -1 & 2 \end{bmatrix} \begin{bmatrix} S_A \\ S_B \\ S_C \end{bmatrix} \qquad (3\text{-}7)$$

上式中的相电压经式(3-8)所示的 Clarke 变换矩阵变换,可以得到两相静止坐标系中电压矢量,其表达式和空间分布分别如表 3-2 和图 3-7 所示。

$$\boldsymbol{T}_C = \frac{2}{3} \begin{bmatrix} 1 & -\frac{1}{2} & -\frac{1}{2} \\ 0 & \frac{\sqrt{3}}{2} & -\frac{\sqrt{3}}{2} \\ \frac{1}{2} & \frac{1}{2} & \frac{1}{2} \end{bmatrix} \qquad (3\text{-}8)$$

表 3-2　开关状态和电压矢量

开关状态 S_A、S_B、S_C	电压矢量
000	$\boldsymbol{u}_0 = 0 + j0$
100	$\boldsymbol{u}_1 = \frac{2}{3}U_{dc} + j0$
110	$\boldsymbol{u}_2 = \left(\frac{1}{3} + j\frac{\sqrt{3}}{3}\right)U_{dc}$
010	$\boldsymbol{u}_3 = \left(-\frac{1}{3} + j\frac{\sqrt{3}}{3}\right)U_{dc}$
011	$\boldsymbol{u}_4 = -\frac{2}{3}U_{dc} + j0$

续表

开关状态 S_A、S_B、S_C	电压矢量
001	$\boldsymbol{u}_5 = \left(-\dfrac{1}{3} - j\dfrac{\sqrt{3}}{3}\right)U_{dc}$
101	$\boldsymbol{u}_6 = \left(\dfrac{1}{3} - j\dfrac{\sqrt{3}}{3}\right)U_{dc}$
111	$\boldsymbol{u}_7 = 0 + j0$

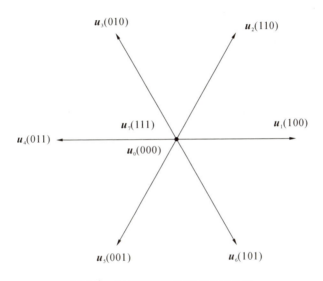

图 3-7　三相逆变器的基本电压矢量

3.1.3　数学模型

构建电机数学模型所采用的坐标系,通常有自然坐标系、两相静止(α-β)坐标系和两相旋转(d-q)坐标系三种形式。本章选择两相旋转坐标系构建三相 FSPM 电机模型,需要利用式(3-8)所示的 Clarke 变换矩阵和式(3-9)所示的 Park 变换矩阵对自然坐标系中的变量进行转换。

$$\boldsymbol{T}_P = \begin{bmatrix} \cos\theta_e & \sin\theta_e & 0 \\ -\sin\theta_e & \cos\theta_e & 0 \\ 0 & 0 & 1 \end{bmatrix} \tag{3-9}$$

式中　θ_e——转子电气位置角,$\theta_e = P_r\theta_r$。

相电压、相电流和定子磁链可以直接通过两种坐标变换,得到其在两相旋转坐标系中的对应值。为得到交、直轴电感,需要利用式(3-10)和式(3-11)对电感矩阵进行处理。

$$P = T_C T_P = \frac{2}{3} \begin{bmatrix} \cos\theta_e & \cos\left(\theta_e - \frac{2\pi}{3}\right) & \cos\left(\theta_e + \frac{2\pi}{3}\right) \\ -\sin\theta_e & -\sin\left(\theta_e - \frac{2\pi}{3}\right) & -\sin\left(\theta_e + \frac{2\pi}{3}\right) \\ \frac{1}{2} & \frac{1}{2} & \frac{1}{2} \end{bmatrix} \quad (3\text{-}10)$$

$$\begin{bmatrix} L_d & L_{dq} & L_{d0} \\ L_{qd} & L_q & L_{q0} \\ L_{0d} & L_{0q} & L_0 \end{bmatrix} = P \begin{bmatrix} L_{AA} & M_{AB} & M_{AC} \\ M_{BA} & L_{BB} & M_{BC} \\ M_{CA} & M_{CB} & L_{CC} \end{bmatrix} P^{-1} \quad (3\text{-}11)$$

仅考虑式(3-11)中的交、直轴电感分量 L_d 与 L_q,则三相 FSPM 电机在两相旋转(d-q)坐标系中的电流微分方程和磁链方程分别为

$$\begin{cases} \dfrac{\mathrm{d}i_d}{\mathrm{d}t} = -\dfrac{R_s}{L_d}i_d + \dfrac{P_r\omega_r L_q}{L_d}i_q + \dfrac{u_d}{L_d} \\ \dfrac{\mathrm{d}i_q}{\mathrm{d}t} = -\dfrac{R_s}{L_q}i_q - \dfrac{P_r\omega_r L_d}{L_q}i_d + \dfrac{u_q - P_r\omega_r \psi_f}{L_q} \end{cases} \quad (3\text{-}12)$$

$$\begin{cases} \psi_{sd} = L_d i_d + \psi_f \\ \psi_{sq} = L_q i_q \end{cases} \quad (3\text{-}13)$$

式中　u_d——定子电压的 d 轴分量,V;

u_q——定子电压的 q 轴分量,V;

i_d——定子电流的 d 轴分量,A;

i_q——定子电流的 q 轴分量,A;

L_d——电感的 d 轴分量,H;

L_q——电感的 q 轴分量,H;

ψ_{sd}——定子磁链的 d 轴分量,Wb;

ψ_{sq}——定子磁链的 q 轴分量,Wb;

R_s——定子电阻,Ω;

ψ_f——永磁体磁链幅值,Wb。

FSPM 电机电磁转矩 T_{em} 由永磁转矩 T_{pm}、磁阻转矩 T_r 和定位力矩 T_{cog} 三部分组成,即

$$T_{em} = \frac{3}{2}P_r\psi_f i_q + \frac{3}{2}P_r(L_d - L_q)i_d i_q + \sum_{h=1}^{M} T_{cmh}\sin(6hP_r\theta_r + \varphi_{cogh})$$

(3-14)

3.2 模型预测电流控制

三相 FSPM 电机 MPCC 结构框图如图 3-8 所示,其主要包括预测电流模型和价值函数两个模块。

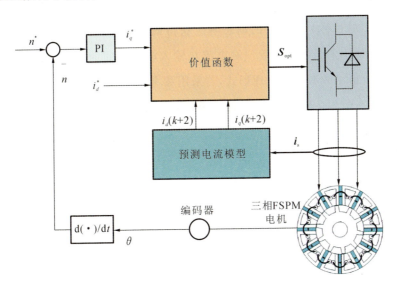

图 3-8 三相 FSPM 电机 MPCC 结构框图

3.2.1 预测电流控制

为了得到 $k+1$ 时刻的电流预测值,首先需要建立预测电流模型。考虑式(3-12)表示的电流数学模型为一阶系统模型,可通过对导数的简化逼近去获得离散时间模型。利用式(3-15)所示的前向欧拉逼近代替电流导数项,即可得到预测电流模型,如式(3-16)所示。

$$\frac{d\boldsymbol{i}}{dt} \approx \frac{\boldsymbol{i}(k+1) - \boldsymbol{i}(k)}{T_s}$$

(3-15)

$$\begin{cases} i_d(k+1) = \left(1 - \dfrac{R_s}{L_d}T_s\right)i_d(k) + P_r\omega_r T_s \dfrac{L_q}{L_d}i_q(k) + \dfrac{T_s}{L_d}u_d \\ i_q(k+1) = \left(1 - \dfrac{R_s}{L_q}T_s\right)i_q(k) - P_r\omega_r T_s \dfrac{L_d}{L_q}i_d(k) + \dfrac{T_s}{L_q}u_q - \dfrac{T_s P_r \omega_r \psi_f}{L_q} \end{cases}$$

(3-16)

式中 T_s——采样时间,s；

k——第 k 次采样；

$k+1$——第 $k+1$ 次采样。

3.2.2 价值函数

MPCC 的目标是以最快的动态响应获得最小的电流误差。为实现这一目标,需要设计一个函数来衡量预测电流与输入电流之间的误差,该函数便是价值函数。价值函数有多种表现形式,若采用参考电流和预测电流之间的绝对误差来表现,在两相旋转坐标系下,价值函数可以表示为

$$g_i = |i_d^* - i_d(k+1)| + |i_q^* - i_q(k+1)| \qquad (3\text{-}17)$$

其中：上标"*"表示参考值；g_i 的下标 $i=1,2,\cdots,7$,对应 7 种不同的开关状态。

由于本章所研究的三相 FSPM 电机凸极系数较小(即 $L_q/L_d=1.09$),可认为直轴电感 L_d 与交轴电感 L_q 在数值上近似相等,则 $i_d=0$ 的控制方法在这里等效为最大转矩电流比(maximum torque per ampere,MTPA),用于计算参考电流。

将 7 种不同开关状态对应的基本电压矢量依次代入预测电流模型和价值函数,则使价值函数值最小的矢量即为最优电压矢量,算法会将其对应的开关状态输送至逆变器。

3.2.3 延时补偿

在理想情况下,忽略 MPC 算法的计算时间,不考虑延时的预测电流如图 3-9(a)所示。在 k 时刻预测 $k+1$ 时刻电流并立即输出最优开关状态,实际电流随即在 $k+1$ 时刻达到参考值。但是在实际应用过程中,由于三相逆变器有 7 种不同的开关状态,预测电流模型和价值函数需要经过 7 次计算才能得到最优

输出,这使得电流采样与开关作用之间存在较长的时间间隔,如图 3-9(b)所示。受延时影响,k 时刻的预测值在 $k+1$ 时刻后继续被应用,导致实际电流偏离参考值,而 $k+1$ 时刻得到的最优开关状态将在 $k+2$ 时刻后才被使用。延时使得最优电压矢量不能精确作用,增加了电流脉动,因而需要对其进行补偿。

本章采用了文献[2]中的延时补偿方法,其示意图如图 3-9(c)所示。将 $k-1$ 时刻获得的最优电压和当前 k 时刻的采样电流代入预测电流模型估计 $k+1$ 时刻的电流,然后基于 $k+1$ 时刻的电流估计值预测 $k+2$ 时刻电流,参与价值函数优化,具体表达式如下:

$$\begin{cases} i_d(k+1) = \left(1 - \dfrac{R_s}{L_d}T_s\right)i_d(k) + P_r\omega_r T_s \dfrac{L_q}{L_d}i_q(k) + \dfrac{T_s}{L_d}u_d^{\text{opt}}(k-1) \\ i_q(k+1) = \left(1 - \dfrac{R_s}{L_q}T_s\right)i_q(k) - P_r\omega_r T_s \dfrac{L_d}{L_q}i_d(k) + \dfrac{T_s}{L_q}u_q^{\text{opt}}(k-1) \\ \qquad\qquad - \dfrac{T_s P_r \omega_r \psi_f}{L_q} \end{cases}$$

(3-18)

式中　$k-1$——第 $k-1$ 次采样;

u_d^{opt}——上一时刻最优电压矢量的 d 轴分量,V;

u_q^{opt}——上一时刻最优电压矢量的 q 轴分量,V。

$$\begin{cases} i_d(k+2) = \left(1 - \dfrac{R_s}{L_d}T_s\right)i_d(k+1) + P_r\omega_r T_s \dfrac{L_q}{L_d}i_q(k+1) + \dfrac{T_s}{L_d}u_d \\ i_q(k+2) = \left(1 - \dfrac{R_s}{L_q}T_s\right)i_q(k+1) - P_r\omega_r T_s \dfrac{L_d}{L_q}i_d(k+1) + \dfrac{T_s}{L_q}u_q \\ \qquad\qquad - \dfrac{T_s P_r \omega_r \psi_f}{L_q} \end{cases}$$

(3-19)

后续研究中的预测模型均采用了延时补偿。

图 3-10 为 MPCC 算法的流程图。每个控制周期内,首先输出上一周期计算得到的最优电压矢量,然后采集当前时刻的三相电流、转子机械位置角和直流母线电压,利用采样值预测 7 个不同基本电压矢量对应的预测电流,并代入价值函数,选择使得价值函数输出最小的电压矢量为最优电压矢量,最后储存该最优电压矢量,并在下一个周期输出。

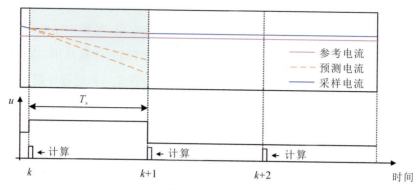

(a) 无延时(理想状态)

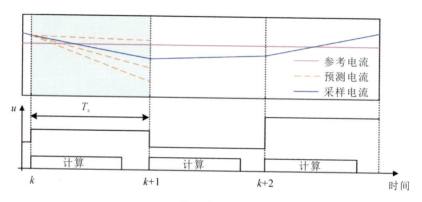

(b) 有延时无补偿

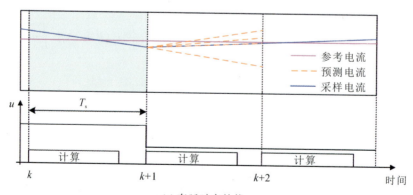

(c) 有延时有补偿

图 3-9 预测电流

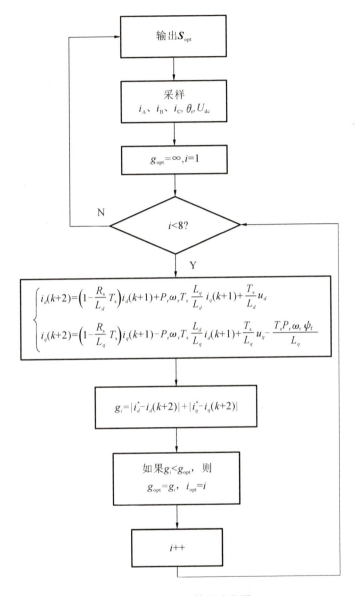

图 3-10 MPCC 算法流程图

3.3 模型预测转矩控制

三相 FSPM 电机 MPTC 结构框图如图 3-11 所示,其主要包括定子磁链幅值参考计算、转矩与定子磁链幅值预测和价值函数优化三个模块。

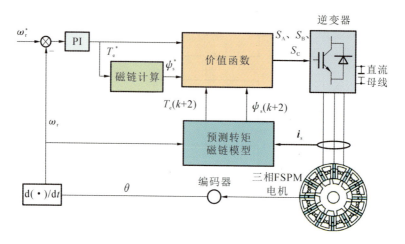

图 3-11　三相 FSPM 电机 MPTC 结构框图

3.3.1　预测转矩与磁链模型

根据预测电流模型,将式(3-19)代入式(3-13)则可得到定子磁链预测模型:

$$\begin{cases}\psi_{sd}(k+2)=L_d i_d(k+2)+\psi_f\\ \psi_{sq}(k+2)=L_q i_q(k+2)\end{cases} \quad (3\text{-}20)$$

因为交、直轴电感近似相等,故可忽略磁阻转矩分量。从控制角度而言,定位力矩可视为 FSPM 电机的固有干扰,在构建预测转矩模型时,可暂不考虑定位力矩。预测转矩模型如下:

$$T_e(k+2)=\frac{3}{2}P_r\psi_f i_q(k+2) \quad (3\text{-}21)$$

3.3.2　价值函数

由于转矩和定子磁链幅值的单位不同,因此在价值函数中设置定子磁链幅值的权值系数 λ,用于调节转矩和定子磁链幅值在价值函数优化过程中所占的权重:

$$g_i=|T_e^*-T_e(k+2)|+\lambda|\psi_s^*-\psi_s(k+2)| \quad (3\text{-}22)$$

式中　T_e^*——参考转矩,N·m,为转速 PI 控制器的输出。

定子磁链幅值参考 ψ_s^* 可根据式(3-23)得到:

$$\begin{cases} \psi_{sd}^* = \psi_f \\ \psi_{sq}^* = \dfrac{2T_e^* L_q}{3P_r \psi_f} \end{cases} \quad (3\text{-}23)$$

目前,权值设计仍然是 MPC 算法的一个研究热点,权值的选择缺少统一的理论指导。在本章中,采用额定量纲归一化法为权值选择提供参考[3],即令

$$\lambda = \frac{T_{eN}}{\psi_{sN}} \quad (3\text{-}24)$$

式中　T_{eN}——额定转矩,N·m;

ψ_{sN}——额定定子磁链幅值,Wb。

MPTC 算法的流程图如图 3-12 所示。

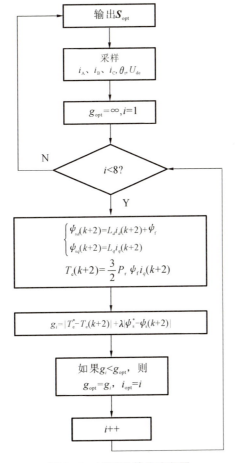

图 3-12　MPTC 算法流程图

3.3.3　MPCC 与 MPTC 的联系

利用定子磁链的 d、q 轴分量对 MPTC 的价值函数进行改写，可得：

$$g_i = \left| T_e^* - T_e(k+2) \right| + \lambda \left[\left| \psi_{sd}^* - \psi_{sd}(k+2) \right| + \left| \psi_{sq}^* - \psi_{sq}(k+2) \right| \right] \tag{3-25}$$

将转矩预测公式(3-21)、定子磁链幅值参考公式(3-23)和定子磁链预测公式(3-20)代入式(3-25)，得到：

$$g_i = \left| T_e^* - \frac{3}{2} P_r \psi_f i_q(k+2) \right| + \lambda \left[L_d \left| i_d^* - i_d(k+2) \right| + L_q \left| i_q^* - i_q(k+2) \right| \right] \tag{3-26}$$

结合转矩与交轴电流的比例关系，式(3-26)可以进一步简化为

$$g_i = \lambda L_d \left| i_d^* - i_d(k+2) \right| + \left(\frac{3}{2} P_r \psi_f + \lambda L_q \right) \left| i_q^* - i_q(k+2) \right| \tag{3-27}$$

与 MPCC 方法中的价值函数相比，交、直轴电流的系数均发生了变化，且交轴电流的系数要大于直轴电流，不平衡的权重会影响电流性能。此外，因为交轴电流与转矩间存在正比关系，所以转矩输出性能也将受到影响。

3.4　仿真分析

本章基于一台三相 12/10 FSPM 电机对两种模型预测控制方法进行仿真研究。该电机结构与特性已在 3.1.1 节中详细介绍，其主要参数如表 3-3 所示。

表 3-3　三相 12/10 FSPM 电机参数

参数	数值	参数	数值
定子齿数	12	直轴电感/mH	14.308
转子极数	10	交轴电感/mH	15.533
直流侧电压/V	440	绕组电阻/Ω	1.436
绕组额定电流/A	3.8	额定转速/(r/min)	1500
永磁体磁链幅值/Wb	0.1657	额定转矩/(N·m)	13.38

在 MATLAB/Simulink 环境中搭建三相 FSPM 电机 MPCC 和 MPTC 模型，采样频率设置为 25 kHz。转速和负载给定，分别设为 800 r/min 和 10 N·m。为保证两种 MPC 方法具有相同的转速响应，转速控制器参数设置如表 3-4 所示。MPCC 转速控制器输出限幅为 ±12 A；根据转矩与 q 轴电流之间的关系，MPTC 转速控制器的输出限幅设置为 ±30 N·m。

表 3-4　两种 MPC 方法的转速控制器参数设置

参数	MPCC	MPTC
比例系数 K_P	0.10	0.25
积分系数 K_I	2.5	6.21

为了更加公平地对比采用两种 MPC 方法的电机性能，首先需要整定 MPTC 价值函数中的权值。由式(3-24)可得权值的基准值为 80。根据该基准展开仿真，图 3-13 显示了不同权值下的 MPTC 仿真结果。

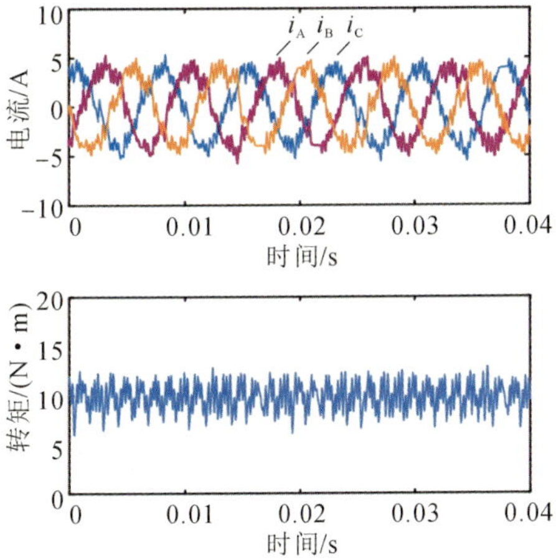

(a) $\lambda=30$

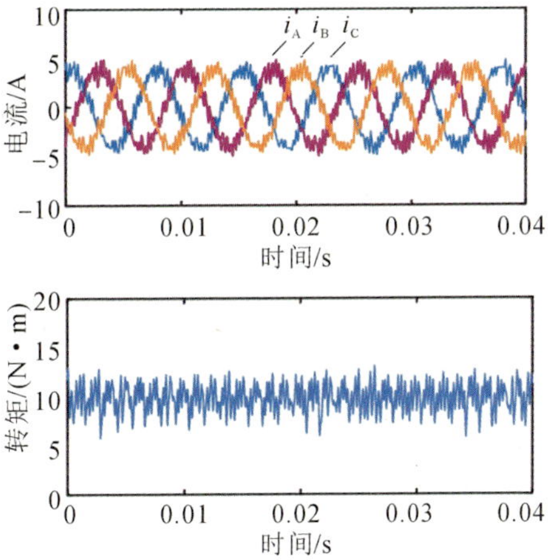

(b) $\lambda=80$

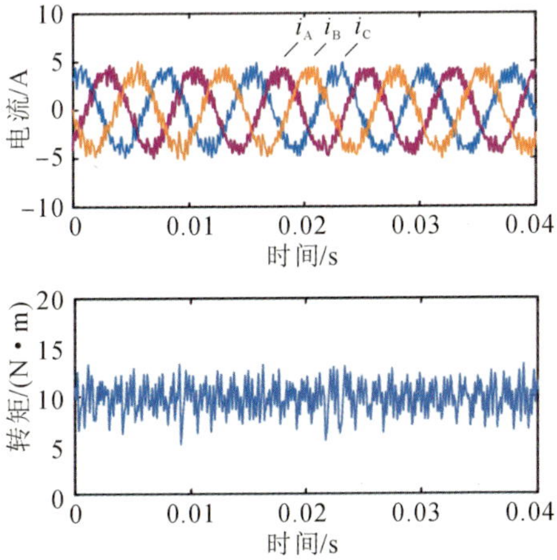

(c) $\lambda=150$

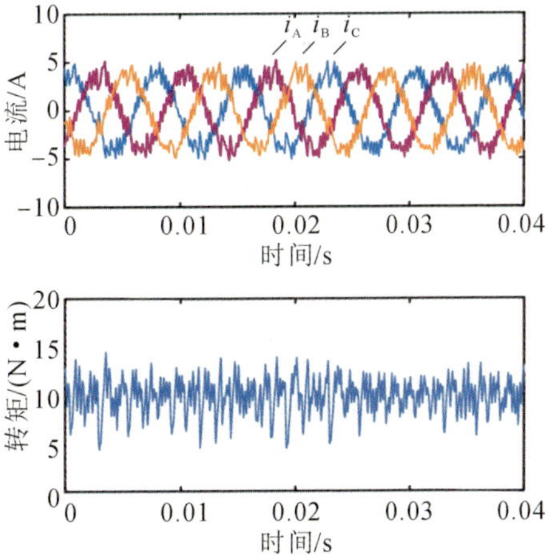

(d) $\lambda=250$

图 3-13　不同权值下的 MPTC 仿真波形

已知电机电磁转矩为

$$T_{rip} = \sqrt{\frac{1}{N}\sum_{i=1}^{N}[T_e(i) - T_{ave}]^2}/T_{ave} \times 100\% \qquad (3-28)$$

式中　T_{ave}——输出转矩平均值,N·m;

　　　$T_e(i)$——实际转矩值,N·m;

　　　N——采样数。

利用 FFT 工具和式(3-28)分别对 A 相电流和转矩脉动进行分析,结果如表 3-5 所示。

表 3-5　不同权值条件下的电流和转矩性能分析结果

λ	30	80	150	250
相电流 THD/(%)	20.93	16.22	18.42	20.48
转矩脉动/(%)	13.60	13.39	15.04	16.32

从仿真波形和分析结果可以看出:在权值基准值下,相电流 THD 和转矩脉动均较小;当权值减小时,相电流谐波含量上升而转矩脉动基本不变;当权值增大时,相电流谐波含量和转矩脉动都增大。据此,可以得出以下结论:通过式(3-24)得到的基准值可以为权值调节提供依据,权值的选择需要同时兼顾相电流和转矩的性能。由于缺少统一理论指导,目前权值只能依赖大量的仿真和实验来确定。最终,本仿真中的最优权值选择为 120。

由两种 MPC 方法得到的在稳态条件下的相电流和转矩仿真波形如图 3-14 所示。从图中可以看出,两种方法的控制效果十分相似,相电流谐波含量均较高,转矩受定位力矩影响,脉动较大。如图 3-15 所示,A 相电流的 THD 在 MPCC 和 MPTC 方法下分别为 14.33% 和 15.39%,谐波含量较高的成分均主要集中在 3000~4000 Hz。采用两种 MPC 方法时电机的转矩脉动分别为 15.12% 和 13.30%。结果表明,MPCC 方法的相电流 THD 较小,而 MPTC 方法的转矩脉动较小。两种方法下电机稳态性能都不佳,主要是由于每个控制周期中仅作用一个电压矢量,使得输出电压与期望电压之间误差较大。

图 3-16 为两种 MPC 方法在负载突变条件下 A 相电流、转速和转矩的仿真波

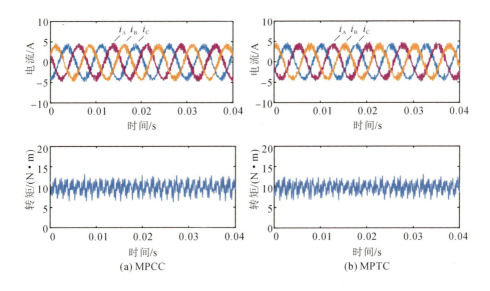

图 3-14 由两种 MPC 方法得到的稳态仿真波形

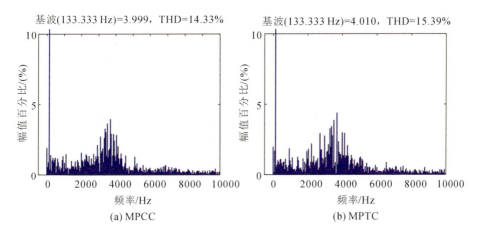

图 3-15 两种 MPC 方法相电流 FFT 分析结果

注:"基波(133.333 Hz)=3.999"表示基波幅值为 3.999 A,后同。

形。转速给定为 800 r/min,给定负载在 $t=0.04$ s 时从 5 N·m 突变为 10 N·m。从仿真波形可以看出,转速受转矩变化影响而略微下降,经 0.06 s 后又恢复到给定值。而相电流和转矩响应速度较快,在负载变化后,二者便迅速变化到相应值。负载突变仿真结果表明,两种 MPC 方法下电机的动态性能较好。

图 3-17 为两种 MPC 方法在转速突变条件下 A 相电流、转速和转矩的仿真

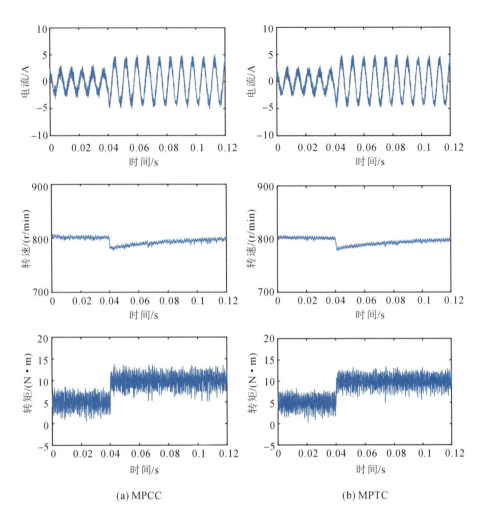

(a) MPCC (b) MPTC

图 3-16　两种 MPC 方法的负载突变仿真波形

波形。负载给定为 15 N·m，给定转速在 $t=0.04$ s 时从 500 r/min 突变为 800 r/min。转速给定值变化时，相电流幅值和转矩输出均达到限幅(分别为 -12 A，30 N·m)，而转速能迅速达到给定值。仿真结果表明，在 MPCC 和 MPTC 作用下电机均具有良好的转速响应能力。

通过上述仿真可见，MPCC 和 MPTC 方法在相电流和转矩稳态性能上存在微小差异，MPCC 方法的相电流谐波含量较少，而 MPTC 方法的转矩脉动较小。然而，采用这两种方法时电机的动态性能均较好且极为相似。

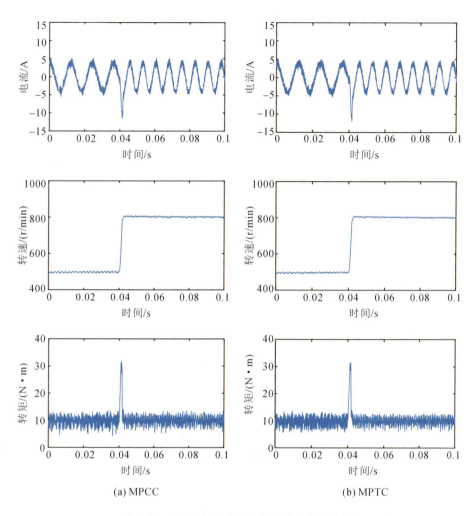

(a) MPCC (b) MPTC

图 3-17 两种 MPC 方法的转速突变仿真波形

3.5 实验验证

3.5.1 硬件平台

为进一步对两种 MPC 方法进行验证,本章设计了基于 dSPACE DS1104 控制器的三相 FSPM 电机实验平台,控制系统框图如图 3-18 所示。控制器采用 dSPACE 实时仿真单板系统 DS1104 控制板,该板卡可直接植入台式计算机,并能通过对应的 ControlDesk 软件与 MATLAB/Simulink 关联,利用在线直接编译 Simulink 环境下的仿真模型,产生 dSPACE DS1104 系统能够辨识的代码,建立可在线调整各项参数的实验系统,进行性能和控制方法实验验证。实验平台如图 3-19 所示。电机的电流、电压和转子位置信号分别通过 DS1104 控制板上的模数转换模块和增量式编码器接口模块进行处理,逆变器信号则由 6 路 PWM 模块产生并输出。

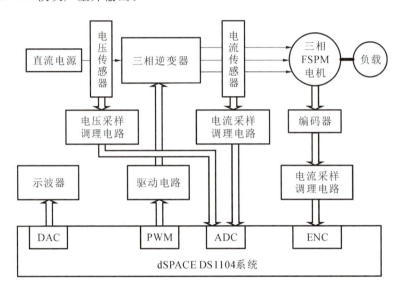

图 3-18　基于 dSPACE DS1104 控制器的三相 FSPM 电机控制系统框图

注:ENC 表示编码器(encoder)模块,用于测速。

图 3-19　基于 dSPACE DS1104 控制器的三相 FSPM 电机实验平台

3.5.2 稳态测试

MPCC 和 MPTC 方法在稳态条件下的实验波形如图 3-20 所示,转速给定为 500 r/min,负载设置为 10 N·m,采样频率为 10 kHz。PI 控制器参数如表 3-6 所示,MPTC 的权值设为 100。在两种 MPC 方法下,电机转速平稳,而转矩脉动较大且相电流中谐波含量较高,这与稳态仿真结果相吻合。A 相电流的 FFT 分析结果如图 3-21 所示,A 相电流 THD 分别为 14.10% 和 17.03%,MPCC 方法的电流性能要略优于 MPTC 方法。此外,表 3-7 中的转矩性能分析数据显示,MPCC 方法的转矩脉动峰峰值略大于 MPTC 方法,分别为 5.10 N·m 和 4.65 N·m,较大的转矩脉动主要是受到了电机定位力矩的影响。

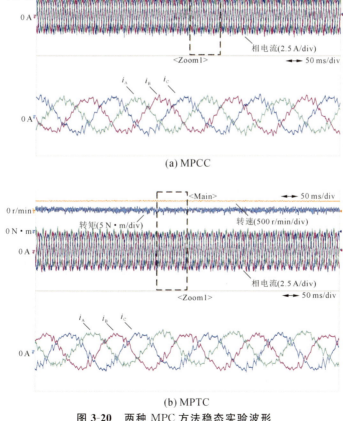

图 3-20 两种 MPC 方法稳态实验波形

表 3-6　两种 MPC 方法下 PI 控制器实验参数设置

参数	MPCC	MPTC
K_P	0.01	0.025
K_I	0.02	0.05

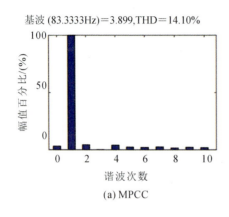
(a) MPCC

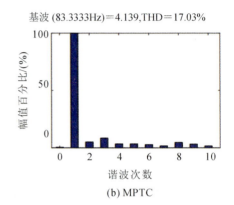
(b) MPTC

图 3-21　A 相电流 FFT 分析结果

表 3-7　两种 MPC 方法的转矩性能分析结果

参数	MPCC	MPTC
平均转矩/(N·m)	10.13	10.15
脉动峰峰值/(N·m)	5.10	4.65
转矩脉动/(%)	8.28	7.99

稳态实验结果与稳态仿真结果基本一致，MPCC 方法的电流性能较好，而 MPTC 方法的转矩脉动较小。两种 MPC 方法作用下电机的稳态性能均不佳，其原因主要有两个：一是两种 MPC 方法在每个控制周期内作用一个基本电压矢量，实际输出电压与参考电压之间存在误差；二是作为被控对象的三相 FSPM 电机自身定位力矩较大，加剧了转矩脉动。

3.5.3　动态测试

在实验过程中，负载转矩由磁粉制动器提供，该装置不能瞬间实现负载大小变化。然而,在实验平台稳定运行条件下,让速度反转(大小不变,方向改变),可以实现负载方向的突变而大小不发生变化。这一方式不但实现了转速突变,而且实现了负载突变。因此,在本实验中,采用速度反转来进行两种 MPC 方法的动态性能测试。

图 3-22 为 MPCC 和 MPTC 方法在速度反转条件下的实验波形。负载给定为 5 N·m,速度给定由 500 r/min 突变为 -500 r/min。MPCC 方法中 PI 控制器输出限幅为 ± 10 A,相应地,MPTC 方法中 PI 控制器输出限幅为 ± 25 N·m。在转速给定值变化瞬间,输出转矩达到饱和下限(-25 N·m),维持约 25 ms 后逐渐达到给定值。速度响应无超调,经 200 ms 后达到给定值。实验结果表明,两种 MPC 方法动态性能良好,响应快。此外,两种 MPC 方法虽然稳态性能存在差异,但瞬态性能十分相似。

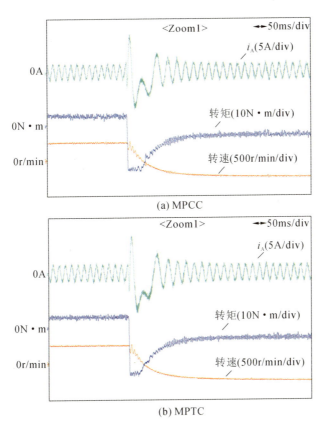

图 3-22 两种 MPC 方法速度反转实验波形

3.6 本章小结

本章以一台三相 12 槽 10 极 FSPM 电机为研究对象,首先介绍了该电机的基本特性并建立了数学模型,阐述了 MPC 技术基本概念,结合被控对象,从预测模型构建、价值函数设计和优化三个方面详细介绍了 MPCC 和 MPTC 的实现方式,同时推导了两种 MPC 方法之间的数学关系;然后,利用 MATLAB/Simulink 对两种方法进行仿真;最后,基于 dSPACE DS1104 控制器设计了三相 FSPM 电机控制系统,并利用该系统进行了实验研究。

根据仿真和实验结果,可得出如下结论:

(1) 受单一矢量作用影响,MPC 方法稳态性能不佳;

(2) MPCC 方法的相电流性能略优于 MPTC 方法,但 MPTC 方法的转矩脉动略低于 MPCC 方法;

(3) MPTC 方法的性能受权值影响较大,而 MPCC 中不含权值;

(4) 两种方法的动态性能较好且十分相似;

(5) 所用 FSPM 电机定位力矩较大,加剧了系统的转矩脉动。

本章参考文献

[1] 花为. 新型磁通切换型永磁电机的分析、设计和控制[D]. 南京:东南大学,2007.

[2] CORTES P, RODRIGUEZ J, SILVA C, et al. Delay compensation in model predictive current control of a three-phase inverter[J]. IEEE Transactions on Industrial Electronics,2012,59(2):1323-1325.

[3] RODRIGUEZ J, KENNEL R M, ESPINOZA J R, et al. High-performance control strategies for electrical drives:an experimental assessment [J]. IEEE Transactions on Industrial Electronics,2012,59(2):812-820.

第 4 章
基于转矩脉动抑制的模型预测控制

第 3 章以一台三相 12/10 FSPM 电机为例阐述了 MPCC 和 MPTC 这两种模型预测控制方法，仿真和实验结果表明，在采用 MPC 方法时，FSPM 电机稳态性能不佳，转矩脉动较大且电流谐波含量高。造成上述现象的原因主要有两个：一是 FSPM 电机本体由于较高的气隙磁密与定、转子双凸极结构而产生较大的定位力矩，该定位力矩会引起电机转矩脉动；二是 MPC 方法在每个控制周期内仅有一个电压矢量作用，使得输出电压与参考电压之间的误差较大。

目前削弱定位力矩的方法主要分为两大类：一类是通过电机本体设计对定位力矩进行优化[1]，此类方法能从根本上降低定位力矩，但会增加电机设计工作量且受加工工艺限制；另一类是从控制角度对定位力矩进行补偿，该方法适合已经加工完成的电机。

另外，为改善稳态性能，占空比调制方法和多矢量概念被应用于 MPC。占空比调制通过优化最优电压矢量作用时间来减小输出电压与目标电压之间的误差[2]，而多矢量则包括非零矢量配合零矢量、两个非零矢量、两个非零矢量配合零矢量等多种形式，可进一步缩小电压跟踪误差[3,4]。

针对补偿定位力矩和改善电机稳态性能两个问题，本章分别设计了不同的 MPC 策略。首先，为了减小定位力矩对输出转矩的影响，将补偿控制思想与 MPCC 结合，设计了基于谐波电流注入和迭代学习控制的两种定位力矩补偿方法[5,6]。其次，从提升 MPC 稳态性能和降低运算量的角度出发，提出了矢量筛选与合成的三相 FSPM 电机 MPTC 方法。最后，基于 dSPACE DS1104 系统验证了所提方法的有效性。

4.1 定位力矩补偿的模型预测电流控制

4.1.1 谐波电流补偿

以第3章中三相12/10 FSPM电机为控制对象,采用谐波注入的方式补偿其定位力矩,所提方法总体思路如图4-1所示。

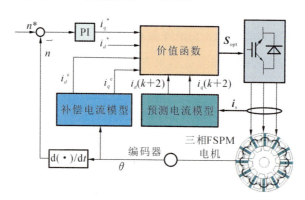

图4-1 基于谐波电流注入的定位力矩补偿策略

1. 补偿电流模型

由电机学基本原理可知,电枢电流与空载反电动势作用会产生电磁转矩,而定位力矩可看作频率较高的周期性电磁转矩分量,只是其平均值为零。根据此原理,若要补偿定位力矩,可在电机电枢基波电流的基础之上,注入额外的补偿谐波电流。该补偿谐波电流与空载反电动势作用,能产生一个与定位力矩大小相同而相位相反的谐波电磁转矩,即可抵消定位力矩,其数学关系式可表示为

$$\frac{i_{Ah}^c e_A + i_{Bh}^c e_B + i_{Ch}^c e_C}{\omega_r} = -T_{cogh} \tag{4-1}$$

式中 $i_{Ah}^c, i_{Bh}^c, i_{Ch}^c$ ——三相补偿谐波电流,A;

e_A, e_B, e_C ——三相空载反电动势,V;

ω_r ——转子机械角速度,rad/s;

T_{cogh} ——定位力矩的 h 次谐波分量,N·m。

假设补偿谐波电流为

$$\begin{cases} i_{Ah}^c = I_{mh}\cos(xP_r\theta_r + \varphi_h) \\ i_{Bh}^c = I_{mh}\cos\left(xP_r\theta_r + \varphi_h + \dfrac{2\pi}{3}\right) \\ i_{Ch}^c = I_{mh}\cos\left(xP_r\theta_r + \varphi_h - \dfrac{2\pi}{3}\right) \end{cases} \quad (4-2)$$

式中 I_{mh}——补偿电流幅值，A；

φ_h——补偿电流相位，rad；

x——补偿次数。

将第 3 章中的空载反电动势表达式(见式(3-1))与式(4-2)代入式(4-1)，则可得：

$$\dfrac{3E_m I_{mh}\sin[(x+1)P_r\theta_r + \varphi_h]}{2\omega_r} = -T_{cmh}\sin(6hP_r\theta_r + \varphi_{cogh}) \quad (4-3)$$

式中

$$x = 6h - 1, \quad \varphi_h = \varphi_{cogh}, \quad I_{mh} = 2\omega_r T_{cmh}/(3E_m)$$

该 FSPM 电机的定位力矩主要由基波分量和二次谐波分量构成。若忽略定位力矩中三次及以上的谐波分量，则补偿电流可以表示为

$$\begin{cases} i_{Ah}^c = \dfrac{2\omega_r T_{cm1}}{3E_m}\cos(5P_r\theta_r + \varphi_{cog1}) + \dfrac{2\omega_r T_{cm2}}{3E_m}\cos(11P_r\theta_r + \varphi_{cog2}) \\ i_{Bh}^c = \dfrac{2\omega_r T_{cm1}}{3E_m}\cos\left(5P_r\theta_r + \varphi_{cog1} + \dfrac{2\pi}{3}\right) + \dfrac{2\omega_r T_{cm2}}{3E_m}\cos\left(11P_r\theta_r + \varphi_{cog2} + \dfrac{2\pi}{3}\right) \\ i_{Ch}^c = \dfrac{2\omega_r T_{cm1}}{3E_m}\cos\left(5P_r\theta_r + \varphi_{cog1} - \dfrac{2\pi}{3}\right) + \dfrac{2\omega_r T_{cm2}}{3E_m}\cos\left(11P_r\theta_r + \varphi_{cog2} - \dfrac{2\pi}{3}\right) \end{cases}$$

$$(4-4)$$

式中，三相补偿谐波电流由两个分量组成，分别对应定位力矩的基波分量和二次谐波分量。

2. 预测电流模型

利用前向欧拉法对三相 FSPM 电机数学模型进行离散化，并考虑一拍延时补偿，可以得到预测电流模型：

$$\begin{cases} i_d(k+2) = \left(1 - \dfrac{R_s}{L_d}T_s\right)i_d(k+1) + P_r\omega_r T_s\dfrac{L_q}{L_d}i_q(k+1) + \dfrac{T_s}{L_d}u_d \\ i_q(k+2) = \left(1 - \dfrac{R_s}{L_q}T_s\right)i_q(k+1) - P_r\omega_r T_s\dfrac{L_d}{L_q}i_d(k+1) + \dfrac{T_s}{L_q}u_q - \dfrac{T_s P_r \omega_r \psi_f}{L_q} \end{cases}$$

$$(4-5)$$

式中　T_s——采样时间,s;

　　　$k+1$——第 $k+1$ 次采样;

　　　$k+2$——第 $k+2$ 次采样。

3. 价值函数

将补偿电流加入价值函数,便可实现定位力矩补偿。本章 MPCC 方法的预测变量是电枢电流的 d、q 轴分量,式(4-4)中的补偿电流需要进行坐标变换,最终计及定位力矩补偿的价值函数表达式为

$$g_i = |i_d^* + i_d^c - i_d(k+2)| + |i_q^* + i_q^c - i_q(k+2)| \quad (4-6)$$

式中　i_d^c——补偿电流的 d 轴分量,A;

　　　i_q^c——补偿电流的 q 轴分量,A。

式(4-6)中,上标"$*$"表示参考值,g_i 的下标"i"表示循环次数,取值范围为 1～7。

4.1.2　迭代学习控制

迭代学习控制(iterative learning control,ILC)通过反复迭代修正达到某种控制目标[7]。ILC 采用"在重复中学习"的策略,具有记忆和修正机制,通过对被控系统进行控制尝试,得到当前输入和输出,然后利用参考输出与实际输出的偏差根据学习律确定新的输入信号,再次作用于系统,直至系统的输出收敛于期望值。本小节将 P 型迭代学习控制方法应用于 MPCC 以实现 FSPM 电机定位力矩补偿,其结构如图 4-2 所示,图中 $y^*(t)$ 表示系统的参考输入,$y(t)$ 表示系统的输出。

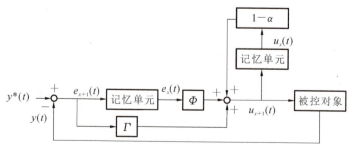

图 4-2　P 型迭代学习控制结构

该 P 型迭代学习控制方法采用的学习律可表示为

$$u_{x+1}(t) = (1-\alpha)u_x(t) + \Phi e_x(t) + \Gamma e_{x+1}(t) \tag{4-7}$$

式中　$u_{x+1}(t)$——迭代学习产生的控制信号；

$e_x(t)$——参考输入与输出间的差值；

α——遗忘因子，可以提高系统鲁棒性；

Φ——$e_x(t)$的增益；

Γ——$e_{x+1}(t)$的增益；

t——每次迭代的采样点；

x——迭代次数。

根据收敛原则，ILC 在电机驱动系统中应用时需要满足：

$$\left|1 - \frac{\Phi}{J}\right| < 1 \tag{4-8}$$

式中　J——电机转动惯量，$kg \cdot m^2$。

通过式(4-8)可以得到 $e_x(t)$ 的增益 Φ 与转动惯量 J 之间的关系为

$$0 < \Phi < 2J \tag{4-9}$$

理论上，$e_{x+1}(t)$的增益 Γ 并不会影响 ILC 方法的收敛性。但是在实际应用过程中，Γ 过大会引起转速和转矩抖振。因此，$e_x(t)$ 和 $e_{x+1}(t)$ 的增益还需满足：

$$\Gamma \leqslant \Phi \tag{4-10}$$

图 4-3 为采用 ILC 方法的三相 FSPM 电机 MPCC 控制策略。迭代学习控制器与转速 PI 控制器并联，其输出作为 q 轴补偿电流并参与价值函数优化。该种方法的特点在于无须建立定位力矩精确数学模型，仅通过迭代学习达到补偿定位力矩、减小转矩脉动的目的。引入 ILC 后，电流预测模型不变，而价值函数中的电流参考发生变化，其表达式为

$$\begin{aligned} g_i = &|i_d^* - i_d(k+2)| + |i_q^* + (1-\alpha)i_{qx}^*(k) + \Phi e_x(k) \\ &+ \Gamma e_{x+1}(k) - i_q(k+2)| \end{aligned} \tag{4-11}$$

式中　$e_x(k)$——参考转速相对实际转速的误差。

4.1.3　实验验证

为验证两种定位力矩补偿方法的有效性，本章基于 dSPACE 控制平台进行

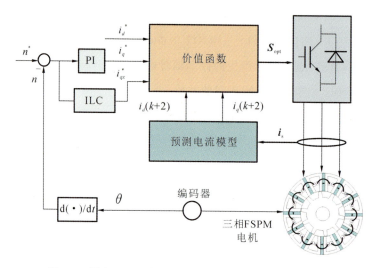

图 4-3　引入 ILC 进行定位力矩补偿的 MPCC 控制策略

实验验证。所用控制系统在第 3 章已详细介绍，且三相 12/10 FSPM 电机参数也已给出，此处不再赘述。图 4-4 为三相 FSPM 电机在有、无定位力矩补偿条件下的稳态实验波形。转速给定为 500 r/min，负载为 7 N·m，控制器采样频率为 10 kHz。从图 4-4 中的全局波形可以看出，当补偿方法作用后，转速并未受到影响，转矩脉动明显得到抑制，其具体分析结果如表 4-1 所示。补偿方法作用前后，电机平均转矩均为 7 N·m 左右，但在谐波电流注入方法下，转矩脉动由 1.05 N·m 下降为 0.59 N·m，而在 ILC 方法下，转矩脉动仅降至 0.85 N·m。相比较而言，谐波电流注入方法更有利于抑制转矩脉动。

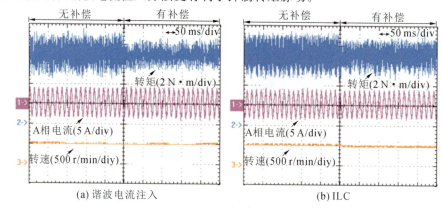

图 4-4　定位力矩补偿前后的稳态实验波形

表 4-1 转矩脉动分析

补偿方法	平均转矩/(N·m)	转矩脉动/(N·m)
未补偿	7.03	1.05
谐波电流注入	7.06	0.59
ILC	7.04	0.85

采用两种不同定位力矩补偿方法后的 A 相电流波形放大波形图及其 FFT 分析结果分别如图 4-5、图 4-6 所示。可以发现，在谐波电流注入方法下，相电流畸变较为严重，THD 高达 20.61%，且五次及十一次谐波含量相对较高，分别为 15.66% 和 4.23%，这一结果与理论设计高度一致；而在 ILC 方法下，A 相电流 THD 为 13.15%，其中五次与十一次谐波电流含量相对谐波电流注入方法较低。

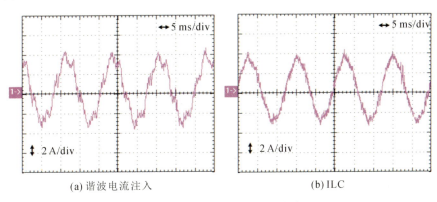

(a) 谐波电流注入　　　　　　　　(b) ILC

图 4-5 补偿后的 A 相电流放大波形

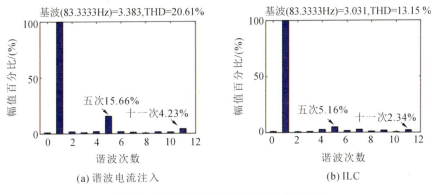

(a) 谐波电流注入　　　　　　　　(b) ILC

图 4-6 补偿后的 A 相电流 FFT 分析结果

从上述对比实验结果可以发现,谐波电流注入与ILC方法都能有效减小转矩脉动。采用谐波电流注入方法,通过理论推导的方式能精准设计补偿电流模型,从而取得更好的补偿效果。然而,该方法需要精确的定位力矩数学模型,且会引入较大的谐波电流,增加系统损耗。ILC方法不依赖定位力矩数学模型,但涉及的参数较多,其作用效果受参数影响较大。在工程应用过程中可根据具体工况灵活选择补偿方法。

4.2 基于矢量合成的模型预测转矩控制

为抑制定位力矩对转矩的影响,4.1节提出了计及定位力矩补偿的MPCC方法。而本节则从MPC原理出发,提出一种基于矢量合成的改进MPTC策略,以提高系统稳态性能。改进的MPTC结构如图4-7所示,包括矢量筛选模块、定子磁链及负载角参考计算模块、转矩及负载角估算模块、定子磁链预测模块、矢量合成与优化模块和脉冲产生模块。所提的矢量合成算法受空间电压矢量调制启发而来,核心思想为通过任意两个电压矢量合成来获得目标电压矢量。同时,为缓解矢量合成产生的巨大运算量,根据无差拍控制设计了矢量筛选策略。

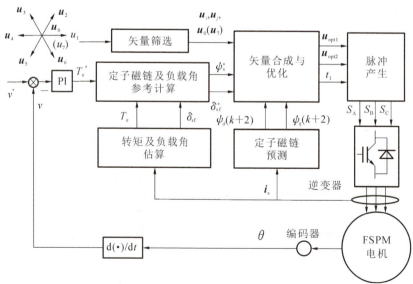

图4-7 基于矢量合成的改进MPTC结构

4.2.1 矢量筛选与定子磁链参考计算

1. 矢量筛选

对于由两电平逆变器供电的三相 FSPM 电机系统,将两个零开关状态视为相同状态,若采用二矢量组合的方法,则共有 49(7×7)种组合。在电压矢量优化过程中,遍历 49 种组合会产生巨大的计算量,不利于硬件实现。因此,必须减少遍历次数以降低计算量。

根据无差拍控制理论,计算目标电压矢量并确定其所在扇区,可以缩小备选基本电压矢量范围,从而降低算法计算量。利用预期电压直接转矩控制,目标电压矢量可通过定子磁链和电枢电流得到,表达式为

$$\begin{cases} u_{s\alpha}^* = [\psi_{s\alpha}^* \cos(\theta_s + \Delta\delta_{sf}) - \psi_{s\alpha}]/T_s + R_s i_{s\alpha} \\ u_{s\beta}^* = [\psi_{s\beta}^* \sin(\theta_s + \Delta\delta_{sf}) - \psi_{s\beta}]/T_s + R_s i_{s\beta} \end{cases} \quad (4\text{-}12)$$

式中　$u_{s\alpha}^*, u_{s\beta}^*$——电压矢量参考值的 α、β 轴分量,V;

$\psi_{s\alpha}^*, \psi_{s\beta}^*$——定子磁链参考值的 α、β 轴分量,Wb;

$\psi_{s\alpha}, \psi_{s\beta}$——定子磁链的 α、β 轴分量,Wb;

$i_{s\alpha}, i_{s\beta}$——电流矢量的 α、β 轴分量,A;

R_s——相电阻,Ω;

θ_s——定子磁链矢量位置角,rad;

δ_{sf}——负载角,即定子磁链角与永磁体磁链角之差,rad;

$\Delta\delta_{sf}$——负载角增量,rad。

通过式(4-12)可以确定目标电压矢量空间位置:

$$\gamma = \arctan(u_{s\beta}^*/u_{s\alpha}^*) \quad (4\text{-}13)$$

根据基本电压矢量分布,将其所在空间平均分为 6 个扇区,如图 4-8 所示。目标电压矢量不仅确定了扇区,也确定了有效电压矢量。每个扇区确定 3 个基本电压矢量,如表 4-2 所示。例如,在图 4-8 中,目标电压矢量位于第Ⅲ扇区,则 u_3、u_4 和 $u_0(u_7)$ 成为有效电压矢量。若采用二矢量策略,最优电压矢量将从上述 3 个电压矢量的组合中产生。结合占空比优化的思想,在矢量选择过程中,令第一个矢量为非零矢量,则共有 6 种矢量合成方式。

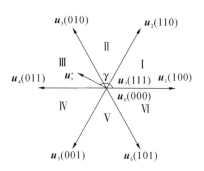

图 4-8 基本电压矢量及其扇区

表 4-2 基本电压矢量分组

编号	扇区	有效电压矢量
1	Ⅰ	u_1、u_2、$u_0(u_7)$
2	Ⅱ	u_2、u_3、$u_0(u_7)$
3	Ⅲ	u_3、u_4、$u_0(u_7)$
4	Ⅳ	u_4、u_5、$u_0(u_7)$
5	Ⅴ	u_5、u_6、$u_0(u_7)$
6	Ⅵ	u_6、u_1、$u_0(u_7)$

2. 定子磁链幅值参考与负载角计算

(1) 定子磁链幅值参考。

为得到式(4-12)中的目标电压矢量,需要获得定子磁链幅值参考和负载角增量。本章采用定子磁链自适应方法和 MTPA 原则来计算定子磁链幅值参考。为了尽可能消除定位力矩对所提控制方法的干扰,选择经过结构优化的三相 FSPM 电机作为研究对象,其定位力矩相对较小,峰值仅为 0.24 N·m(额定转矩为 19.23 N·m)[8]。值得注意的是,该电机定子电感的 d、q 轴分量在数值上接近,因此 $i_d=0$ 控制方法即可等效为 MTPA。最终,定子磁链幅值参考表达式为

$$\psi_s^* = \sqrt{\psi_f^2 + \left(\frac{3T_e^* L_q}{2P_r \psi_f}\right)^2} \tag{4-14}$$

(2) 负载角。

忽略磁阻转矩及定位力矩影响,利用负载角构建转矩方程,则转矩可以表

示为

$$T_e = \frac{3}{2L_q}P_r\psi_s\psi_f = \frac{3}{2L_q}P_r\psi_s\psi_f\sin\delta_{sf} \tag{4-15}$$

由式(4-15)得到：

$$\Delta T_e = \frac{3}{2L_q}P_r\psi_s\psi_f\Delta\delta_{sf}\cos\delta_{sf} \tag{4-16}$$

式中 ΔT_e——转矩增量，N·m；

$\Delta\delta_{sf}$——负载角增量，rad。

式(4-16)表明，若控制 ψ_s 为恒值，则转矩的增量 ΔT_e 就取决于负载角增量 $\Delta\delta_{sf}$。于是，对转矩的控制可以转换为对负载角的控制。由式(4-16)得

$$\Delta\delta_{sf} = \frac{2L_q\Delta T_e}{3P_r\psi_s\psi_f\cos\delta_{sf}} \tag{4-17}$$

根据式(4-17)，可以得到负载角参考，其由 k 时刻负载角与负载角增量构成：

$$\delta_{sf}^* = \delta_{sf} + \Delta\delta_{sf} = \arctan(\psi_{s\beta}/\psi_{s\alpha}) - \theta_r + \frac{2L_q\Delta T_e}{3P_r\psi_s\psi_f\cos\delta_{sf}} \tag{4-18}$$

d-q 坐标系中的 k 时刻负载角和负载角参考如图 4-9(a)所示。利用定子磁链幅值参考和负载角参考，可以得到定子磁链矢量参考的 d、q 轴分量：

$$\begin{cases} \psi_{sd}^* = \psi_s^* \cos\delta_{sf}^* \\ \psi_{sq}^* = \psi_s^* \sin\delta_{sf}^* \end{cases} \tag{4-19}$$

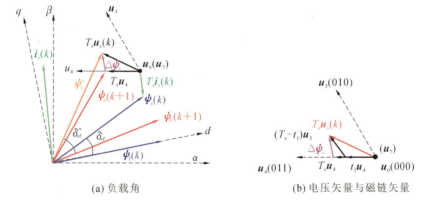

(a) 负载角　　　　　　　　(b) 电压矢量与磁链矢量

图 4-9　矢量分布

若控制定子磁链幅值参考恒定,则定子磁链矢量参考的 d、q 轴分量由负载角参考决定。最终,利用负载角这一中间变量,将 MPTC 方法中的两个控制变量(转矩和定子磁链幅值)统一为定子磁链矢量,从而在价值函数设计中避免了权值的选择。

4.2.2 预测模型

不同于传统 MPTC 方法中的预测模型,本章所设计的方法采用合成电压矢量,即在一个控制周期内作用两个电压矢量。新设计的预测电流模型为

$$\begin{cases} i_d(k+2) = \left(1-\dfrac{R_s}{L_d}T_s\right)i_d(k+1) + P_r\omega_r T_s \dfrac{L_q}{L_d} i_q(k+1) + \dfrac{t_1}{L_d}u_{id} \\ \qquad\qquad + \dfrac{T_s - t_1}{L_d}u_{jd} \\ i_q(k+2) = \left(1-\dfrac{R_s}{L_q}T_s\right)i_q(k+1) - P_r\omega_r T_s \dfrac{L_d}{L_q} i_d(k+1) + \dfrac{t_1}{L_q}u_{iq} \\ \qquad\qquad + \dfrac{T_s - t_1}{L_q}u_{jq} - \dfrac{T_s P_r \omega_r \psi_f}{L_q} \end{cases}$$

(4-20)

式中　i,j——矢量编号,$i=1,2$,$j=1,2,3$;

u_{id},u_{iq},u_{jd},u_{jq}——作用的两个电压矢量的 d、q 轴分量,V;

t_1——第一个电压矢量作用时间,s。

定子磁链预测模型仍由预测电流模型构成:

$$\begin{cases} \psi_{sd}(k+2) = L_d i_d(k+2) + \psi_f \\ \psi_{sq}(k+2) = L_q i_q(k+2) \end{cases}$$

(4-21)

值得注意的是,由于负载角的引入,控制变量被统一为定子磁链,本章的预测模型中不包含预测转矩模型。

4.2.3 实验验证

为进一步验证所提 MPTC 方法的有效性,利用第 3 章设计的 dSPACE 1104 控制系统进行实验验证,实验对象为一台结构优化后的三相 12/10 FSPM 电机,其主要参数如表 3-3 所示,定子、转子实物如图 4-10 所示。

(a) 定子　　　　　　　　(b) 转子

图 4-10　结构优化后的定子和转子实物

实验采样频率设置为 10 kHz，转速 PI 控制器参数保持一致（$K_P=0.025$，$K_I=0.05$），传统 MPTC 方法中的权值为 100。图 4-11 为采用传统 MPTC 和改进 MPTC 方法时在稳态条件下电机的转速、转矩、定子磁链幅值和三相电流实验波形。

转速给定为 300 r/min，负载转矩为 10 N·m。从稳态实验波形图中可以发现，在改进 MPTC 方法下，FSPM 电机的相电流谐波含量明显降低。图 4-12 为 A 相电流的 FFT 分析结果，可见 THD 由原来的 15.31% 减小到 7.94%。两种 MPTC 方法实验结果分析见表 4-3。传统 MPTC 和改进 MPTC 方法的转矩平均值与定子磁链平均值都十分接近，但后者的转矩脉动及磁链脉动均低于前者，原因在于后者中的二矢量作用能减小电压跟踪误差。实验结果表明，所提 MPTC 方法可有效提高 FSPM 电机稳态性能。

稳态实验条件下，两种 MPTC 方法下的最优电压矢量如图 4-13 所示，其中纵轴坐标 0～6 表示基本电压矢量（u_0～u_6）的编号。在传统 MPTC 方法中，每个周期内仅作用一个电压矢量。而在改进 MPTC 方法中，每个周期内作用两个电压矢量，且第一个电压矢量为非零矢量。

为验证所提方法的动态性能，我们开展了速度反转实验，结果如图 4-14 所示。转速控制器输出限幅为 ±30 N·m，负载转矩设定为 8 N·m，转速给定由 400 r/min 突变为 −400 r/min。由图可见，两种 MPTC 方法的动态响应波形十

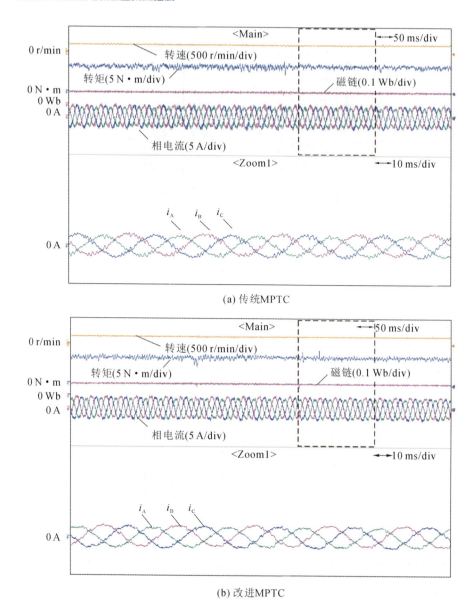

图 4-11 两种 MPTC 方法的稳态实验波形

分相似。当转速给定变化时,转矩输出达到下限。由于定子磁链幅值是通过 d、q 轴电流分量计算得到的,转速变化也引起了定子磁链幅值变化。经 200 ms,相电流、转速、转矩和定子磁链幅值达到稳定。转速反转实验结果显示,所提 MPTC 方法能使电机保持较好的动态性能。

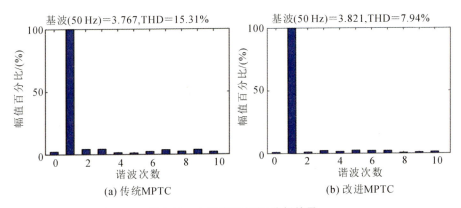

图 4-12 A 相电流 FFT 分析结果

表 4-3 两种 MPTC 方法实验结果分析

电机电磁特性	传统 MPTC 方法	改进 MPTC 方法
平均转矩/(N·m)	9.63	9.81
转矩脉动/(%)	6.56	5.70
平均磁链/Wb	0.1887	0.1852
磁链脉动/(%)	4.01	3.12

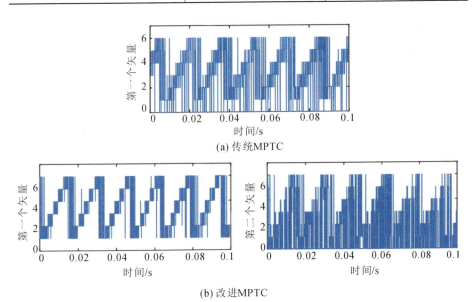

图 4-13 稳态实验条件下两种 MPTC 方法电压矢量选择

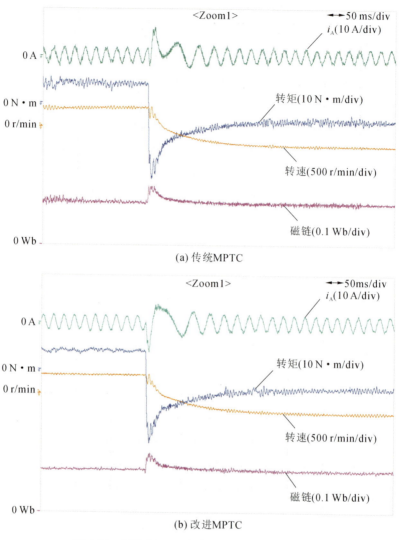

图 4-14 两种 MPTC 方法下的速度反转实验波形

4.3 本章小结

针对 FSPM 电机定位力矩大和 MPC 方法稳态性能不佳的问题,本章分别设计了定位力矩补偿控制策略和基于矢量合成的改进 MPTC 方法。定位力矩补偿采用了谐波电流注入和迭代学习控制两种方法。谐波电流注入方法基于定位力矩精确数学模型可以实现定位力矩精准补偿,其效果比迭代学习控制好。

改进 MPTC 方法通过推导转矩与定子磁链间的关系,将控制变量统一为定子磁链矢量,避免了权值整定。在最优电压矢量选择中,通过参考电压矢量来确定备选电压矢量,再利用价值函数优化得到两个基本电压矢量,以减小电压跟踪误差。仿真和实验结果表明,所提方法能有效降低转矩脉动和磁链脉动,减少电流谐波含量,提高系统稳态性能,且还能保持良好的动态响应能力。

本章参考文献

[1] 朱晓锋,花为.定子永磁型磁通切换电机齿槽转矩及其抑制技术[J].中国电机工程学报,2017,37(21):6146-6157.

[2] ZHANG Y C,YANG H T. Model predictive torque control of induction motor drives with optimal duty cycle control[J]. IEEE Transactions on Power Electronics,2014,29(12):6593-6603.

[3] ZHANG Y C,YANG H T. Two-vector-based model predictive torque control without weighting factors for induction motor drives[J]. IEEE Transactions on Power Electronics,2016,31(2):1381-1390.

[4] ZHANG Y C,BAI Y N,YANG H T. A universal multiple-vector-based model predictive control of induction motor drives[J]. IEEE Transactions on Power Electronics,2018,33(8):6957-6969.

[5] 李仁俊,韩正之.迭代学习控制综述[J].控制与决策,2005,20(9):961-966.

[6] QIAN W Z,PANDA S K,XU J X. Torque ripple minimization in PM synchronous motors using iterative learning control[J]. IEEE Transactions on Power Electronics,2004,19(2):272-279.

[7] 许建新,侯忠生.学习控制的现状与展望[J].自动化学报,2005,31(6):943-955.

[8] ZHU X F,HUA W,ZHANG G. Analysis and reduction of cogging torque for flux-switching permanent magnet machines[J]. IEEE Transactions on Industry Applications,2019,55(6):5854-5864.

第 5 章
基于预测模型的开路故障诊断

5.1 故障诊断概述

永磁同步电机由于具有高转矩功率密度比和高效率的优点,在许多工业应用中受到了广泛的关注。同时,电机驱动器和逆变器作为电机驱动系统的重要组成部分,其安全、稳定运行对提高整个电机驱动系统的可靠性具有重要的影响。因此,电机驱动系统的定期预防性维护的状态监测和故障诊断技术已经引起了广泛的关注[1]。

根据现有技术[2],电机驱动系统容易出现多种不同类型的故障,如定子故障[3]、转子故障[4]、机械故障[5]、传感器故障[6]和电力电子元件故障[7-9]。根据现有的研究[10],功率半导体器件是其中最脆弱的部件。一般来说,电力电子器件的故障一般可分为两类:短路故障和开路故障。前者破坏性大,需要立即采取措施关闭驱动器;后者不一定需要立即停止驱动器,并且可能在一段时间内不被检测到,然而该类故障可能会导致转矩脉动以及严重的机械振动,进而导致剩余健康的开关管过载以及其他部件的二次故障。因此,在考虑系统保护或者容错控制之前,需要应用诊断方法对具体故障进行识别。目前,针对逆变器开关管故障、相绕组或线路绕组中的开路故障诊断的研究日益广泛,所提方法大致可分为两类:基于模型的方法和基于信号的方法[11]。

基于模型的诊断技术是通过监测实际系统的测量输出和模型的预测输出之间的一致性而发展起来的。文献[9]提出了一种适用于模块化多电平逆变器的基于滑模观测器的开路故障诊断方法。除此以外,有学者基于混合逻辑动态模型电流残差,提出了两种电机驱动系统开路故障的诊断方法[12,13]。虽然该类故障诊断方法与负载无关,不需要额外的传感器,但是其性能与模型参数估计的准确性密切相关。

基于信号的方法又可以分为基于电压信号的方法和基于电流信号的方法。基于电压信号的诊断方法可以进一步缩短诊断时间[8,14,15]。然而,该方法往往需要额外的电压传感器或硬件电路,这会增加电机驱动系统成本以及提高系统的复杂性。为了不添加额外的电压传感器,文献[16]提出了一种利用电压观测器设计的基于电压的闭环脉宽调制交流再生驱动开路故障诊断方案,但是该方案对参数的变化并不敏感。

在基于电流信号的诊断方法中,Park 矢量法已经广泛应用于电机驱动系统的状态监测和集中故障类型的诊断[17-20]。该方法是非侵入性的,不需要额外的传感器或者测量系统。文献[17]提出了一种归一化电流平均值的开路故障检测方法,将相电流作为归一化特征量。此外,还有文献将归一化电流平均值误差作为故障诊断特征量的[7]。同时,利用相电流的 Park 矢量和电流极性以及归一化参考电流误差的开路故障诊断方法分别在文献[18]和文献[19]中被提出。文献[20]对四种基于 Park 电流矢量法的诊断方法进行了理论与实验的评估,其比较的四种方法均能检测多个开路故障情况,具有较高的诊断效率以及对误诊断情况具有较好的鲁棒性能。此外,一些开路故障诊断方法也能通过提取故障电流特征,将其用于故障诊断算法中。比如,一种基于 d-q 轴电流特征的方法在文献[21]中被用于表贴式 PMSM 驱动器的断相故障检测中。文献[22]提出了一种基于相电流低频信息的多开关管开路故障诊断算法,该方法利用回声状态网络对故障类型进行智能分类。

基于此,本章从基于信号的方法和基于模型的方法入手,提出了两种故障诊断算法,并通过仿真实验验证其有效性。

5.2 基于信号的故障诊断

5.2.1 故障分析

1. 电流分析

本章基于两种故障诊断算法研究了单个以及两个开关管故障的情况,一共有 21 种不同的故障情况,可以将其分为四种不同的故障类型。

故障类型 1:单个开关管故障;

故障类型 2:两个不同桥臂的开关管故障,其中一个在桥臂的上方,一个在桥臂的下方;

故障类型 3:两个不同桥臂的开关管故障,两个开关管同时在桥臂的上方或下方;

故障类型 4:两个相同桥臂的开关管故障,即断相故障。

假设 PMSM 的定子绕组在空间中对称分布,三相静止坐标系中的相电流可表示为

$$\begin{cases} i_A = I_m \sin(\omega_e t) \\ i_B = I_m \sin\left(\omega_e t - \dfrac{2\pi}{3}\right) \\ i_C = I_m \sin\left(\omega_e t + \dfrac{2\pi}{3}\right) \end{cases} \quad (5\text{-}1)$$

式中 I_m——相电流幅值,A;

ω_e——电气角速度,rad/s。

当 IGBT(绝缘栅双极晶体管)处于开路故障条件下时,连接到故障支路的相电流失去其正半周期或者负半周期电流波形。由于电机采用星形连接,三相电流之和为零。开路故障发生后,健康相桥臂的电流传导路径必须发生改变,以维持电流平衡。以故障类型 1 为例,假设 A 相桥臂上方开关管 T_1 发生开路故障,A 相电流被限制为仅沿负方向流动。根据傅里叶级数[23],剩余相电流的表达式可表示为

$$\begin{cases} i_A^f = \dfrac{I_m}{2}\sin(\omega_e t) + \Delta i_a - I_{dc} \\ i_B^f = I_m \sin\left(\omega_e t - \dfrac{2\pi}{3}\right) + \dfrac{I_m}{4}\sin(\omega_e t) - \dfrac{\Delta i_a}{2} + \dfrac{I_{dc}}{2} \\ i_C^f = I_m \sin\left(\omega_e t + \dfrac{2\pi}{3}\right) + \dfrac{I_m}{4}\sin(\omega_e t) - \dfrac{\Delta i_a}{2} + \dfrac{I_{dc}}{2} \end{cases} \quad (5\text{-}2)$$

其中

$$I_{dc} = 0.3183 I_m$$

$$\Delta i_a = \sum_{n=1}^{\infty} \frac{2I_m}{\pi(4n^2-1)} \cos(2n\omega_e t)$$

式中　I_{dc}——相电流直流分量，A；

　　　Δi_a——相电流交流分量，A。

将剩余电流变换至两相静止坐标系中，其 α、β 分量可表示为

$$\begin{cases} i_\alpha^f = \dfrac{I_m}{4}\sin(\omega_e t) - \dfrac{I_m}{2}\sin\left(\omega_e t - \dfrac{2\pi}{3}\right) - \dfrac{I_m}{2}\sin\left(\omega_e t + \dfrac{2\pi}{3}\right) + \dfrac{3}{2}\Delta i_a - \dfrac{3}{2}I_{dc} \\ i_\beta^f = \dfrac{\sqrt{3}I_m}{2}\left[\sin\left(\omega_e t - \dfrac{2\pi}{3}\right) - \sin\left(\omega_e t + \dfrac{2\pi}{3}\right)\right] \end{cases}$$

(5-3)

其他开路故障条件下电流 α、β 分量也可近似推导。图 5-1 展示了四种故障情况下电流 α、β 分量波形。在健康状态下，电流 α、β 分量的波形是正弦平衡的。然而，发生故障后，电流波形无法维持与健康状态下一致。每一种开路故障类型有一个独特的电流波形，尽管电流 α、β 分量的周期保持不变，但其幅值与平均值是发生变化的。

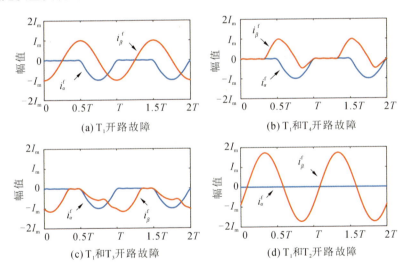

图 5-1　不同故障情况下电流 α、β 分量波形

2. 价值函数分析

利用剩余相电流的 d、q 轴分量和 3.2 节中的预测电流模型，故障条件下的价值函数可表示为

$$g^f = |i_{d1}^{ref} - i_d^f(k+1)| + |i_q^{ref} - i_q^f(k+1)|$$

(5-4)

故障量可被用于研究正常状态以及故障状态下的价值函数，将其定义为

$$\begin{cases} \Delta i_d = i_d - i_d^{\mathrm{f}} \\ \Delta i_q = i_q - i_q^{\mathrm{f}} \end{cases} \tag{5-5}$$

式中　Δi_d——d 轴电流的故障量，A；

　　　Δi_q——q 轴电流的故障量，A。

将式(5-5)代入式(5-4)，价值函数可表示为

$$g^{\mathrm{f}} = |e_d + \Delta i_d(k+1)| + |e_q + \Delta i_q(k+1)| \tag{5-6}$$

其中

$$e_d = i_{d1}^{\mathrm{ref}} - i_d(k+1)$$

$$e_q = i_q^{\mathrm{ref}} - i_q(k+1)$$

$$\Delta i_d(k+1) = a_1 \Delta i_d + b_1 \Delta i_q$$

$$\Delta i_q(k+1) = a_2 \Delta i_q + b_2 \Delta i_d$$

$$a_1 = 1 - \frac{R_s T_s}{L_d}, \quad b_1 = \frac{\omega_e T_s L_q}{L_d}, \quad a_2 = 1 - \frac{R_s T_s}{L_q}, \quad b_2 = -\frac{\omega_e T_s L_d}{L_q}$$

利用坐标变换相电流的故障量，可从理论上推导出 d、q 轴电流的故障量为

$$\begin{cases} \Delta i_{\mathrm{A}} = i_{\mathrm{A}} - i_{\mathrm{A}}^{\mathrm{f}} \\ \Delta i_{\mathrm{B}} = i_{\mathrm{B}} - i_{\mathrm{B}}^{\mathrm{f}} \\ \Delta i_{\mathrm{C}} = i_{\mathrm{C}} - i_{\mathrm{C}}^{\mathrm{f}} \end{cases} \tag{5-7}$$

$$\begin{bmatrix} \Delta i_d \\ \Delta i_q \end{bmatrix} = \boldsymbol{T} \begin{bmatrix} \Delta i_{\mathrm{A}} \\ \Delta i_{\mathrm{B}} \\ \Delta i_{\mathrm{C}} \end{bmatrix} \tag{5-8}$$

其中

$$\boldsymbol{T} = \frac{2}{3} \begin{bmatrix} \cos(\omega_e t) & \cos\left(\omega_e t - \frac{2\pi}{3}\right) & \cos\left(\omega_e t + \frac{2\pi}{3}\right) \\ -\sin(\omega_e t) & -\sin\left(\omega_e t - \frac{2\pi}{3}\right) & -\sin\left(\omega_e t + \frac{2\pi}{3}\right) \end{bmatrix}$$

在正常状态下，Δi_d 和 Δi_q 近似为零，价值函数的输出为常数。开路故障发生后，由于基本电压矢量变化，价值函数不再保持恒定。图 5-2 为四种开路故障情况下 d、q 轴电流故障量波形。故障量的波形包含振荡分量，不同故障情况下具有不同特征。因此，不同的故障量将会导致价值函数发生不同的变化。

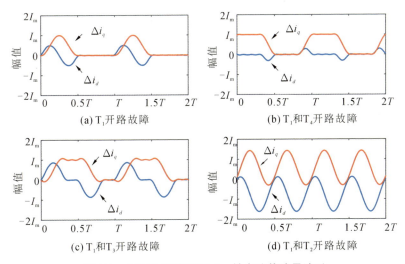

图 5-2　不同故障情况下 d、q 轴电流故障量波形

与正常运行相比,故障诊断的检测特征应具有能够辨别的瞬时变化特征。上述分析表明,开路故障会导致定子电流和价值函数发生显著的变化。因此,这些特征可被提取作为 PMSM 驱动系统开路故障诊断的特征变量。

5.2.2　算法设计

与电流 α、β 轴分量相比,价值函数变化的平均值是以绝对误差的形式呈现的,不足以提供单个故障定位的信息,因此将该变量作为故障检测指标,用于识别故障类型。将电流 α、β 轴分量的平均值作为故障定位特征。图 5-3 为所提的基于 MPCC 的三相 PMSM 开路故障诊断方法框图。

整个诊断过程分两步进行,即故障检测和故障定位,如图 5-4 所示。第一步,根据价值函数的变化确定是否发生开路故障,并确定具体故障类型;第二步,定位具体故障开关管。

1. 故障检测

在一个电流周期内,将价值函数变化的平均值作为故障检测的指标 (F_d),有

$$F_\mathrm{d} = \frac{\omega_\mathrm{e}}{2\pi} \int_0^{\frac{2\pi}{\omega_\mathrm{e}}} (|\Delta i_d(k+1)| + |\Delta i_q(k+1)|) \mathrm{d}t \qquad (5\text{-}9)$$

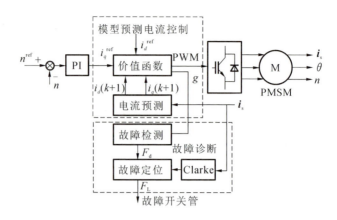

图 5-3 基于 MPCC 的三相 PMSM 开路故障诊断方法框图

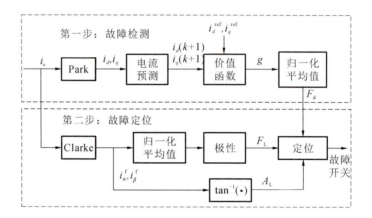

图 5-4 所提的故障诊断方法流程图

由于 b_1 和 b_2 远小于 1，因此忽略 b_1 和 b_2 的影响，同时考虑到系数 a_1 和 a_2 接近于 1，则 F_d 可近似表示为

$$F_d = \frac{\omega_e}{2\pi} \int_0^{\frac{2\pi}{\omega_e}} (|\Delta i_d| + |\Delta i_q|)dt \tag{5-10}$$

根据傅里叶级数[24]、式(5-1)和式(5-7)~式(5-9)，可以计算得到不同故障类型下价值函数变化的平均值，如表 5-1 所示。四种故障类型的诊断阈值分别为 $0.41I_m$、$0.57I_m$、$0.87I_m$ 和 $1.45I_m$。结果表明，故障类型的检测指标 F_d 能有效区分四种故障类型。同时，利用归一化方法能进一步消除负载对电流幅值的影响。选择适当的阈值对故障类型进行分类，故障检测结果可表示为

表 5-1　不同故障类型下价值函数的平均值

故障类型	故障号	开关管	F_d	故障类型	故障号	开关管	F_d
故障类型 1	1	T_1	0.41I_m	故障类型 3	13	T_1、T_3	0.87I_m
	2	T_2			14	T_1、T_5	
	3	T_3			15	T_3、T_5	
	4	T_4			16	T_2、T_4	
	5	T_5			17	T_2、T_6	
	6	T_6			18	T_4、T_6	
故障类型 2	7	T_1、T_4	0.57I_m	故障类型 4	19	T_1、T_2	1.45I_m
	8	T_1、T_6					
	9	T_2、T_3			20	T_3、T_4	
	10	T_2、T_5					
	11	T_3、T_6			21	T_5、T_6	
	12	T_4、T_5					

$$\begin{cases} 0 < F_d < \delta_1, & 正常 \\ \delta_1 \leqslant F_d < \delta_2, & 故障类型 1 \\ \delta_2 \leqslant F_d < \delta_3, & 故障类型 2 \\ \delta_3 \leqslant F_d < \delta_4, & 故障类型 3 \\ F_d \geqslant \delta_4, & 故障类型 4 \end{cases} \quad (5\text{-}11)$$

其中,δ_1、δ_2、δ_3、δ_4 为阈值。

2. 故障定位

一旦检测到故障,随即便需要对故障进行定位。在正常运行状态下,电流矢量以恒定的频率和幅值旋转变化。在一个电流周期内,电流矢量相位从 0°变化到 360°,其 α、β 轴分量的平均值为零。然而,一旦系统发生故障,电流矢量就不再均匀变化,电流 α、β 轴分量平均值根据电机状态而发生改变,此特征可被用于故障定位。

受归一化直流法[24]的启发,归一化电流 α、β 轴分量平均值的极性可被用于故障定位。电流 α、β 轴分量平均值和极性(用故障定位特征量 F_L 表示)可表示为

$$\begin{cases} I_\alpha = \dfrac{\omega_e}{2\pi} \displaystyle\int_t^{t+\frac{2\pi}{\omega_e}} \dfrac{i_\alpha^f}{\sqrt{(i_\alpha^f)^2 + (i_\beta^f)^2}} \mathrm{d}t \\ I_\beta = \dfrac{\omega_e}{2\pi} \displaystyle\int_t^{t+\frac{2\pi}{\omega_e}} \dfrac{i_\beta^f}{\sqrt{(i_\alpha^f)^2 + (i_\beta^f)^2}} \mathrm{d}t \end{cases} \tag{5-12}$$

$$\begin{cases} F_{L1} = \begin{cases} 1, & I_\alpha > H \\ 0, & |I_\alpha| \leqslant H \\ -1, & I_\alpha < -H \end{cases} \\ F_{L2} = \begin{cases} 1, & I_\beta > H \\ 0, & |I_\beta| \leqslant H \\ -1, & I_\beta < -H \end{cases} \end{cases} \tag{5-13}$$

其中，H 为阈值。

根据以上公式，可以得到 21 种故障情况下的电流 α、β 轴分量极性，如表 5-2 所示。为了简化特征量，将变量 F_{L1} 和 F_{L2} 统一为一个变量 F_L，表示为

$$F_L = 3F_{L1} + F_{L2} \tag{5-14}$$

表 5-2　不同故障条件下的定位特征

故障类型	开关管	F_{L1}	F_{L2}	F_L
故障类型 1	T_1	-1	0	-3
	T_2	1	0	3
	T_3	1	-1	2
	T_4	-1	1	-2
	T_5	1	1	4
	T_6	-1	-1	-4
故障类型 2	T_1、T_4	-1	1	-2
	T_1、T_6	-1	-1	-4
	T_2、T_3	1	-1	2
	T_2、T_5	1	1	4
	T_3、T_6	0	-1	-1
	T_4、T_5	0	1	1

续表

故障类型	开关管	F_{L1}	F_{L2}	F_L
故障类型3	T_1、T_3	−1	−1	−4
	T_1、T_5	−1	1	−2
	T_3、T_5	1	0	3
	T_2、T_4	1	1	4
	T_2、T_6	1	−1	2
	T_4、T_6	−1	0	−3
故障类型4	T_1、T_2	0	0	0
	T_3、T_4	0	0	0
	T_5、T_6	0	0	0

在故障类型1至故障类型3中,每种故障类型下电流α、β轴分量极性特征是唯一的,然而在断相故障即故障类型4下电流α、β轴分量平均值始终为零,这表明根据电流α、β轴分量极性无法定位断相故障。为了解决该问题,将故障电流矢量相角用作辅助定位变量,以定位断相故障,该特征量可表示为

$$A_L = \tan^{-1}\left(\frac{i_\alpha^f}{i_\beta^f}\right) \tag{5-15}$$

表5-3为三种断相故障情况下的辅助定位特征量的值。A相、B相和C相断相故障的故障定位特征相角分别为90°、30°和150°,结果显示该特征量能用于断相故障定位。

表5-3 断相故障辅助定位特征量

故障类型	开关管	$A_L/(°)$
故障类型4	T_1、T_2	90
	T_3、T_4	30
	T_5、T_6	150

因此,所提出的开路故障诊断方法能提供特定的可区分的特征,用于检测和定位21种不同的开路故障。整个故障诊断算法的流程图如图5-5所示。

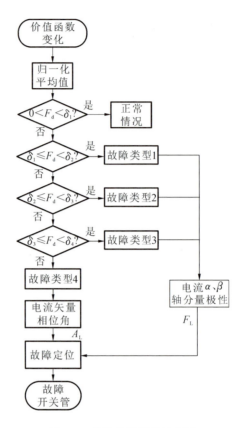

图 5-5 故障诊断算法流程图

5.2.3 实验验证

为了验证所提出的故障诊断算法的有效性,在三相 PMSM 实验平台上针对该算法展开了实验。三相 PMSM 的参数如表 5-4 所示。实验平台如图 5-6 所示,其中 PMSM 与磁粉制动器连接,以提供负载转矩。实验中,采样频率设置为 10 kHz,主控制芯片为 TMS320C28346 的数字信号处理器(digital signal processor,DSP)。通过关闭相应开关管驱动信号来模拟开关管开路故障。实验中,辅助定位特征量 A_L 的安全裕量设置为 $10°$,以免发生误诊断。

阈值的确定对于故障诊断性能至关重要,虽然阈值可通过理论方式计算,但在实际实验中,不同故障条件下相电流会发生不规则的波动,为了确保能有效进行诊断,与现有的方法类似,阈值的调整通过分析正常运行情况以及所有故障情况进行确定,同时需要结合误诊断情况以及系统鲁棒性进行权衡。最终,实验中的阈值如表 5-5 所示。

表 5-4　三相 PMSM 参数

参数	数值	参数	数值
极对数 P_r	4	永磁体磁链 ψ_f/Wb	0.0707
相电阻 R_s/Ω	2.88	额定转速 n/(r/min)	3000
电感 d 轴分量 L_d/mH	6.4	额定转矩 T_{en}/(N·m)	2.4
电感 q 轴分量 L_q/mH	6.4	额定相电流 I_n/A	4

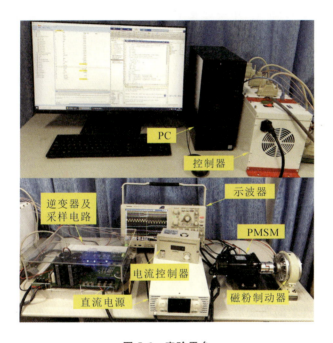

图 5-6　实验平台

表 5-5　实验阈值

阈值	数值	阈值	数值
H/A	0.02	δ_3	0.35
δ_1	0.05	δ_4	0.80
δ_2	0.2		

1. 开路诊断实验

图 5-7 为开关管 T_5 开路故障下 C 相电流、故障检测变量 F_d、故障定位变量 F_L 和故障号 F_n 的实验波形。具体故障及其对应故障号如表 5-1 所示。除特殊说明外,实验中转速参考设置为 900 r/min,负载转矩设置为 1.2 N·m(50%的额定负载)。如图 5-7 所示,在正常运行时,故障检测变量 F_d 始终低于阈值 δ_1(0.05)并保持稳定,此时故障定位变量 F_L 和故障号 F_n 均为 0,表明系统未发生开路故障。当 T_5 发生开路故障后,C 相电流失去正半周期波形,故障检测变量 F_d 迅速增大并超过阈值 δ_1,同时故障定位变量 F_L 上升至 4,故障号 F_n 也上升至 5,查表 5-2 可知 T_5 开关管发生故障,与实际情况一致。诊断时间约为 5.60 ms,为基波电流周期的 33.60%。

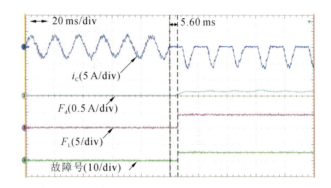

图 5-7 T_5 开路故障实验波形(1.2 N·m、900 r/min)

图 5-8 为故障类型 2 中 T_2 和 T_3 开路故障下的实验波形。在故障发生后,A 相电流丢失负半周期波形,故障检测变量 F_d 迅速上升。当 F_d 在 δ_1 和 δ_2 范围之间时,将其分类为故障类型 1。随着 F_d 逐渐增大并超过 δ_2,就将其分类为故障类型 2,经过一段时间的调整,F_L 最终稳定在 2,F_n 最终稳定在 9,表明此时 T_2 和 T_3 发生开路故障,与实际情况一致。故障诊断时间为 9.32 ms,为基波电流周期的 55.92%。

图 5-9 为故障类型 3 中 T_2 和 T_4 开路故障下的 A 相电流、故障检测变量、故障定位变量以及故障号的实验波形。出于安全性的考虑,在该实验中将负载设置为额定负载的 35%,为 0.84 N·m。故障发生后,A 相电流不再为正弦波形,仅保留其正值。与故障类型 2 的实验波形相似,当 F_d 小于 δ_3 时,会产生较

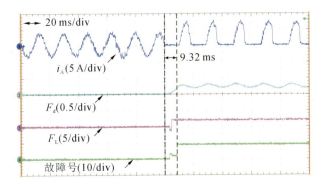

图 5-8　T_2 和 T_3 开路故障实验波形（1.2 N·m、900 r/min）

短时间的误诊断，即将故障判定为故障类型 1 和故障类型 2。但当 F_d 大于 δ_3 时，故障号最终稳定在 16，表示 T_2 和 T_4 处于开路故障状态。整个故障诊断过程用时 12.46 ms，为基波电流周期的 74.76%。

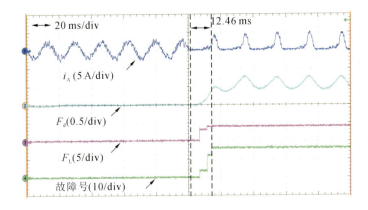

图 5-9　T_2 和 T_4 开路故障实验波形（0.84 N·m、900 r/min）

图 5-10 所示为同一桥臂中两个开关管在 35% 的额定负载下同时发生开路故障的实验波形。当 T_3 和 T_4 同时发生开路故障时，B 相电流波形立即变为 0，同时 F_d 增大并超过 δ_4。根据理论分析，由故障定位变量 F_L 无法定位故障桥臂，利用辅助定位特征量 A_L 辅助定位。发生故障后，A_L 从 0 上升至 30，与理论分析一致。虽然整个诊断过程出现了一些误诊断的情况，但最终故障号稳定在 20，表明 B 相发生了断相故障。从故障发生到准确定位故障历时 14.76 ms，为基波电流周期的 88.56%。

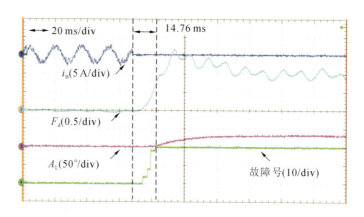

图 5-10　B 相断相故障实验波形（0.84 N·m、900 r/min）

为了进一步验证所提算法的有效性，进行了轻载实验（负载设置为额定负载的 20%）。图 5-11 为 T_2 和 T_3 开路故障下的 A 相电流、故障检测变量、故障定位变量和故障号的实验波形。故障发生后，A 相电流仅保留正半周期波形。故障检测变量 F_d 和故障定位变量 F_L 最终稳定在 0.24 和 2，故障号稳定在 9。整个诊断过程耗时 10.75 ms，为基波电流周期的 64.50%。

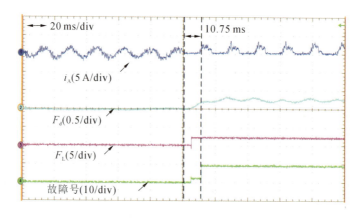

图 5-11　T_2 和 T_3 开路故障实验波形（0.48 N·m、900 r/min）

考虑电机较高转速的运行工况，通过实验得到了在 50% 的额定负载和 1200 r/min 工况下 T_1 和 T_4 开路故障下的实验波形，如图 5-12 所示。与之前的实验类似，故障发生后，F_d 立即上升并超过 δ_2，F_L 从 0 变化至 −2，故障号 F_n 随后稳定于 7，历时 9.07 ms，为基波电流周期的 72.56%。

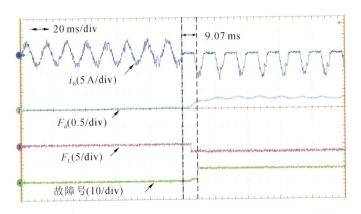

图 5-12　T_1 和 T_4 开路故障实验波形（1.2 N·m、1200 r/min）

2. 工况变化实验

为了验证所提算法对负载变化的鲁棒性，进行了负载变化实验，实验结果如图 5-13 所示。由于磁粉制动器的负载无法突变，因此实验难以实现理想的负载阶跃。在实验中，负载由 0 增加至额定负载的 50%。由图 5-13 可知，在负载发生变化的情况下，F_d 几乎不发生变化，F_L 也稳定在零，这两个变量确保不会发生误诊断的情况，因此故障号保持为零，即系统未发生开路故障。从实验结果可知，该诊断算法对负载变化具有较好的鲁棒性。

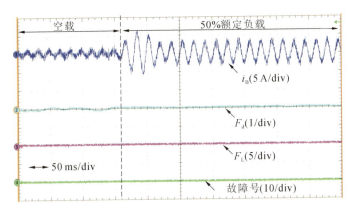

图 5-13　负载变化实验结果

除了负载变化实验外，还进行了速度变化实验，实验结果如图 5-14 所示。速度参考由 500 r/min 增加至 900 r/min，负载为 1.2 N·m。经过瞬态调整后，相电流重新变为正弦曲线并保持稳定。当转速参考发生变化时，从波形中可以看出，F_d 几乎不变，F_L 始终保持零值。该实验结果表明，该故障诊断算法对速度变化也具有一定的鲁棒性。

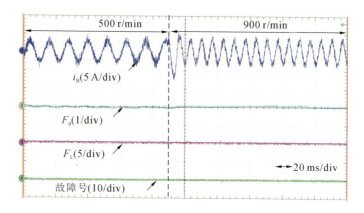

图 5-14　速度变化实验结果

5.3　基于混合模型的故障诊断

5.3.1　模型构建

两电平电压源型逆变器供电的 PMSM 驱动系统如图 5-15 所示。PMSM 通常为星形连接，PMSM 定子每相绕组可等效为电阻压降、电感压降与反电动势串联。电机的连续模型进而可表示为

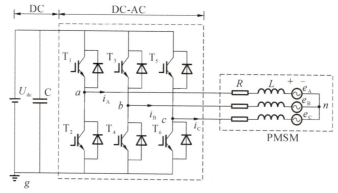

图 5-15　三相 PMSM 驱动系统

$$\begin{cases} u_{AN} = Ri_A + L\dfrac{di_A}{dt} + e_A \\ u_{BN} = Ri_B + L\dfrac{di_B}{dt} + e_B \\ u_{CN} = Ri_C + L\dfrac{di_C}{dt} + e_C \end{cases} \tag{5-16}$$

式中 u_{AN},u_{BN},u_{CN}——三相电压,V;

i_A,i_B,i_C——三相定子电流,A;

e_A,e_B,e_C——三相反电动势,V;

R——绕组电阻,Ω;

L——绕组电感,H。

根据电路拓扑以及基尔霍夫电压定律,有

$$\begin{cases} u_{AN} = u_{ag} - u_{ng} \\ u_{BN} = u_{bg} - u_{ng} \\ u_{CN} = u_{cg} - u_{ng} \end{cases} \tag{5-17}$$

由于 PMSM 绕组采用星形连接,则 $i_A + i_B + i_C = 0$,假设三相反电动势平衡,即 $e_A + e_B + e_C = 0$,则由式(5-16)可得:

$$u_{AN} + u_{BN} + u_{CN} = 0 \tag{5-18}$$

结合式(5-17),可以得到中性点 n 对母线接地点 g 的电压 u_{ng} 为

$$u_{ng} = \frac{1}{3}(u_{ag} + u_{bg} + u_{cg}) \tag{5-19}$$

再将式(5-19)代回式(5-17)中,可以得到三相绕组电压为

$$\begin{cases} u_{AN} = \dfrac{1}{3}(2u_{ag} - u_{bg} - u_{cg}) \\ u_{BN} = \dfrac{1}{3}(-u_{ag} + 2u_{bg} - u_{cg}) \\ u_{CN} = \dfrac{1}{3}(-u_{ag} - u_{bg} + 2u_{cg}) \end{cases} \tag{5-20}$$

在一定条件下,电机可简化为线性模型,而逆变器输出一定幅值和频率的电压脉冲序列是一个典型的非线性环节,因此,逆变器和电机构成了一个由离散事件驱动连续状态演化的混杂系统,可根据此系统建立混合逻辑动态(mixed logic dynamic,MLD)模型。

用 $s_1 \sim s_6$ 等效为开关管 $T_1 \sim T_6$ 的开关信号,"1"表示导通,"0"表示关断。电流流入绕组的方向为正,流出绕组的方向为负,则根据电流方向以及开关信号就可确定绕组相电压。这里以 A 相为例,a 点和 g 点的电压 u_{ag}、电流方向与开关状态三者的关系如表 5-6 所示。B 相与 C 相同理。

表 5-6 MLD 模型关系表

电流方向	开关状态	电压 u_{ag}
$i_A > 0$	$s_1 = 0, s_2 = 1$	$u_{ag} = 0$
	$s_1 = 1, s_2 = 0$	$u_{ag} = U_{dc}$
	$s_1 = 0, s_2 = 0$	$u_{ag} = 0$
$i_A < 0$	$s_1 = 0, s_2 = 1$	$u_{ag} = 0$
	$s_1 = 1, s_2 = 0$	$u_{ag} = U_{dc}$
	$s_1 = 0, s_2 = 0$	$u_{ag} = U_{dc}$

这里引入新的辅助变量来表示电流极性:

$$\begin{cases} [\delta_k = 1] \Leftrightarrow [i_k > 0] \\ [\delta_k = 0] \Leftrightarrow [i_k < 0] \end{cases} \qquad (5\text{-}21)$$

其中,$k = \{A, B, C\}$。

三相逆变器有 $s_1 \sim s_6$ 共 6 个离散控制变量以及 δ_A、δ_B、δ_C 三个离散条件变量,共 9 个逻辑变量,因此共有 2^9 种状态。以 A 相为例,可以得到 u_{ag} 的数学表达式为

$$u_{ag} = U_{dc}(s_1 \bar{s}_2 \delta_A + \bar{s}_1 \bar{s}_2 \bar{\delta}_A + s_1 \bar{s}_2 \bar{\delta}_A) = U_{dc} \bar{s}_2 (s_1 + \bar{s}_1 \bar{\delta}_A) \qquad (5\text{-}22)$$

其中,$\bar{s}_j = 1 - s_j, j = 1, 2, \cdots, 6, \bar{\delta}_A = 1 - \delta_A$。

同理,三相绕组对地电压即 MLD 模型为

$$\begin{cases} u_{ag} = U_{dc} \bar{s}_2 (s_1 + \bar{s}_1 \bar{\delta}_A) \\ u_{bg} = U_{dc} \bar{s}_4 (s_3 + \bar{s}_3 \bar{\delta}_B) \\ u_{cg} = U_{dc} \bar{s}_6 (s_5 + \bar{s}_5 \bar{\delta}_C) \end{cases} \qquad (5\text{-}23)$$

将式(5-23)代入式(5-19),得到系统离散输入向量为

$$\boldsymbol{u} = \begin{bmatrix} u_{\mathrm{AN}} \\ u_{\mathrm{AN}} \\ u_{\mathrm{AN}} \end{bmatrix} = \frac{U_{\mathrm{dc}}}{3} \begin{bmatrix} 2 & -1 & -1 \\ -1 & 2 & -1 \\ -1 & -1 & 2 \end{bmatrix} \begin{bmatrix} \delta_1 \\ \delta_2 \\ \delta_3 \end{bmatrix} \quad (5\text{-}24)$$

其中

$$\begin{bmatrix} \delta_1 \\ \delta_2 \\ \delta_3 \end{bmatrix} = \begin{bmatrix} \overline{s_2}(s_1 + \overline{s_1}\,\overline{\delta}_{\mathrm{A}}) \\ \overline{s_4}(s_3 + \overline{s_3}\,\overline{\delta}_{\mathrm{B}}) \\ \overline{s_6}(s_5 + \overline{s_5}\,\overline{\delta}_{\mathrm{C}}) \end{bmatrix}$$

将其代入式(5-16)并化简,可以得到用向量表示的电机 MLD 模型为

$$\dot{\boldsymbol{i}} = \boldsymbol{A}\boldsymbol{i} + \boldsymbol{B}_1\boldsymbol{e} + \boldsymbol{B}_2\boldsymbol{\delta} \quad (5\text{-}25)$$

式中,三相定子电流 $\boldsymbol{i} = \begin{bmatrix} i_{\mathrm{A}} & i_{\mathrm{B}} & i_{\mathrm{C}} \end{bmatrix}^{\mathrm{T}}$,定子反电动势 $\boldsymbol{e} = \begin{bmatrix} e_{\mathrm{A}} & e_{\mathrm{B}} & e_{\mathrm{C}} \end{bmatrix}^{\mathrm{T}}$,状态系数矩阵 $\boldsymbol{A} = \mathrm{diag}(-R/L, -R/L, -R/L)$,连续输入系数矩阵 $\boldsymbol{B}_1 = \mathrm{diag}(-1/L, -1/L, -1/L)$,离散输入系数矩阵 $\boldsymbol{B}_2 = \dfrac{U_{\mathrm{dc}}}{3}\begin{bmatrix} 2 & -1 & -1 \\ -1 & 2 & -1 \\ -1 & -1 & 2 \end{bmatrix}$。

对于 PMSM,转子 d 轴领先于 α 轴的电角度记为 θ,则 PMSM 的反电动势为

$$\boldsymbol{e} = -\omega_{\mathrm{e}}\psi_{\mathrm{f}} \begin{bmatrix} \sin\theta_{\mathrm{e}} \\ \sin\left(\theta_{\mathrm{e}} - \dfrac{2\pi}{3}\right) \\ \sin\left(\theta_{\mathrm{e}} + \dfrac{2\pi}{3}\right) \end{bmatrix} \quad (5\text{-}26)$$

式中 ω_{e}——电气角速度,rad/s;

ψ_{f}——永磁体磁链,Wb;

θ_{e}——转子电角度,rad。

5.3.2 算法设计

由上述的分析可以知道,电机驱动系统属于典型的混杂系统,电路拓扑由离散控制变量和连续条件变量确定。当出现故障情况时,系统的状态将会发生改变,与正常状态下相比出现偏差。由此,可以构造系统状态估计模型,根据状

态估计模型的输出值与实际值之间的残差来进行故障诊断。基于 MLD 的开路故障诊断原理图如图 5-16 所示。

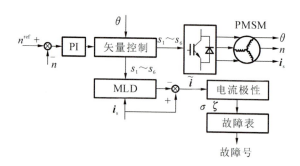

图 5-16 基于 MLD 的开路故障诊断原理图

在正常状态下,估计模型状态与实际状态是一致的。故障发生后,离散输入向量 $\boldsymbol{\delta}$ 发生改变,实际系统的输入量可记作 $\boldsymbol{\delta}'$,而估计模型的输入向量仍为 $\boldsymbol{\delta}$,这会导致状态估计模型的输出值与实际值之间出现偏差,产生状态残差,用式(5-25)描述的实际系统电流减去状态估计模型得到的电流来表示系统残差,可得状态残差方程为

$$\dot{\tilde{i}} = A\tilde{i} + B_2(\boldsymbol{\delta}' - \boldsymbol{\delta}) \tag{5-27}$$

其中:$\tilde{i} = i - \hat{i}$ 为系统残差,i 为实际电流;$\hat{i}$ 为状态估计模型得到的电流;$\boldsymbol{\delta}'$ 为实际系统离散输入向量;$\boldsymbol{\delta}$ 为状态估计器的离散输入向量。

基于混合模型的故障诊断方法与 5.2 节基于信号的故障诊断方法类似,且其故障分类与 5.2 节一样,同样分为四种不同的故障类型。根据式(5-27),对四种故障类型的剩余电流进行分析,以提取故障特征信息。

1. 故障类型 1

以 A 相桥臂上方开关管 T_1 开路为例,当故障发生时,相当于 $s_1' \equiv 0$,可以得到实际系统离散输入向量为

$$\boldsymbol{\delta}' = \begin{bmatrix} \bar{s}_2 \bar{\delta}_A \\ \bar{s}_4(s_3 + \bar{s}_3 \bar{\delta}_B) \\ \bar{s}_6(s_5 + \bar{s}_5 \bar{\delta}_C) \end{bmatrix} \tag{5-28}$$

则电流残差方程变为

$$\dot{\tilde{\boldsymbol{i}}} = \boldsymbol{A}\tilde{\boldsymbol{i}} + \frac{U_{dc}s_1\bar{s}_2\delta_A}{3L}\begin{bmatrix}-2\\1\\1\end{bmatrix} \tag{5-29}$$

假设三相状态残差的初始值均为 0，求解式(5-29)微分方程可得：

$$\begin{cases}\tilde{i}_A = -\dfrac{2U_{dc}s_1\bar{s}_2\delta_A}{3L}(1-\mathrm{e}^{-\frac{R}{L}t})\\ \tilde{i}_B = \dfrac{U_{dc}s_1\bar{s}_2\delta_A}{3L}(1-\mathrm{e}^{-\frac{R}{L}t})\\ \tilde{i}_C = \dfrac{U_{dc}s_1\bar{s}_2\delta_A}{3L}(1-\mathrm{e}^{-\frac{R}{L}t})\end{cases} \tag{5-30}$$

由式(5-30)可以得到三相剩余电流具体数学关系以及极性等特征，即 $\tilde{i}_A = -2\tilde{i}_B = -2\tilde{i}_C \leqslant 0$。

2. 故障类型 2

以 A 相桥臂上方开关管 T_1 以及 B 相桥臂下方开关管 T_4 开路为例，当故障发生时，相当于 $s_1' = s_4' \equiv 0$，此时实际系统离散输入向量为

$$\boldsymbol{\delta}' = \begin{bmatrix}\bar{s}_2\bar{\delta}_A\\ s_3+\bar{s}_3\bar{\delta}_B\\ \bar{s}_6(s_5+\bar{s}_5\bar{\delta}_C)\end{bmatrix} \tag{5-31}$$

则电流残差方程变为

$$\dot{\tilde{\boldsymbol{i}}} = \boldsymbol{A}\tilde{\boldsymbol{i}} + \frac{U_{dc}}{3L}\begin{bmatrix}2 & -1 & -1\\ -1 & 2 & -1\\ -1 & -1 & 2\end{bmatrix}\begin{bmatrix}-s_1\bar{s}_2\delta_A\\ s_4(s_3+\bar{s}_3\bar{\delta}_B)\\ 0\end{bmatrix} \tag{5-32}$$

三相电流残差为

$$\begin{cases}\tilde{i}_A = \dfrac{U_{dc}}{3L}[-2s_1\bar{s}_2\delta_A - s_4(s_3+\bar{s}_3\bar{\delta}_B)](1-\mathrm{e}^{-\frac{R}{L}t})\\ \tilde{i}_B = \dfrac{U_{dc}}{3L}[s_1\bar{s}_2\delta_A + 2s_4(s_3+\bar{s}_3\bar{\delta}_B)](1-\mathrm{e}^{-\frac{R}{L}t})\\ \tilde{i}_C = \dfrac{U_{dc}}{3L}[s_1\bar{s}_2\delta_A - s_4(s_3+\bar{s}_3\bar{\delta}_B)](1-\mathrm{e}^{-\frac{R}{L}t})\end{cases} \tag{5-33}$$

由式(5-31)可以确定的电流极性有 $\tilde{i}_A \leqslant 0$，$\tilde{i}_B \geqslant 0$，而 $\tilde{i}_C$ 的极性无法由解析表达式准确判断。

3. 故障类型 3

以 A 相桥臂上方开关管 T_1 以及 B 相桥臂上方开关管 T_3 开路为例,当故障发生时,相当于 $s_1'=s_3'\equiv 0$,与故障类型 1 和故障类型 2 类似,可以得到三相电流残差为

$$\begin{cases} \widetilde{i}_A = \dfrac{U_{dc}}{3L}(-2s_1\bar{s}_2\delta_A + s_3\bar{s}_4\delta_B)(1-e^{-\frac{R}{L}t}) \\ \widetilde{i}_B = \dfrac{U_{dc}}{3L}(s_1\bar{s}_2\delta_A - 2s_3\bar{s}_4\delta_B)(1-e^{-\frac{R}{L}t}) \\ \widetilde{i}_C = \dfrac{U_{dc}}{3L}(s_1\bar{s}_2\delta_A + s_3\bar{s}_4\delta_B)(1-e^{-\frac{R}{L}t}) \end{cases} \quad (5-34)$$

因此,对于此类故障,可准确判断电流极性的特征为 $\widetilde{i}_C \geqslant 0$,而 $\widetilde{i}_A$ 和 $\widetilde{i}_B$ 的极性无法由解析表达式确定。

4. 故障类型 4

以 A 相桥臂两个开关管 T_1 和 T_2 开路为例,当故障发生时,相当于 $s_1'=s_2'\equiv 0$,可以得到三相电流残差为

$$\begin{cases} \widetilde{i}_A = \dfrac{2U_{dc}}{3L}(s_2\bar{\delta}_A - s_1\bar{s}_2\delta_A)(1-e^{-\frac{R}{L}t}) \\ \widetilde{i}_B = -\dfrac{U_{dc}}{3L}(s_2\bar{\delta}_A - s_1\bar{s}_2\delta_A)(1-e^{-\frac{R}{L}t}) \\ \widetilde{i}_C = -\dfrac{U_{dc}}{3L}(s_2\bar{\delta}_A - s_1\bar{s}_2\delta_A)(1-e^{-\frac{R}{L}t}) \end{cases} \quad (5-35)$$

可见,此类故障情况的特征为 $\widetilde{i}_A = -2\widetilde{i}_B = -2\widetilde{i}_C$,但三相电流残差的极性同样无法由解析表达式确定。

根据上文所述,发生不同开路故障时三相电流残差的表达式呈现出不同特征。从电流残差的极性角度,可分类与识别出故障类型 1、故障类型 2、故障类型 3。引入一新变量 σ_k 来进行故障定位,这里,如果电流极性为正,则 $\sigma_k=1$;若电流极性为负,则 $\sigma_k=-1$;对于其他情况,如故障类型 2 中的 C 相电流残差,有 $\sigma_k=0$。故障诊断变量 σ_k 的数学表达式为

$$\sigma_k = \begin{cases} 1, & \widetilde{i}_k > \tau \\ -1, & \widetilde{i}_k < -\tau \\ 0, & \text{其他} \end{cases} \quad (5-36)$$

其中,$k=\{A,B,C\}$,τ 为阈值。

由于故障类型 4 中 σ_k 均为 0,无法识别出具体故障状态,故引入辅助判断特征量 ζ_l 来进行断相故障定位。这里选取三相故障电流差值的极性作为辅助判断特征量。为了减少计算量,这里只选取 A 相与 B 相、A 相与 C 相之间的差值作为辅助判断特征量,分别记为 ζ_1、ζ_2,与故障诊断特征量相似,判断公式为

$$\zeta_l = \begin{cases} 1, & \Delta i > \tau \\ -1, & \Delta i < -\tau \\ 0, & 其他 \end{cases} \quad (5\text{-}37)$$

其中,$l=1,2$,τ 为阈值。

根据以上分析,可以得出具体的故障表如表 5-7 和表 5-8 所示。

表 5-7　故障类型 1 至故障类型 3 故障表

故障类型	故障开关管	故障诊断变量			故障号
		σ_A	σ_B	σ_C	
故障类型 1	T_1	−1	1	1	1
	T_2	1	−1	−1	2
	T_3	1	−1	1	3
	T_4	−1	1	−1	4
	T_5	1	1	−1	5
	T_6	−1	−1	1	6
故障类型 2	T_1、T_4	−1	1	0	7
	T_1、T_6	−1	0	1	8
	T_2、T_3	1	−1	0	9
	T_2、T_5	1	0	−1	10
	T_3、T_6	0	1	−1	11
	T_4、T_5	0	−1	1	12
故障类型 3	T_1、T_3	0	0	1	13
	T_1、T_5	0	1	0	14
	T_3、T_5	1	0	0	15
	T_2、T_4	0	0	−1	16
	T_2、T_6	0	−1	0	17
	T_4、T_6	−1	0	0	18

表 5-8 故障类型 4 故障表

故障情况	故障开关管	故障诊断变量			辅助判断特征量		故障号
		σ_A	σ_B	σ_C	ζ_1	ζ_2	
故障类型 4	T_1、T_2	0	0	0	1	1	19
	T_3、T_4	0	0	0	1	0	20
	T_5、T_6	0	0	0	0	1	21

5.3.3 仿真分析

在 MATLAB/Simulink 中搭建使用矢量控制的 PMSM 驱动系统,电机仿真参数见表 5-4。仿真中,负载转矩设置为 1.5 N·m,即 62.5% 的额定转矩,转速参考设置为 1800 r/min。图 5-17 为在 0.02 s T_1 开关管发生开路故障时定子电流、电流残差以及故障号的仿真波形。从图中可见,在模拟故障发生后,A 相电流失去正半周期波形,同时,B、C 两相电流发生轻微的畸变,电流残差从正常状态下的零值左右开始发生变化,说明故障发生后,估计模型输出值与实际值之间有偏差,通过故障诊断算法的计算,得到故障号为 1,查表 5-7 可知为 T_1 开关管发生开路故障,与模拟故障情况一致。诊断时间为 0.11 ms,为基波电流周期的 1.33%。

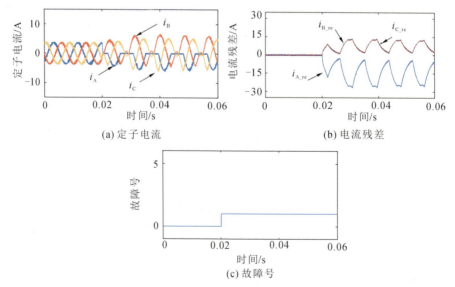

图 5-17 T_1 发生故障时的仿真波形

图 5-18 为在 0.02 s T_4 和 T_5 同时发生开路故障时的仿真波形。从图中可以看到,故障发生后,B 相电流失去负半周期波形,C 相电流失去正半周期波形,同时电流残差也不再为零,根据电流极性得出故障号最终稳定在 12,查表 5-7 得到与设置一致的故障类型。诊断时间约为 3.41 ms,为基波电流周期的 40.94%。

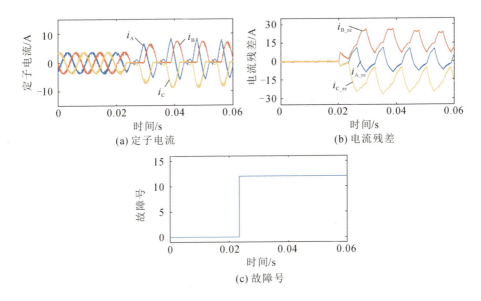

图 5-18 T_4 和 T_5 发生故障时的仿真波形

5.3.4 实验验证

为了验证所提出故障诊断算法的有效性,对此算法进行了实验验证。采样频率为 10 kHz。除特别说明外,实验中转速给定为 1200 r/min,负载为 1.68 N·m(70% 的额定负载)。综合考虑采样精度与电机参数对故障诊断快速性和准确性的影响,实验中阈值 τ 设置为 3。

1. 开路诊断实验

图 5-19 为故障类型 1 中 T_2 开关管发生开路故障时 A 相实际电流、A 相估计电流、A 相电流残差以及故障号的实验波形。在正常运行状态下,A 相实际电流与估计电流均为正弦波,其幅值与相位相似,因此,电流残差在零值左右轻微波动,此时故障号始终为零,表示正常运行状态。模拟故障发生后,A 相丢失

正半周期电流波形,此时估计电流虽发生畸变,但仍包含正、负分量,因此,电流残差迅速发生变化并超过阈值 τ,B 相电流与 C 相电流类似,经过计算得到故障诊断变量,同时得到故障号为 2,查表 5-7 可知是 T_2 开关管发生开路故障,与实验情况一致。从模拟故障发生到正确检测到故障用时约 2.16 ms,为基波电流周期的 17.28%。

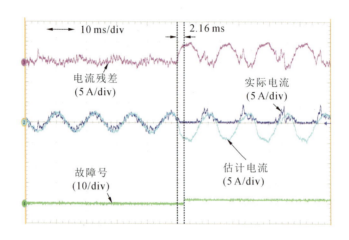

图 5-19 T_2 发生故障时的实验波形

图 5-20 为故障类型 2 中 T_1 和 T_4 开关管同时发生开路故障时的实验波形。模拟故障发生后,A 相电流丢失正半周期波形,估计电流几乎保持不变,同时电流残差迅速发生变化,经诊断算法的计算,用时 5.60 ms 将故障状态正确诊断出来,查表 5-7 的结果与实验情况一致。诊断时间约为 44.8% 的基波电流周期。

图 5-21 为故障类型 3 中 T_1 和 T_3 开关管同时发生开路故障时的实验波形。模拟故障发生后,A 相电流丢失正半周期波形,同时 A 相电流残差迅速减小且小于阈值 $-\tau$,同时故障号指示为 13,查表 5-7 可知为 T_1 与 T_3 开关管发生开路故障,与实验情况一致。诊断用时 7.34 ms,为基波电流周期的 58.72%。

图 5-22 为故障类型 4 中 T_5 和 T_6 开关管同时发生故障时 C 相实际电流、C 相估计电流、A 相与 C 相电流差值以及故障号的实验波形。模拟故障发生后,C 相电流完全丢失且为零,估计电流仍为正弦波,但有轻微的畸变,同时 A 相与 C 相电流的差值也呈现出正弦波的形态,并超过阈值 τ,诊断出的故障号为 21,查

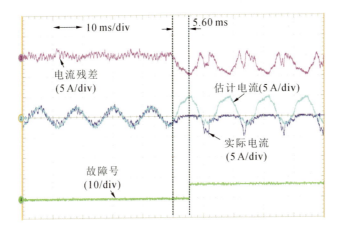

图 5-20 T_1 和 T_4 发生故障时的实验波形

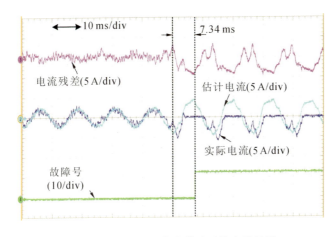

图 5-21 T_1 和 T_3 发生故障时的实验波形

表 5-8 为 C 相断相故障,与实验情况一致。诊断用时 5.68 ms,为基波电流周期的 45.44%。

2. 工况变化实验

图 5-23 为正常状态下转速突变时的实验波形。在本实验中,转速由原先的 1200 r/min 突然降至 600 r/min,从实验波形中可以看到,转速变化过程中,实际电流与估计电流都发生变化,但实际电流变化幅度更大,二者的差异体现在电流残差波形上。当电流残差变化幅度超过阈值 τ 时,引起了短暂误诊断,随后诊断信号又变为零。转速给定变化后,经过半个基波周期,实际电流与估计

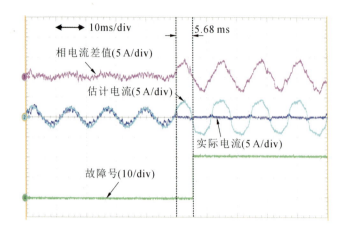

图 5-22 T_5 和 T_6 发生故障时的实验波形

电流均趋于稳定。实际电流的较大畸变导致电流残差超过了阈值,系统出现了误诊断,但大约 6.82 ms 后,故障号指示又呈正常状态。诊断用时为 54.56% 的基波电流周期。

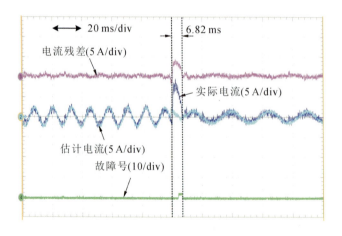

图 5-23 转速给定变化时的实验波形

图 5-24 为正常状态下负载转矩突变时的实验波形。在该实验中,负载由重载(3.6 N·m,即 1.5 倍的额定转矩)突然降至空载,此时实际电流与估计电流的幅值均有所减小,但电流残差的变化范围仍在阈值范围之内,因此并没有出现误诊断的情况。

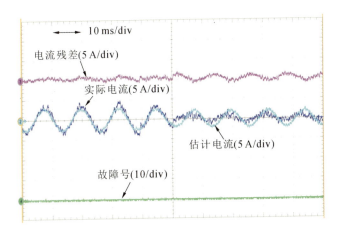

图 5-24　负载变化时的实验波形

5.4　本章小结

针对三相 PMSM 驱动系统逆变器开路故障,本章设计了基于信号和基于模型的两种故障诊断方法。基于信号的故障诊断方法主要包括故障检测和故障定位两个步骤。根据开路故障对电流特征的影响,设计了归一化价值函数作为故障检测指标,它不仅可以检测驱动系统的状况,还可以区分故障类别。然后,利用归一化电流 α、β 轴分量平均值的极性和剩余电流矢量的相角来定位每种故障类型中的准确故障开关管。最终可以正确检测和定位 21 种故障情况。

在基于模型的故障诊断方法方面,本章提出了一种基于 MLD 模型电流残差的永磁同步电机驱动系统开路故障诊断方法。利用 MLD 估计模型输出值与实际电流之间的电流残差作为诊断特征量,分析了不同故障状态下电流残差的特征,从中提取可以用于故障诊断的特征量,即电流残差的极性。考虑到断相故障的特殊性,又引入了相电流残差的差值作为辅助诊断特征量。仿真与实验结果表明,该方法能正确检测和定位包括单个和多个开关管故障在内的一共 21 种开路故障。

最后,实验结果表明以上两种方法诊断时间均小于基波电流周期,同时验证了所提故障诊断方法的有效性和应对参数变化的鲁棒性。

本章参考文献

[1] HENAO H, CAPOLINO G-A, FERNANDEZ-CABANAS M, et al. Trends in fault diagnosis for electrical machines: a review of diagnostic techniques[J]. IEEE Industrial Electronics Magazine, 2014, 8(2): 31-42.

[2] RIERA-GUASP M, ANTONINO-DAVIU J A, CAPOLINO G-A. Advances in electrical machine, power electronic, and drive condition monitoring and fault detection: state of the art[J]. IEEE Transactions on Industrial Electronics, 2015, 62(3): 1746-1759.

[3] GANDHI A, CORRIGAN T, PARSA L. Recent advances in modeling and online detection of stator interturn faults in electrical motors[J]. IEEE Transactions on Industrial Electronics, 2011, 58(5): 1564-1575.

[4] PARK Y, YANG C, KIM J, et al. Stray flux monitoring for reliable detection of rotor faults under the influence of rotor axial air ducts[J]. IEEE Transactions on Industrial Electronics, 2019, 66(10): 7561-7570.

[5] SESHADRINATH J, SINGH B, PANIGRAHI B K. Investigation of vibration signatures for multiple fault diagnosis in variable frequency drives using complex wavelets[J]. IEEE Transactions on Power Electronics, 2014, 29(2): 936-945.

[6] WANG X Q, WANG Z, XU Z X, et al. Comprehensive diagnosis and tolerance strategies for electrical faults and sensor faults in dual three-phase PMSM drives[J]. IEEE Transactions on Power Electronics, 2019, 34(7): 6669-6684.

[7] ESTIMA J O, CARDOSO A J M. A new approach for real-time multiple open-circuit fault diagnosis in voltage-source inverters[J]. IEEE Transactions on Industry Applications, 2011, 47(6): 2487-2494.

[8] HANG J, ZHANG J Z, CHENG M, et al. Detection and discrimination of open-phase fault in permanent magnet synchronous motor drive system[J]. IEEE Transactions on Power Electronics, 2016, 31(7): 4697-4709.

[9] CAMPOS-DELGADO D U,ESPINOZA-TREJO D R. An observer-based diagnosis scheme for single and simultaneous open-switch faults in induction motor drives[J]. IEEE Transactions on Industrial Electronics, 2011,58(2):671-679.

[10] YANG S Y,BRYANT A,MAWBY P,et al. An industry-based survey of reliability in power electronic converters[J]. IEEE Transactions on Industry Applications,2011,47(3):1441-1451.

[11] GAO Z W,CECATI C,DING S X. A survey of fault diagnosis and fault-tolerant techniques—part Ⅰ:fault diagnosis with model-based and signal-based approaches[J]. IEEE Transactions on Industrial Electronics, 2015,62(6):3757-3767.

[12] AN Q T,SUN L,SUN L Z. Current residual vector-based open-switch fault diagnosis of inverters in PMSM drive systems[J]. IEEE Transactions on Power Electronics,2015,30(5):2814-2827.

[13] GOU B,GE X L,WANG S L,et al. An open-switch fault diagnosis method for single-phase PWM rectifier using a model-based approach in high-speed railway electrical traction drive system[J]. IEEE Transactions on Power Electronics,2016,31(5):3816-3826.

[14] AN Q T,SUN L Z,ZHAO K,et al. Switching function model-based fast-diagnostic method of open-switch faults in inverters without sensors[J]. IEEE Transactions on Power Electronics,2011,26(1):119-126.

[15] BI K T,AN Q T,DUAN J D,et al. Fast diagnostic method of open circuit fault for modular multilevel DC/DC converter applied in energy storage system[J]. IEEE Transactions on Power Electronics,2017,32(5):3292-3296.

[16] FREIRE N M A,ESTIMA J O,CARDOSO A J M. A voltage-based approach without extra hardware for open-circuit fault diagnosis in closed-loop PWM AC regenerative drives[J]. IEEE Transactions on Industrial Electronics,2014,61(9):4960-4970.

[17] SLESZYNSKI W, NIEZNANSKI J, CICHOWSKI A. Open-transistor fault diagnostics in voltage-source inverters by analyzing the load currents[J]. IEEE Transactions on Industrial Electronics, 2009, 56(11): 4681-4688.

[18] FREIRE N M A, ESTIMA J O, CARDOSO A J M. Open-circuit fault diagnosis in PMSG drives for wind turbine applications[J]. IEEE Transactions on Industrial Electronics, 2013, 60(9): 3957-3967.

[19] ESTIMA J O, CARDOSO A J M. A new algorithm for real-time multiple open-circuit fault diagnosis in voltage-fed PWM motor drives by the reference current errors[J]. IEEE Transactions on Industrial Electronics, 2013, 60(8): 3496-3505.

[20] ESTIMA J O, FREIRE N M A, CARDOSO A J M. Recent advances in fault diagnosis by Park's vector approach[C]. Paris: 2013 IEEE Workshop on Electrical Machines Design, Control and Diagnosis (WEMDCD), 2013.

[21] KURUPPU S S, KULATUNGA N A. D-Q current signature-based faulted phase localization for SM-PMAC machine drives[J]. IEEE Transactions on Industrial Electronics, 2015, 62(1): 113-121.

[22] HUANG Z J, WANG Z S, YAO X S, et al. Multi-switches fault diagnosis based on small low-frequency data for voltage-source inverters of PMSM drives[J]. IEEE Transactions on Power Electronics, 2019, 34(7): 6845-6857.

[23] KHOJET EL KHIL S, JLASSI I, CARDOSO A J M, et al. Diagnosis of open-switch and current sensor faults in PMSM drives through stator current analysis[J]. IEEE Transactions on Industry Applications, 2019, 55(6): 5925-5937.

[24] ROTHENHAGEN K, FUCHS F W. Performance of diagnosis methods for IGBT open circuit faults in three phase voltage source inverters for AC variable speed drives[C]. Dresden: 2005 European Conference on Power Electronics and Applications, 2005.

第6章
多相磁通切换永磁电机模型预测控制

6.1 多相电机控制概述

近些年来,随着多相电机驱动技术的发展,多相电机的模型预测控制(MPC)得到了学者们的关注。由于MPC方案的复杂度会随着相数的增加而变得非常高,因此目前对MPC的研究主要集中在五相和六相电机驱动系统上。

早在2009年,智利学者José Rodriguez就研究了模型预测控制在五相电压源逆变器控制中的应用,并提出了一种简化计算的方法[1]。随后,西班牙学者Mario J. Duran和Federico Barrero及其团队对五相感应电机的模型预测控制展开了大量的研究,取得了很多成果。文献[2]提出了一种五相感应电机的模型预测转矩控制(MPTC)方法,并与磁场定向控制和直接转矩控制方法进行了比较。文献[3]提出了一种基于MPC的五相感应电机驱动系统的容错调速控制方案,该方案能够在开相故障前后保持稳定运行,保证了转矩响应快速且波动小。文献[4]和文献[5]将转子电流观测器引入五相感应电机的MPC,并研究了在MPC中使用不同的在线转子变量估算方法对控制性能的影响。

国内的相关研究起步相对较晚,所取得的成果推动了五相电机模型预测控制的研究进程。文献[6]针对五相永磁同步电机(PMSM)驱动系统,提出了一种改进的无权重因子MPTC方法,该方法采用两个滞环比较器构建由虚拟电压矢量组成的改进控制集。文献[7]针对五相PMSM在开路故障下的容错控制,提出了一种简化控制集的MPCC方法,该简化方法采用了谐波空间电压最小化原则。此外,该研究还结合占空比优化方法,减少了预测计算的运算量,同时提高了电机稳态性能。文献[8]针对五相PMSM的容错算法中模型预测控制计算量大的问题,借鉴直接转矩控制中设置开关状态表的思想,在容错控制中进行矢量预筛选,提出了一种基于电压矢量预筛选的 MPTC 策略。文献[9]提出了一种改进的模型预测直接转矩控制策略,该策略由二次评估法和谐波电压消除法组成,它能够在不增加计算量的前提下,得到最优电压矢量。文献[10]针对具有非正弦反电动势的五相 PMSM 提出了基于 MPCC 的定频多矢量控制策略,同时还设计了一个离散时间扰动观测器,提高了算法对参数失配的鲁棒性。

本章以五相磁通切换永磁(FSPM)电机为研究对象,从控制集设计、占空比优化和鲁棒性提升等角度介绍 MPC 在多相电机驱动系统中的应用。

6.2 五相磁通切换永磁电机驱动系统

6.2.1 电机结构

两电平 VSI 供电的五相 FSPM 电机驱动系统如图 6-1 所示,所采用的五相 20 槽 18 极 FSPM 电机结构如图 6-2 所示。由图 6-2 可知,定子包括 10 个 E 形结构单元、10 块均匀分布的永磁体以及 10 组集中式电枢绕组线圈[11];转子与开关磁阻电机转子类似,由凸极硅钢片叠压而成,结构简单,有利于高速运行。

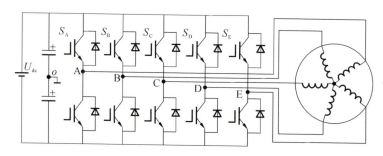

图 6-1 两电平 VSI 供电的五相 FSPM 电机驱动系统

1. 五相空载感应电动势

在额定转速(1500 r/min)条件下,实测五相电机空载感应电动势波形如图 6-3(a)所示。可见,由于不同的极槽配合,五相电机的空载电动势波形的正弦度不如三相电机。总体而言,五相电动势波形分布均匀且具有较好的正弦度。利用快速傅里叶变换(FFT)对波形进行分析,结果表明,A 相空载反电动势的 THD 为 7.5%,其中二次和四次谐波含量相对较高,见图 6-3(b)。若忽略

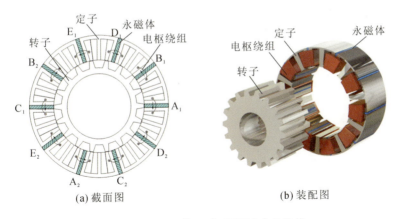

(a) 截面图 (b) 装配图

图 6-2 五相 20 槽 18 极 FSPM 电机结构

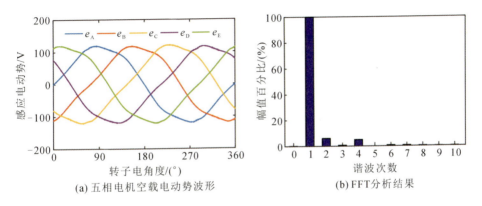

(a) 五相电机空载电动势波形 (b) FFT 分析结果

图 6-3 实测空载感应电动势波形及 FFT 分析结果(1500 r/min)

二次及以上高次谐波，则该电机每相空载感应电动势和永磁体磁链的基波分量可以分别表示为

$$\begin{cases} e_A = E_1 \sin\theta_e \\ e_B = E_1 \sin\left(\theta_e - \dfrac{2\pi}{5}\right) \\ e_C = E_1 \sin\left(\theta_e - \dfrac{4\pi}{5}\right) \\ e_D = E_1 \sin\left(\theta_e - \dfrac{6\pi}{5}\right) \\ e_E = E_1 \sin\left(\theta_e - \dfrac{8\pi}{5}\right) \end{cases} \quad (6\text{-}1)$$

$$\begin{cases} \psi_{mA} = \psi_f \cos\theta_e \\ \psi_{mB} = \psi_f \cos\left(\theta_e - \dfrac{2\pi}{5}\right) \\ \psi_{mC} = \psi_f \cos\left(\theta_e - \dfrac{4\pi}{5}\right) \\ \psi_{mD} = \psi_f \cos\left(\theta_e - \dfrac{6\pi}{5}\right) \\ \psi_{mE} = \psi_f \cos\left(\theta_e - \dfrac{8\pi}{5}\right) \end{cases} \quad (6-2)$$

式中 θ_e——转子电角度,rad;

E_1——基波反电动势幅值,V;

ψ_f——基波永磁体磁链幅值,Wb。

2. 五相绕组电感

五相 FSPM 电机绕组自感的有限元仿真波形如图 6-4 所示,其表达式为

$$\begin{cases} L_{AA} = L_0 - L_m \cos(2P_r\theta_r) \\ L_{BB} = L_0 - L_m \cos\left(2P_r\theta_r - \dfrac{2\pi}{5}\right) \\ L_{CC} = L_0 - L_m \cos\left(2P_r\theta_r - \dfrac{4\pi}{5}\right) \\ L_{DD} = L_0 - L_m \cos\left(2P_r\theta_r - \dfrac{6\pi}{5}\right) \\ L_{EE} = L_0 - L_m \cos\left(2P_r\theta_r - \dfrac{8\pi}{5}\right) \end{cases} \quad (6-3)$$

式中 P_r——电机电磁极对数;

θ_r——转子机械位置角,rad;

L_{AA},L_{BB},L_{CC},L_{DD},L_{EE}——五相绕组自感,H;

L_0——每相绕组自感的平均值,H,对应于每相自感波形的直流分量;

L_m——每相绕组自感的二次谐波幅值,H,对应于每相自感波形的脉动分量幅值。

图 6-5 为 A 相绕组互感有限元仿真波形。由图 6-5 可知,五相绕组空间分布关系导致 A 相绕组与其余四相绕组之间的互感两两对称,如 M_{AB} 与 M_{AE} 关于 180°转子电角度垂直线对称,M_{AC} 与 M_{AD} 关于 180°转子电角度垂直线对称。与

自感平均值相比,互感平均值(绝对值)远小于自感平均值,说明五相绕组的互感较小。

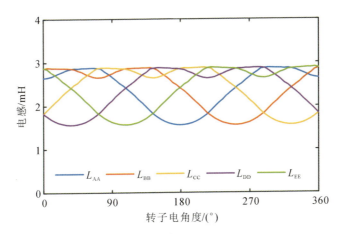

图 6-4 五相 FSPM 电机绕组自感波形

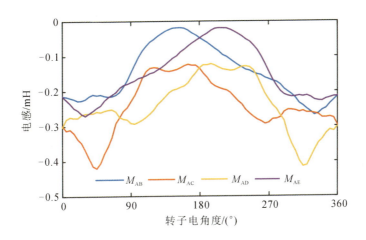

图 6-5 A 相绕组互感波形

6.2.2 数学模型

对于图 6-1 所示的五相 FSPM 电机系统,逆变器共有 $32(2^5)$ 种开关状态,对应的等效电路可分为以下三种:① 只有一个上桥臂导通或只有一个上桥臂关断;② 相邻两桥臂同时导通或关断;③ 不相邻两桥臂同时导通或关断。后两种情况对应的等效电路相同但相角不同。只有一个上桥臂导通和相邻两上桥臂同时导通的等效电路如图 6-6 所示，其中 U_{dc} 为直流母线电压。

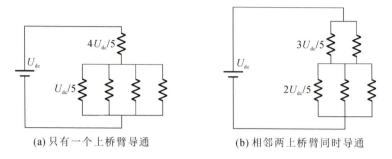

(a) 只有一个上桥臂导通　　(b) 相邻两上桥臂同时导通

图 6-6　等效电路图

根据等效电路图可以得到开关状态与相电压之间关系为

$$\begin{bmatrix} u_A \\ u_B \\ u_C \\ u_D \\ u_E \end{bmatrix} = \frac{U_{dc}}{5} \begin{bmatrix} 4 & -1 & -1 & -1 & -1 \\ -1 & 4 & -1 & -1 & -1 \\ -1 & -1 & 4 & -1 & -1 \\ -1 & -1 & -1 & 4 & -1 \\ -1 & -1 & -1 & -1 & 4 \end{bmatrix} \begin{bmatrix} S_A \\ S_B \\ S_C \\ S_D \\ S_E \end{bmatrix} \tag{6-4}$$

式中　S_i——逆变器各桥臂状态，$i=A,B,C,D,E$，$S_i=1$ 表示上桥臂导通下桥臂关断，$S_i=0$ 表示下桥臂导通上桥臂关断。

基于矢量空间分解(VSD)将基波分量、谐波分量和零序分量分解到不同的空间中，保证每个空间的独立控制。对于五相电机系统，采用式(6-5)中的正交解耦矩阵，可以将自然坐标系中的变量分解到三个不同空间中。

$$T_c = \frac{2}{5} \begin{bmatrix} 1 & \cos\delta & \cos(2\delta) & \cos(3\delta) & \cos(4\delta) \\ 0 & \sin\delta & \sin(2\delta) & \sin(3\delta) & \sin(4\delta) \\ 1 & \cos(3\delta) & \cos\delta & \cos(4\delta) & \cos(2\delta) \\ 0 & \sin(3\delta) & \sin\delta & \sin(4\delta) & \sin(2\delta) \\ 1/2 & 1/2 & 1/2 & 1/2 & 1/2 \end{bmatrix} \tag{6-5}$$

式中，$\delta=2\pi/5$。该矩阵中，前两行对应 α-β 子空间，电机变量中的基波分量和 $10k\pm1(k=1,2,3,\cdots)$ 次谐波分量都被映射到该子空间中；第三、四行对应 x-y 子空间，$5k\pm2(k=1,2,3,\cdots)$ 次谐波分量都被映射到该子空间中；最后一行对应零序空间，$5k(k=1,2,3,\cdots)$ 次谐波分量都被映射到该子空间中，对于星形连接的五相对称绕组,该项始终保持为零。

α-β 子空间和 x-y 子空间中的基本电压矢量分布如图 6-7 所示,图中 u_{fi} 和 u_{hi} 为同一开关状态 S_i 分别在基波子空间和谐波子空间产生的电压矢量。两个子空间都被均匀地分割为 10 个扇区,扇区的角度为 $\pi/5$。根据电压矢量的幅值,两个子空间的电压矢量均可分为 4 组,幅值由小到大分别为 0、0.247U_{dc}、0.4U_{dc}、0.6472U_{dc}。为了方便,本章依据矢量幅值大小,将其依次定义为零矢量、小矢量、中矢量、大矢量,如表 6-1 所示。通过观察可以发现如下规律:① 在 α-β 子空间中产生大矢量的开关状态在 x-y 子空间中产生小矢量;② 在 α-β 子空间中产生小矢量的开关状态在 x-y 子空间中产生大矢量;③ 在 α-β 子空间中产生中矢量的开关状态在 x-y 子空间中仍产生中矢量。

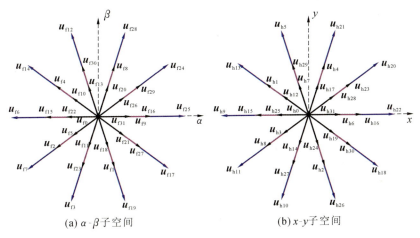

图 6-7 不同子空间中的电压矢量

表 6-1 4 组电压矢量

矢量名称	幅值	α-β 子空间	x-y 子空间
零矢量	0	u_{f0},u_{f31}	u_{h0},u_{h31}
小矢量	0.247U_{dc}	u_{f9},u_{f26},u_{f20},u_{f13},u_{f10},u_{f22},u_{f5},u_{f11},u_{f18},u_{f21}	u_{h6},u_{h28},u_{h17},u_{h7},u_{h12},u_{h25},u_{h3},u_{h14},u_{h24},u_{h19}
中矢量	0.4U_{dc}	u_{f16},u_{f29},u_{f8},u_{f30},u_{f4},u_{f15},u_{f2},u_{f23},u_{f1},u_{f27}	u_{h16},u_{h23},u_{h4},u_{h29},u_{h1},u_{h15},u_{h8},u_{h27},u_{h2},u_{h30}
大矢量	0.6472U_{dc}	u_{f25},u_{f24},u_{f28},u_{f12},u_{f14},u_{f6},u_{f7},u_{f3},u_{f19},u_{f17}	u_{h22},u_{h20},u_{h21},u_{h5},u_{h13},u_{h9},u_{h11},u_{h10},u_{h26},u_{h18}

当选择参考坐标系为同步旋转坐标系时,对 α-β 和 x-y 子空间中的变量作旋转变换,即可得到两相旋转坐标系下相互解耦的直流分量,从而可将 Park 变换矩阵扩展为

$$\boldsymbol{T}_{\mathrm{p}} = \begin{bmatrix} \cos\theta_{e} & \sin\theta_{e} & 0 & 0 & 0 \\ -\sin\theta_{e} & \cos\theta_{e} & 0 & 0 & 0 \\ 0 & 0 & \cos(3\theta_{e}) & \sin(3\theta_{e}) & 0 \\ 0 & 0 & -\sin(3\theta_{e}) & \cos(3\theta_{e}) & 0 \\ 0 & 0 & 0 & 0 & 1 \end{bmatrix} \quad (6\text{-}6)$$

利用式(6-7)可以得到电感的 d_1、q_1、d_3、q_3 轴分量,如图 6-8 所示。四个直流分量均有波动,相对电感 d_3、q_3 轴分量而言,电感 d_1、q_1 轴分量的波动较小。其中,L_{d1} 和 L_{q1} 的平均值相近,分别为 2.5 mH 和 2.9 mH,而 L_{d1}、L_{d3} 和 L_{q3} 的平均值相等,为 2.5 mH。

$$\begin{bmatrix} L_{d1} & & & & \\ & L_{q1} & & & \\ & & L_{d3} & & \\ & & & L_{q3} & \\ & & & & L_{0} \end{bmatrix} = (\boldsymbol{T}_{\mathrm{p}}\boldsymbol{T}_{\mathrm{c}}) \begin{bmatrix} L_{AA} & M_{AB} & M_{AC} & M_{AD} & M_{AE} \\ M_{BA} & L_{BB} & M_{BC} & M_{BD} & M_{BE} \\ M_{CA} & M_{CB} & L_{CC} & M_{CD} & M_{CE} \\ M_{DA} & M_{DB} & M_{DC} & L_{DD} & M_{DE} \\ M_{EA} & M_{EB} & M_{EC} & M_{ED} & L_{EE} \end{bmatrix} (\boldsymbol{T}_{\mathrm{p}}\boldsymbol{T}_{\mathrm{c}})^{-1}$$

(6-7)

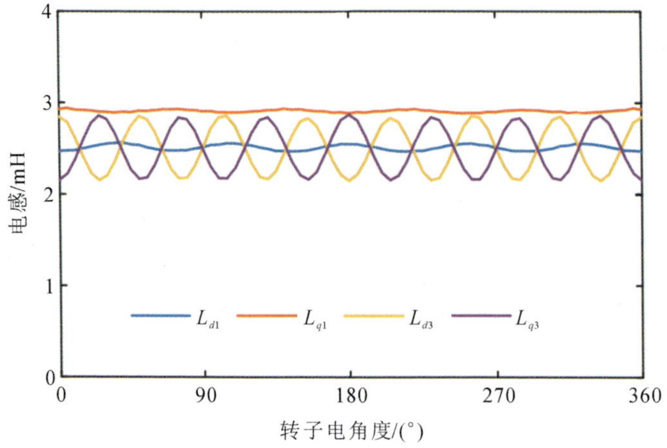

图 6-8 五相 FSPM 电机电感 d_1、q_1、d_3、q_3 轴分量

根据式(6-5)、式(6-6)、式(6-7)，可以得到旋转坐标系下的永磁体磁链矩阵：

$$\begin{bmatrix} \psi_f \\ 0 \\ 0 \\ 0 \\ 0 \end{bmatrix} = (\bm{T}_p \bm{T}_c) \begin{bmatrix} \psi_{mA} \\ \psi_{mB} \\ \psi_{mC} \\ \psi_{mD} \\ \psi_{mE} \end{bmatrix} \tag{6-8}$$

通过上述分析，可以得到五相 FSPM 电机在同步旋转坐标系下的电压方程：

$$\begin{cases} u_{d1} = R_s i_{d1} + L_{d1} \mathrm{d}i_{d1}/\mathrm{d}t - \omega_e L_{q1} i_{q1} \\ u_{q1} = R_s i_{q1} + L_{q1} \mathrm{d}i_{q1}/\mathrm{d}t + \omega_e L_{d1} i_{d1} + \omega_e \psi_f \\ u_{d3} = R_s i_{d3} + L_{d3} \mathrm{d}i_{d3}/\mathrm{d}t - 3\omega_e L_{q3} i_{q3} \\ u_{q3} = R_s i_{q3} + L_{q3} \mathrm{d}i_{q3}/\mathrm{d}t + 3\omega_e L_{d3} i_{d3} \end{cases} \tag{6-9}$$

式中　i_{d1}，i_{q1}——电流在基波子空间的 d_1、q_1 轴分量，A；

i_{d3}，i_{q3}——电流在谐波子空间的 d_3、q_3 轴分量，A；

u_{d1}，u_{q1}——电压在基波子空间的 d_1、q_1 轴分量，V；

u_{d3}，u_{q3}——电压在谐波子空间的 d_3、q_3 轴分量，V；

ψ_f——基波空间中永磁体磁链幅值，Wb；

ω_e——电气角速度，rad/s。

五相 FSPM 电机的平均电磁转矩由基波子空间中的电流分量 i_{d1} 和 i_{q1} 决定，谐波子空间内的电流分量 i_{d3} 和 i_{q3} 不参与平均电磁转矩生成，但产生转矩谐波。这里采用的五相 FSPM 电机定位力矩较小，峰值仅为额定转矩的 3.77%，转矩建模时忽略了定位力矩，得到的五相 FSPM 电机转矩表达式为

$$T_e = \frac{5}{2} P_r [\psi_f i_{q1} + (L_{d1} - L_{q1}) i_{d1} i_{q1} + 3(L_{d3} - L_{q3}) i_{d3} i_{q3}] \tag{6-10}$$

仅考虑基波子空间分量，则定子磁链表达式为

$$\begin{cases} \psi_{sd} = L_{d1} i_{d1} + \psi_f \\ \psi_{sq} = L_{q1} i_{q1} \end{cases} \tag{6-11}$$

6.3　五相 FSPM 电机模型预测控制

在五相 FSPM 电机的模型预测电流控制中,首先需要建立五相 FSPM 电机的预测模型。在预测模型的基础上,考虑功率变换器的离散特性,可枚举变换器所有开关状态对应的电压矢量作为预测模型的输入,预测出五相 FSPM 电机在一个控制周期的解耦空间中的电流值。最后设计价值函数,选出合适的开关状态作为输出,完成控制。

6.3.1　预测模型

五相 FSPM 电机在同步旋转坐标系下的解耦电压方程采用一阶欧拉法进行离散化,可预测得到 $k+1$ 时刻的电流值表达式为

$$\boldsymbol{I}_{k+1} = \boldsymbol{A}\boldsymbol{I}_k + \boldsymbol{B}\boldsymbol{U}_k + \boldsymbol{C} \tag{6-12}$$

$$\boldsymbol{I}_k = \begin{bmatrix} i_{d1}^{(k)} & i_{q1}^{(k)} & i_{d3}^{(k)} & i_{q3}^{(k)} \end{bmatrix}^\mathrm{T}$$

$$\boldsymbol{U}_k = \begin{bmatrix} u_{d1}^{(k)} & u_{q1}^{(k)} & u_{d3}^{(k)} & u_{q3}^{(k)} \end{bmatrix}^\mathrm{T}$$

$$\boldsymbol{I}_{k+1} = \begin{bmatrix} i_{d1}^{(k+1)} & i_{q1}^{(k+1)} & i_{d3}^{(k+1)} & i_{q3}^{(k+1)} \end{bmatrix}^\mathrm{T}$$

$$\boldsymbol{A} = \begin{bmatrix} 1-R_s T_s/L_{d1} & \omega_e L_{q1}/L_{d1} & 0 & 0 \\ -\omega_e L_{d1}/L_{q1} & 1-R_s T_s/L_{q1} & 0 & 0 \\ 0 & 0 & 1-R_s T_s/L_{d3} & 3\omega_e L_{q3}/L_{d3} \\ 0 & 0 & -3\omega_e L_{d3}/L_{q3} & 1-R_s T_s/L_{q3} \end{bmatrix}$$

$$\boldsymbol{B} = \mathrm{diag}\left(\frac{T_s}{L_{d1}}, \frac{T_s}{L_{q1}}, \frac{T_s}{L_{d3}}, \frac{T_s}{L_{q3}}\right)$$

$$\boldsymbol{C} = \begin{bmatrix} 0 & -\omega_e \psi_f & 0 & 0 \end{bmatrix}^\mathrm{T}$$

式中　$\boldsymbol{I}_k$——k 时刻测量电流,A;

$\boldsymbol{U}_k$——k 时刻输入电压,V;

$\boldsymbol{I}_{k+1}$——$k+1$ 时刻预测电流,A;

$\boldsymbol{A},\boldsymbol{B},\boldsymbol{C}$——常数矩阵。

式(6-12)中,下标 $k+1$ 表示下一个控制周期的预测值,下标 k 表示当前控制周期的测定值或控制变量。

同理,由解耦磁链方程可得 $k+1$ 时刻的磁链表达式为

$$\boldsymbol{\psi}_{k+1} = \boldsymbol{DI}_{k+1} + \boldsymbol{E} \tag{6-13}$$

$$\boldsymbol{\psi}_{k+1} = \begin{bmatrix} \psi_{d1}^{(k+1)} & \psi_{q1}^{(k+1)} & \psi_{d3}^{(k+1)} & \psi_{q3}^{(k+1)} \end{bmatrix}^{\mathrm{T}}$$

$$\boldsymbol{D} = \mathrm{diag}(L_{d1} \quad L_{q1} \quad L_{d3} \quad L_{q3})$$

$$\boldsymbol{E} = [\psi_f, 0, 0, 0]^{\mathrm{T}}$$

式中 $\boldsymbol{\psi}_{k+1}$——$k+1$ 时刻预测磁链；

$\boldsymbol{D}, \boldsymbol{E}$——常数矩阵。

同理，可求得 $k+1$ 时刻的电磁转矩表达式为

$$T_{\mathrm{e}}^{(k+1)} = \frac{5}{2} P_r i_{q1}^{(k+1)} [\psi_f + i_{d1}^{(k+1)} (L_{d1} - L_{q1})] \tag{6-14}$$

为了提高预测值的准确度，可采用其他高阶差分离散化方法对将来时刻的系统状态进行预测，但这会提高系统的复杂度。在控制周期足够小的情况下，一阶欧拉法基本满足控制要求，本章采用该方法进行预测。

在电机的模型预测控制中，将上述差分方程表达式作为预测模型。在 MPCC 策略中，将各个开关状态对应的电压矢量 $\boldsymbol{U}_k$ 代入式(6-12)，可以预测出对应的 $k+1$ 时刻电流值。

6.3.2 价值函数

在三相电机驱动系统的 MPCC 中，价值函数仅需考虑基波解耦空间的电流跟随目标以及其他约束条件。而在五相电机驱动系统中，由于谐波空间的存在，若不对谐波空间中的变量进行控制，则会造成不必要的扰动以及额外的功率损耗。因此，在对五相 FSPM 电机的模型预测电流控制算法进行设计时，需要在价值函数中添加谐波解耦空间中电流的约束。所构建的价值函数为

$$\begin{aligned} g = &(i_{d1}^{(k+1)} - i_{d1}^*)^2 + (i_{q1}^{(k+1)} - i_{q1}^*)^2 + \lambda_i [(i_{d3}^{(k+1)} - i_{d3}^*)^2 \\ &+ (i_{q3}^{(k+1)} - i_{q3}^*)^2] + \sum \lambda_x X \end{aligned} \tag{6-15}$$

式中 λ_i——三次谐波电流误差的权重系数，设置为 1；

X——其他约束项（如过流限制、共模电压、开关频率等）；

λ_x——其他约束项的权重系数，为简化分析，可设置为零。

式(6-15)中，上标"$*$"表示对应变量的参考值。

在正常情况下，五相 FSPM 电机的三次谐波反电动势近似为零，产生的三

次谐波电流不产生电磁转矩；考虑到该电机凸极率小，可近似为隐极电机，并且根据最大转矩电流控制原则，可设计电流跟踪目标值 $i_{d1}^*=0, i_{d3}^*=0, i_{q3}^*=0; i_{q1}^*$ 作为转矩调节的重要指标，设置为转速 PI 控制器的输出值。由此，可构建基于 MPCC 的五相 FSPM 电机驱动调速系统。这里需要指出，若考虑电机的凸极效应和三次谐波反电动势，则需要根据实际情况调整跟随目标值及权重系数 λ_i。

6.3.3 控制延迟补偿

在数字控制系统的实际运行中，在每个控制周期内计算出的控制电压并非立刻作用到实际系统中，而是在下一个控制周期开始时才起作用，即控制电压与实际输出电压之间存在"一拍"延迟[12]。下面具体分析这一情况，并提出相应的补偿措施。

如图 6-9 所示，在每个控制周期 T_s 内，处理器实际计算时间为 T_c，应满足 $T_c \leqslant T_s$。在每个控制周期开始的时候，控制系统采集电流、电压、位置信息，并进行计算，经过 T_c 时间获得选定开关状态。然而，在控制系统中，该开关状态并非立即起作用，而是到下一个周期开始的时候才生效。因此，在该周期内实际作用的开关状态并非该周期内计算出的开关状态，而是上一个周期的计算结果，这就是"一拍"延迟。

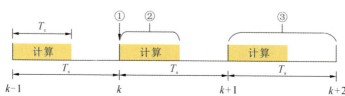

①：采集 k 时刻电流；②：计算 $(k, k+1)$ 区间作用电压；③：②中计算出的电压的实际作用周期

图 6-9　控制延迟补偿示意图

为了补偿控制延迟，可采取对控制变量进行两步预测的措施，即预测出下一拍的开关状态。以 MPCC 为例，具体步骤如下：

(1) 在第 k 个周期内，在周期一开始的时候采集电流 $i_s^{(k)}$，通过坐标变换得到解耦空间电流值 $i_{d1}^{(k)}$、$i_{q1}^{(k)}$、$i_{d3}^{(k)}$、$i_{q3}^{(k)}$，并将第 $k-1$ 个周期内计算出的开关状态对应的电压矢量 $U^{(k-1)}$ 代入电机预测模型，预测出第 $k+1$ 个周期内解耦空间电流值 $i_{d1}^{(k+1)}$、$i_{q1}^{(k+1)}$、$i_{d3}^{(k+1)}$、$i_{q3}^{(k+1)}$；

(2) 在第 $k+1$ 个周期内解耦空间电流预测值的基础上，应用 MPCC 方法，枚举所有开关状态对应的电压矢量 U_k，对第 $k+2$ 个周期内解耦空间电流值 $i_{d1}^{(k+2)}$、$i_{q1}^{(k+2)}$、$i_{d3}^{(k+2)}$、$i_{q3}^{(k+2)}$ 进行预测；

(3) 根据价值函数最小化原则，确定出使第 $k+2$ 个周期控制状态最优的开关状态对应的电压矢量，该电压矢量在第 k 个周期内计算出，而实际作用于整个第 $k+1$ 个周期。

其中，价值函数应修正为

$$g = (i_{d1}^{(k+2)} - i_{d1}^*)^2 + (i_{q1}^{(k+2)} - i_{q1}^*)^2 + \lambda_i [(i_{d3}^{(k+2)} - i_{d3}^*)^2 + (i_{q3}^{(k+2)} - i_{q3}^*)^2] + \sum \lambda_x X \tag{6-16}$$

至此，实现了电机 MPCC 的控制延迟补偿。虽然以上分析是针对 MPCC 的，但在 MPTC 和 MPFC（model predictive flux control，模型预测磁链控制）中，控制延迟补偿的实现思路是一致的，仅仅是控制变量不同，故不再赘述。为了叙述方便，若无特别说明，本章中的模型预测控制算法均已进行了控制延迟补偿，价值函数仍表示为一拍形式。

6.3.4 系统框图

根据上述介绍，构建基于 MPCC 的五相 FSPM 电机调速控制系统框图，如图 6-10 所示，控制系统的速度环与传统控制策略一致，仍采用转速 PI 控制器；而控制系统内环则由 MPCC 控制器替代。其中，MPCC 主要包括坐标变换模

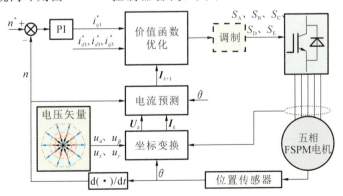

图 6-10 基于 MPCC 的五相 FSPM 电机调速控制系统框图

块、电流预测模块、价值函数优化模块、输入电压枚举模块以及驱动信号调制模块。

在输入电压枚举模块的设计上,采用了两种形式:五相 VSI 基本电压矢量和虚拟电压矢量。若采用基本电压矢量,则在价值函数的设计中需要考虑谐波电流的目标约束,令 $\lambda_i=1$;若采用虚拟电压矢量,则对解耦空间谐波分量进行开环控制,即令 $\lambda_i=0$,此时需要对驱动信号进行调制。

6.3.5 仿真结果

根据控制框图搭建仿真模型,仿真波形如图 6-11 所示,电机参数如表 6-2 所示。对仿真结果进行数值分析,具体如下:

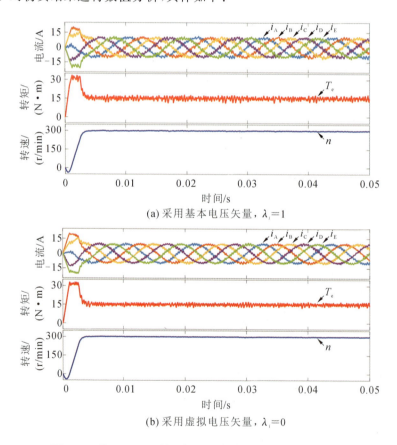

图 6-11 基于 MPCC 的五相 FSPM 电机调速系统仿真波形

表 6-2 五相 FSPM 电机参数

参数	数值	参数	数值
转子极数	18	永磁体磁链幅值 ψ_f/Wb	0.035
定子电阻 R_s/Ω	0.3	额定功率 P/W	5000
电感 d_1 轴分量 L_{d1}/mH	2.5	额定电流 I_{rms}/A	11
电感 q_1 轴分量 L_{q1}/mH	2.9	额定转矩 T_{en}/(N·m)	30
电感 d_3 轴分量 L_{d3}/mH	2.5	额定转速 n/(r/min)	1500
电感 q_3 轴分量 L_{q3}/mH	2.5	直流母线电压 U_{dc}/V	288

(1) 采用基本电压矢量的 MPCC 策略时,转矩脉动为 7.71%,A 相电流的 THD 为 12.10%;

(2) 采用虚拟电压矢量的 MPCC 策略时,转矩脉动为 5.76%,A 相电流的 THD 为 8.90%。

6.4 基于电压矢量优化的改进型模型预测控制

在五相 FSPM 电机的模型预测控制中,控制系统的性能受限于输入电压矢量枚举范围,即价值函数所求得的最优状态仅仅是在枚举范围内的局部最优解。为了进一步提高五相 FSPM 电机控制性能,本章将扩大枚举范围,层层递进地提出基于输入电压矢量优化的改进型模型预测控制方法。本节将输入电压矢量由"点"到"线"再到"面"逐步优化,同时由有限控制集模型预测控制(FCS-MPC)拓展到连续控制集模型预测控制(CCS-MPC)。本节对该控制过程中涉及的基于模型的预期电压的求解和基于几何法的占空比优化技术也进行了详细介绍。值得一提的是,虽然本节内容是以五相 FSPM 电机的模型预测电流控制方法为例,但分析方法同样适用于三相电机或者多相电机的 MPTC 或者 MPCC 策略,扩展方便,具有通用性。

6.4.1 单矢量优化

1. 基本原理

单矢量优化方法是指在有限控制集模型预测控制中,通过细分输入电压矢量,进一步扩展所枚举电压矢量的个数和覆盖范围(又称扩展控制集),以期在更精细的局部范围内求取局部最优解,达到更佳的控制效果。所谓"单矢量",并非特指不经过 PWM 处理的简单的开关状态,而是泛指经过定值 PWM 调制的开关状态对应的电压矢量,包括基本电压矢量、虚拟电压矢量以及上述两个电压矢量的固定合成矢量。

单矢量优化的目标是明确的,即最大化电压矢量控制集的覆盖范围;同时,相应的缺点也是明显的,即电压矢量控制集的增大将导致 FCS-MPC 的滚动优化次数增加,处理器计算量变大。权衡控制效果和运算负荷这对矛盾,得出单矢量优化的研究思路:增加尽可能少的电压矢量个数,同时取得较好的控制效果。

2. 基于模型的预期电压

基于模型的预期电压是结合电机预测模型、当前状态和跟随的目标状态进行电压求解,理论上所求出的预期电压能够在下一个控制周期实现电机的目标状态的无差拍控制。

该方法实现起来比较简单,只需要对永磁同步电机在 d-q 旋转坐标系下的电压方程直接进行一阶欧拉离散化,并代入 $k+1$ 时刻的参考电流值,即可求出预期电压:

$$\begin{cases} u_{d1}^* = R_s i_{d1}^{(k)} + L_{d1} \dfrac{i_{d1}^{(k+1)} - i_{d1}^{(k)}}{T_s} - \omega_e L_{q1} i_{q1}^{(k)} \\ u_{q1}^* = R_s i_{q1}^{(k)} + L_{q1} \dfrac{i_{q1}^{(k+1)} - i_{q1}^{(k)}}{T_s} + \omega_e L_{d1} i_{d1}^{(k)} + \omega_e \psi_f \\ u_{d3}^* = R_s i_{d3}^{(k)} + L_{d3} \dfrac{i_{d3}^{(k+1)} - i_{d3}^{(k)}}{T_s} - 3\omega_e L_{q3} i_{q3}^{(k)} \\ u_{q3}^* = R_s i_{q3}^{(k)} + L_{q3} \dfrac{i_{q3}^{(k+1)} - i_{q3}^{(k)}}{T_s} + 3\omega_e L_{d3} i_{d3}^{(k)} \end{cases} \quad (6-17)$$

式中 u_{d1}^*,u_{q1}^*,u_{d3}^*,u_{q3}^*——所求的预期电压,V。

上述预期电压求解方法是基于电流的无差拍控制的。此外,预期电压也可通过转矩和磁链的误差控制进行求解,此处不再具体展开。基于预期电压的模型预测控制方法需要引入新的价值函数:

$$\begin{aligned} g = &(u_{d1}^{(k+1)} - u_{d1}^*)^2 + (u_{q1}^{(k+1)} - u_{q1}^*)^2 + \sum \lambda_x X \\ &+ \lambda_u [(u_{d3}^{(k+1)} - u_{d3}^*)^2 + (u_{q3}^{(k+1)} - u_{q3}^*)^2] \end{aligned} \quad (6-18)$$

式中 λ_u——谐波空间电压误差的权重系数,一般设置为 1,如使用虚拟电压矢量进行调控,则设置 $\lambda_u = 0$。

FCS-MPC 需要遍历所有的电压矢量控制集,计算量较大。一些小成本的应用不允许采用高速计算的处理器,因此优化算法、减轻处理器负担、提高响应速度成了必须要面对的现实问题。基于此,可通过求解预期电压、判断其所处的扇区来减少备选电压矢量的个数,以降低控制算法的复杂度。该方法及其思想主要应用在矢量快速筛选和简化控制矢量集的实现中。

3. 基于最优电压几何范围优化

当五相 FSPM 电机驱动系统采用基于虚拟电压矢量的 MPCC 时,采用的矢量控制集包括 10 个虚拟电压矢量以及 1 个零矢量,如图 6-12 所示。如图 6-12(a)所示,在电压空间矢量图上表示出这些矢量,可以看出它们将电压矢量空间均分成 10 个区间,每个区间由两个相邻的虚拟电压矢量和零矢量包围而成。

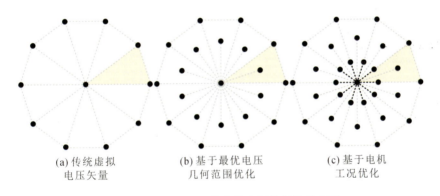

(a) 传统虚拟电压矢量 (b) 基于最优电压几何范围优化 (c) 基于电机工况优化

图 6-12 基于单矢量优化的电压控制集分布图

假设通过模型预测控制的价值函数滚动优化所选择的电压矢量在电压矢量空间的区间中是等概率分布的,则可将基于单矢量优化转化为基于最优电压几何范围优化。基于最优电压几何范围优化方法就是在以上假设的基础上,在每个区间内增加特定的一个或者多个电压矢量,使得区间内任意一个矢量到区间内所设定的所有电压矢量的最大距离达到最小值。

根据以上分析,结合几何学的方法,推导出在每个区间内仅增加一个电压矢量 u_{i+} 的最优解为

$$\begin{cases} |u_{i+}| = 0.6245|u_i| \\ \theta_{u_{i+}} = \theta_{u_i} + \dfrac{\pi}{10} \end{cases} \quad (6\text{-}19)$$

增加后的电压矢量控制集空间分布如图 6-12(b)所示。此时,电压矢量控制集个数由原来的 11 个扩增至 21 个,滚动优化过程的计算负荷也增加。若在每个区间内增加两个基本电压矢量,则基于最优电压几何范围优化法的最优求解计算将较复杂。

此时,系统控制框图可参考图 6-10,仅需对电压矢量进行调整,并以此搭建仿真模型,仿真波形如图 6-13 所示。对仿真结果进行数值分析可知,单矢量优化控制下,转矩脉动为 4.39%,A 相电流 THD 值为 6.48%。

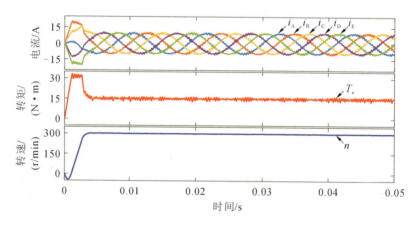

图 6-13 基于单矢量优化的五相 MPCC 系统仿真波形

4. 基于电机工况优化

基于最优电压几何范围优化方法的前提是最优电压矢量是等概率分布的,然而,在电机实际运行过程中,最优电压矢量是与电机的工况(主要是转速和转矩)密切相关的。电机实际运行时主要处于额定工作状态,有时运行于中速或者低速状态。基于以上分析,现进行如下假设:在不考虑弱磁控制下,当电机处于额定工作状态时,电压利用率为 100%。对于本章研究的五相 FSPM 电机,电机参数决定了其稳态工作电压主要由电机转速确定,因此下面主要考虑在额定负载下的中低速和额定转速运行工况。

对于处于稳态额定工作点的电机,其所需的解耦空间电压矢量为一幅值恒定、相角匀速变化的圆形旋转电压矢量,且其幅值达到虚拟电压矢量所构成的正十边形内切圆的半径。同理,若电机处于半速运行状态,可近似认为所需圆形旋转电压矢量幅值减半。

因此,当需要在每个电压矢量区间各增加一个电压矢量时,可按照幅值为上述内切圆半径的 1/2 设置;若需要在每个电压矢量区间各增加两个电压矢量,可按照上述内切圆半径的 1/3 和 2/3 各设置一个电压矢量。基于电机工况优化的电压矢量控制集在电压矢量空间上的分布如图 6-12(c)所示。

6.4.2 双矢量优化

1. 基本原理

双矢量优化是在单矢量优化的基础上,将有限控制集模型预测控制(FCS-MPC)扩展到连续控制集模型预测控制(CCS-MPC),并采用在线矢量合成的方式,在不增加滚动优化计算次数的基础上,提高控制效果。所谓"双矢量",指的就是两个确定的电压矢量,该确定的电压矢量可以是零矢量、基本电压矢量或者虚拟电压矢量。其中,矢量的合成采用在线计算的方式,分别计算出一个周期内两个矢量的作用时间,包括含零矢量的双矢量合成的占空比计算和两个非零矢量的占空比计算,其对应的电压矢量控制集的分布如图 6-14 所示。

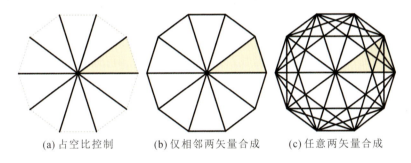

(a) 占空比控制　　(b) 仅相邻两矢量合成　　(c) 任意两矢量合成

图 6-14　基于双矢量优化的电压控制集分布图

单矢量优化方法属于 FCS-MPC 范畴,虽然通过扩大电压矢量控制集可以提高控制效果,但滚动优化次数随之增加,计算负担急剧加大。与之相比,双矢量优化并不增加滚动优化次数,而只增加了每次滚动运算的计算量。但是,两者的核心思想相同,都是为了扩大电压矢量控制集的覆盖范围,从而使局部最优解接近全局最优解。

2. 含零矢量的双矢量合成

(1) 占空比控制。

占空比控制(duty ratio control, DRC)借助了矢量合成的思想，即在每个采样周期内，有效电压矢量仅仅作用于一个采样周期的一部分，而剩余的时间则选择零矢量。有效电压矢量作用时间与整个采样周期的比值称为占空比。FSPM 电机驱动系统在稳态运行时由于电压幅值不匹配会出现较大波动，而加入占空比控制是解决该问题的有效方案。

(2) 解析法。

采用虚拟电压矢量作为基本控制电压，由于在五相 FSPM 电机的谐波空间控制电压为零，因此其预测模型中不再涉及谐波空间的预测，同时采用占空比控制的方式，可以将电流预测模型表示为

$$\begin{cases} i_d^{(k+1)} = (1 - R_s T_s / L_d) i_d^{(k)} + \omega_e R_s L_q i_q^{(k)} / L_d + (T_s / L_d) \gamma u_d^{(k)} \\ \qquad = c_1 + c_2 \gamma u_d^{(k)} \\ i_q^{(k+1)} = (1 - R_s T_s / L_q) i_q^{(k)} - \omega_e (\psi_f + R_s L_d i_d^{(k)} / L_q) + (T_s / L_q) \gamma u_q^{(k)} \\ \qquad = c_3 + c_4 \gamma u_q^{(k)} \end{cases}$$

(6-20)

其中，γ 为占空比；在每个预测周期内，可认为 $c_1 \sim c_4$ 为确定常数。

将式(6-20)代入价值函数 g 的表达式(见式(6-15))中，为了方便简化，令 $\lambda_i = 0, \lambda_x = 0$。为求得使价值函数取最小值的占空比，可通过求导法获得极值点，即令 $\frac{\partial g}{\partial \gamma} = 0$，可得到一个关于占空比 γ 的方程组：

$$\gamma = \frac{(i_d^* - c_1) c_2 u_d^{(k)} + (i_q^* - c_3) c_4 u_q^{(k)}}{(c_2 u_d^{(k)})^2 + (c_4 u_q^{(k)})^2}$$

(6-21)

求解该方程组，即可求得占空比。

需要指出的是，以上求得的占空比结果可能超出[0,1]范围，为了使输出具有实际作用意义，需要对 γ 进行饱和输出处理：当 $\gamma > 1$ 时，令 $\gamma = 1$；当 $\gamma < 0$ 时，令 $\gamma = 0$。

在 MPCC 的滚动优化过程中，占空比控制在具体实现上又有两种方法：第一种方法是先利用价值函数选出最优虚拟电压矢量，然后使用求导法求解出该

矢量下的最优占空比;另一种方法是在每次滚动优化的计算过程中,分别计算出矢量对应的占空比并代入价值函数中寻求最优解。两种方法各有优劣:第一种方法计算复杂度小,但是求得的局部最优解的控制效果较差;第二种方法需要多次进行占空比计算,计算量大,但求得的最优解覆盖范围更广,控制效果更好。在计算能力允许的条件下,本章优先采用第二种方法。

(3) 几何法。

占空比的解析法求解是通过求导得到价值函数的最小值,此时所对应的含占空比控制的虚拟电压矢量就是待求的局部最优输入矢量。在单矢量优化控制中,电压矢量是有限个数的矢量"点";引入占空比控制后,相当于输入电压矢量的矢量长度可以在限定范围内进行伸缩,此时对应的电压矢量控制集的覆盖范围为"线"的形态,如图 6-14(a)所示。

结合电压无差拍控制思想,输出的最优电压矢量应尽量与预期电压矢量相等。单矢量优化就是要在输入电压矢量"点"中找出与预期电压矢量最相近的矢量;而在双矢量优化中,目标是在输入电压矢量"线"中得到与预期电压矢量最相近的矢量。其中,所述"最相近"可使用数学中范数的概念,如无特殊说明,本章中等效为矢量间的距离最短。

经过以上分析,可将求解占空比的问题转化为在电压矢量分布图上找出距离预期电压矢量最近的输入电压矢量。在几何学中,平面上的一个点到直线的最短距离为垂直线长度。因此,可采用几何法求解占空比 γ。

如图 6-15 所示,虚拟电压矢量将空间均分为 10 个扇区,定义[$-\pi/10$, $\pi/10$]为扇区一,每个扇区角度为 $\pi/5$,逆时针递推,扇区号用 N 表示。以预期电压矢量 u_s^* 位于 $N=2$ 的扇区为例,可快速选定扇区内的虚拟电压矢量 u_2 作为待优化矢量;然后,将预期电压矢量在选定虚拟电压矢量上的投影作为所需等效虚拟电压矢量 γu_2,其与虚拟电压矢量幅值的比值即占空比:

$$\gamma = \frac{|u_s^*|\cos(\theta_u^* - \theta_N)}{|u_i|} \qquad (6-22)$$

式中 θ_u^* ——预期电压矢量的空间相位角,rad;

θ_N ——扇区 N 的空间相位角,rad,$\theta_N = (N-1)\frac{\pi}{5}$;

γ ——占空比,同样需要限制在[0,1]区间。

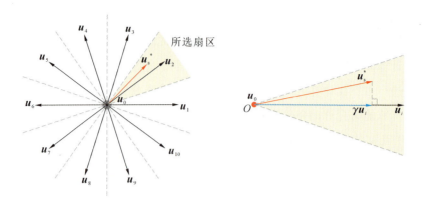

图 6-15　基于几何法的占空比优化

该方法可以大大简化预测时间,并快速计算出合理的占空比,能有效抑制转矩脉动。基于该方法搭建的系统框图与图 6-10 框架一致,只是在价值函数优化和调制环节加入了占空比计算模块。

(4) 仿真结果。

根据基于占空比优化的五相电机 MPCC 系统框图搭建仿真模型,其对应的仿真波形如图 6-16 所示。对仿真结果进行数值分析,具体如下:

① 在采用解析法求占空比的 MPCC 优化算法控制下,转矩脉动为 3.81%,A 相电流 THD 为 5.35%;

② 在采用几何法求占空比的 MPCC 优化算法控制下,转矩脉动为 3.81%,A 相电流 THD 为 5.49%。

3. 任意双矢量合成

在含有零矢量的双矢量合成中,零矢量的作用主要在于调整非零矢量的大小,但不能改变矢量方向,这就限制了最终合成电压矢量的覆盖范围。为了提高电机的稳态性能,在含零矢量的双矢量合成的基础上,现进一步扩展了两个非零矢量的合成。若单矢量控制集中的矢量个数为 n,则任意双矢量的组合方式有 $C_n^2 = n(n-1)/2$ 种,这将造成巨大的计算负担。因此,必须对矢量的组合方式有所选择,以达到控制性能和均衡计算复杂度的目的,因此本章仅选取相邻矢量进行矢量合成。如图 6-14(b) 和 (c) 所示,增加了虚拟电压矢量末端连接的"线"矢量,电压矢量控制集的覆盖范围进一步提升。

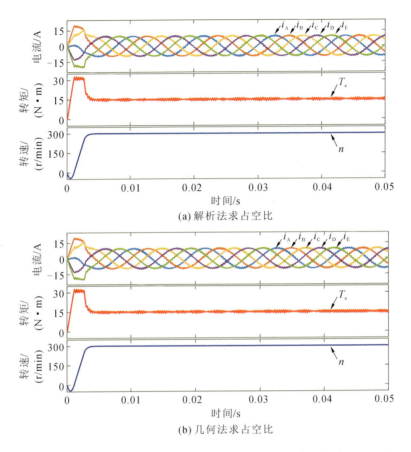

(a) 解析法求占空比

(b) 几何法求占空比

图 6-16 基于占空比优化的五相电机 MPCC 系统仿真波形

(1) 解析法。

文献[13]针对三相感应电机的模型预测控制,提出了一种多矢量合成方法。该方法借鉴了矢量控制中空间矢量调制(space vector modulation,SVM)的方法,可将所求的预期电压矢量分解为两个相邻的非零矢量和一个零矢量,并根据三个矢量的作用时间,选定其中两个矢量重新调整作用时间进行合成,达到合成矢量与使预期电压矢量误差最小的条件。本章在此基础上,将此方法进一步扩展,推导出五相 FSPM 电机模型预测控制中任意双矢量合成的解析法。

在五相 FSPM 电机的 SVM 控制中,预期电压矢量可表示为

$$\boldsymbol{u}_s^* T_s = \boldsymbol{u}_i T_1 + \boldsymbol{u}_{i+1} T_2 + \boldsymbol{u}_0 T_0 \quad (6\text{-}23)$$

式中:$\boldsymbol{u}_i$ 和 $\boldsymbol{u}_{i+1}$ 为相邻的两个虚拟电压矢量;$\boldsymbol{u}_0$ 为零矢量;T_1、T_2 和 T_0 为对应

矢量在每个控制周期内的作用时间。

以预期电压矢量 $\boldsymbol{u}_s^*$ 位于第一个扇区为例，即 $\theta_u^* \in [0, \pi/5)$，选择虚拟电压矢量 $\boldsymbol{u}_i$、$\boldsymbol{u}_{i+1}$ 和零矢量 $\boldsymbol{u}_0$ 为分解矢量，它们在每个周期内的作用时间为

$$\begin{cases} T_1 = \dfrac{|\boldsymbol{u}_s^*| T_s}{|\boldsymbol{u}_i| \sin(\pi/5)} \sin\left(\dfrac{\pi}{5} - \theta_u^*\right) \\ T_2 = \dfrac{|\boldsymbol{u}_s^*| T_s}{|\boldsymbol{u}_i| \sin(\pi/5)} \sin\theta_u^* \\ T_0 = T_s - T_1 - T_2 \end{cases} \qquad (6\text{-}24)$$

若采用三个矢量中的任意两个矢量，矢量作用时间需改变。调整后，三个矢量的作用时间分别为 T_0'、T_1' 和 T_2'，仍满足 $T_0' + T_1' + T_2' = T_s$，且其中某个作用时间为零。采用解析法进行计算，可得出以下结论。

① 若令 $T_0' = 0$，最小预期电压误差 $|\boldsymbol{\varepsilon}_u| = \dfrac{T_0}{T_s} |\boldsymbol{u}_i| \cos\dfrac{\pi}{10}$，此时满足：

$$\begin{cases} T_1' = T_1 + T_0/2 \\ T_2' = T_2 + T_0/2 \end{cases} \qquad (6\text{-}25)$$

② 若令 $T_1' = 0$，最小预期电压误差 $|\boldsymbol{\varepsilon}_u| = \dfrac{T_1}{T_s} |\boldsymbol{u}_i| \sin\dfrac{\pi}{5}$，此时满足：

$$\begin{cases} T_2' = T_2 + T_1 \cos(\pi/5) \\ T_0' = T_s - T_2' \end{cases} \qquad (6\text{-}26)$$

③ 若令 $T_2' = 0$，最小预期电压误差 $|\boldsymbol{\varepsilon}_u| = \dfrac{T_2}{T_s} |\boldsymbol{u}_i| \sin\dfrac{\pi}{5}$，此时满足：

$$\begin{cases} T_1' = T_1 + T_2 \cos(\pi/5) \\ T_0' = T_s - T_1' \end{cases} \qquad (6\text{-}27)$$

因此，只需判断 $\min\left\{T_1, T_2, \dfrac{2T_0}{\sqrt{5}-1}\right\}$，根据最小值即可快速计算出矢量调整后的作用时间。例如，当 T_1 为最小值时，选中的矢量为 $\boldsymbol{u}_{i+1}$ 和 $\boldsymbol{u}_0$，然后按照上述结论②计算出 T_2' 和 T_0'；同理，可求得其他情况。

（2）几何法。

双矢量合成的解析法计算过程中，先通过 SVM 方法求解出三矢量的作用时间，再通过删去一个矢量得到双矢量的作用时间。该方法从本质上来说，在计算复杂度和控制效果上都不如直接采用三矢量合成预期电压的控制方式。

基于几何法的任意双矢量合成的电压矢量控制集进一步扩大。虚拟电压矢量将空间均分为 10 个扇区,定义 $[0,\pi/5)$ 为扇区一,每个扇区角度为 $\pi/5$,逆时针递推,扇区号用 N 表示。以 θ_u^* 位于扇区一为例,选择的备选电压矢量为 u_1、u_2 和 u_0。若选择的两个矢量为 u_1 和 u_0,则通过作用时间可以控制合成矢量末端为矢量 u_1 所在迹线上的任意一点;若选择的两个矢量为 u_2 和 u_0,则通过作用时间可以控制合成矢量末端为矢量 u_2 所在迹线上的任意一点;若选择的两个矢量为 u_1 和 u_2,则通过作用时间可以控制合成矢量末端为矢量 u_1 和 u_2 末端连线上的任意一点。由此可知,通过两个电压矢量可以确定扇区内一个电压矢量三角形的三条边。

模型预测控制的工作原理就是以上述电压矢量集作为输入变量,求解出使价值函数达到最小值的电压。结合预期电压控制的思想,模型预测控制的滚动优化过程可转化为在电压矢量集组成的三角形区间内,从三角形的边线上找到一矢量"点",它与三角形内的预期电压矢量"点"距离最近——这正是基于几何法的双矢量合成的基本思想。

基于该思想,可以引入几何学中三角形的内心概念。如图 6-17 所示,以 θ_u^* 位于 $N=i$ 的扇区为例,通过连接内心 O 与 $\triangle ABC$ 端点,可将三角形分割成三个小的三角形区域:区域 I 由矢量 u_i、u_0 和 O 点构成,对应于 $\triangle ABO$;区域 II 由矢量 u_{i+1}、u_0 和 O 点构成,对应于 $\triangle ACO$;区域 III 由矢量 u_i、u_{i+1} 末端端点和 O 点构成,对应于 $\triangle BCO$。此外,区域 III+ 为过调制区。

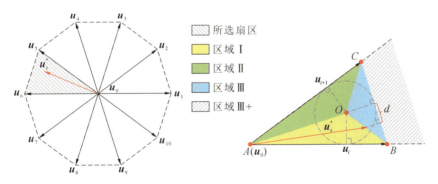

图 6-17 基于几何法的双矢量优化

根据三角形内心的几何性质,位于 $\triangle ABO$ 内的任意一个点,到 $\triangle ABC$ 三条边的距离最近的点必然位于线段 AB 上。进而可以推导出,当预期电压 u_s^* 处于区域Ⅰ内时,选择的两个电压矢量为 u_i、u_0,并采用投影法进行矢量作用时间的求解。同理,u_s^* 处于区域Ⅱ内时,选择 u_{i+1} 和 u_0 进行矢量合成;u_s^* 处于区域Ⅲ或者区域Ⅲ+内时,选择 u_i 和 u_{i+1} 进行矢量合成。

两个矢量作用时间的求解方法与基于几何法的占空比优化相同,均根据几何投影法进行计算,即过矢量 u_s^* 末端端点向在三角形选定的边上作垂线,占空比可由 u_s^* 在该边上的投影长度与该边长度的比值确定,且两个所选电压矢量的作用时间总和应为控制周期。

(3) 仿真结果。

搭建双矢量优化仿真模型,其对应的仿真波形如图 6-18 所示。

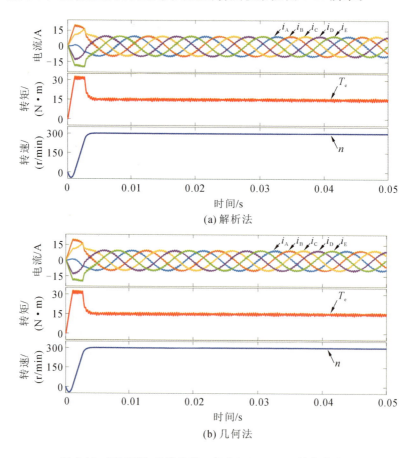

图 6-18 基于双矢量优化的五相电机 MPCC 系统仿真波形

对仿真结果进行数值分析,具体如下:

① 在采用解析法的 MPCC 双矢量优化算法控制下,转矩脉动为 4.30%,A 相电流 THD 为 5.29%;

② 在采用几何法的 MPCC 双矢量优化算法控制下,转矩脉动为 4.23%,A 相电流 THD 为 5.29%。

6.4.3 多矢量优化

由 SVM 理论可知,任意两个非线性相关的非零矢量和一个零矢量根据作用时间调整,可以合成调制空间内的任意一个矢量,如图 6-19 所示。

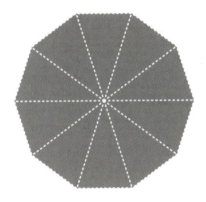

图 6-19 基于多矢量优化的电压控制集分布图

将多矢量合成的电压矢量控制集作为输入电压,引入图 6-10 所示的五相 FSPM 电机的模型预测电流控制系统中,并搭建仿真模型,得到的仿真波形如图 6-20 所示。经数据分析可知,在采用多矢量优化的 MPCC 策略控制下,转矩

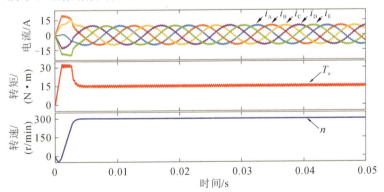

图 6-20 基于多矢量优化的五相电机 MPCC 系统仿真波形

脉动为 4.36%,A 相电流 THD 为 5.49%。

采用多矢量优化的方法直接将 SVM 技术应用到模型预测控制中,在一定程度上削弱了 MPC 控制器控制直接、设计便捷的优势。值得一提的是,在模型预测控制算法中,利用 SVM 实现预期电压的方式将使 MPC 在非线性约束上特有的优势完全丧失,并沦为电机无差拍控制的一种实现方式。

6.4.4 实验验证

下面将在上述理论分析和仿真实验的基础上,进行相关实验平台设计、搭建与实验验证。首先,对五相电机驱动系统进行软硬件设计,搭建样机实验平台;然后,对上文提到的算法逐一进行实验验证。

1. 硬件设计

根据五相 FSPM 电机调速控制系统框图(见图 6-10),可得到实现相应功能所需的硬件电路组成,如图 6-21 所示。

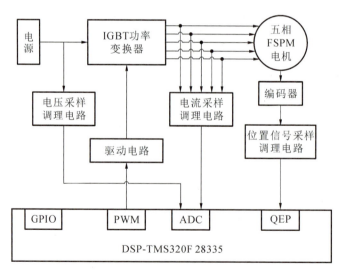

图 6-21 基于 DSP-TMS320F 28335 的五相电机驱动系统硬件电路

由图 6-21 可知,驱动系统的硬件电路需要实现三大功能:输入信号、处理信号和输出信号。其中,输入信号由采样调理电路实现,处理信号由一块集成了 TMS320F 28335 的 DSP 最小系统板实现,输出信号则由一块 IGBT 驱动板实现,如图 6-22、图 6-23 所示。

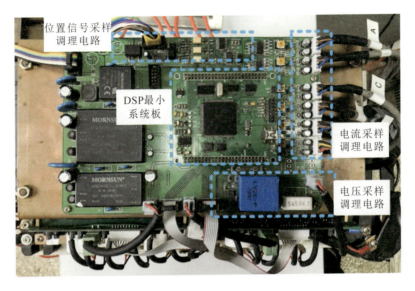

图 6-22 采样调理电路及 DSP 最小系统板

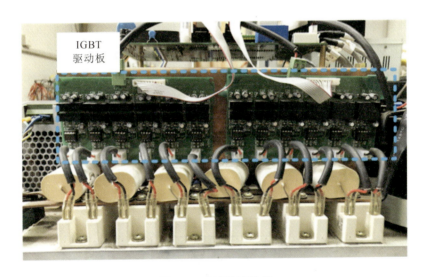

图 6-23 IGBT 驱动板

2. 软件设计

驱动系统软件需要实现三大功能,分别为信号采集与换算、算法执行和指令输出。具体而言,信号采集与换算模块需要对硬件电路采集得到的电流、电压和电角度信号进行换算处理,修正采样偏置值,从而获得系统反馈信号的真实值;算法执行模块为软件的重要组成部分,其需要根据设计的控制算法,结合处理得到的反馈信号,生成逆变器下一时刻动作指令;指令输出模块则需要根据动作指令,利用相关外设输出具体指令给逆变器,从而使算法计算结果得以准确执行。

图 6-24 给出了五相电机驱动系统软件流程图。在起始阶段,程序需要初始化 GPIO 端口配置、ePWM 模块、eQEP 模块、ADC 模块、DAC 模块以及所有需要用到的函数与变量。然后,使能 ePWM 的 TripZone 模块,配置中断向量表,使能中断。然后,进入主程序,执行空循环语句,等待中断的到来。中断程序分为主中断程序和副中断程序,均由 ePWM 模块触发。当触发信号来临时,首先执行副中断程序,完成相电流的采样,并对电流采样实际值与零之间的偏差进行计算。随后进入主中断程序,对相电流和母线电压测量值进行进一步的处理,通过 eQEP 模块对电机实际转速进行计算,进而由转速 PI 控制器计算得到电流 q 轴分量参考值,将电流实际值与参考值纳入考虑范围,经过设计的控制算法,计算得到五相 PWM 开关信号和占空比信号,再经 GPIO 外设配置,输出指令到逆变器中。至此,中断结束,程序重新回到主程序,等待下一中断到来。图 6-25 为中断程序执行流程图。

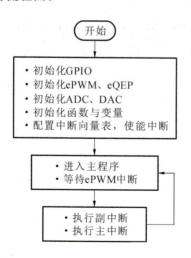

图 6-24 五相电机驱动系统软件流程图

3. 实验平台

图 6-26 给出了五相 FSPM 样机实验平台,实验样机采用一台五相 20 槽 18

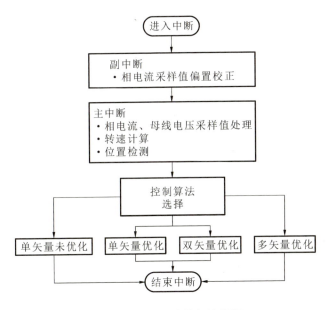

图 6-25　中断程序执行流程图

极 FSPM 电机,电机通过联轴器与负载相连,负载为一台磁粉制动器,中间装设了一台转速转矩观测装置,以方便转速和转矩数据的实时读取。实验电机参数与仿真电机参数一致。

图 6-26　五相 FSPM 电机实验平台

图 6-27 给出了五相 FSPM 电机在基于电压矢量优化的改进型 MPCC 策略控制下的实验波形，其中占空比优化和双矢量优化都是基于几何法实现的。根据图 6-27 和表 6-3 可知，改进型 MPCC 策略相较 MPCC 策略的控制效果有了显著提高。其中，单矢量优化方法和占空比优化方法的控制效果相近；双矢量优化方法的控制效果比占空比优化方法略微高一些；双矢量优化方法和多矢量优化方法则各有优势。该结果验证了上述理论，与仿真结果一致。

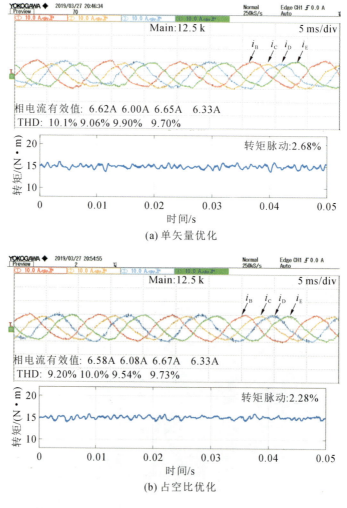

(a) 单矢量优化

(b) 占空比优化

图 6-27 五相 FSPM 电机在改进型 MPCC 策略控制下正常运行时的实验波形

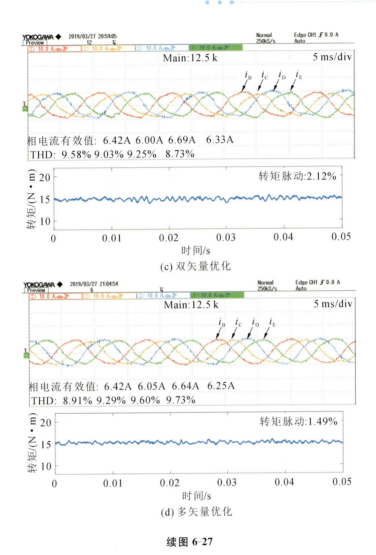

续图 6-27

表 6-3 五相 FSPM 电机在改进型 MPCC 策略控制下正常运行时的实验数据

MPCC 策略	相电流平均 THD	转矩脉动
未优化	14.40%	5.06%
单矢量优化	9.69%	2.68%
占空比优化	9.62%	2.28%
双矢量优化	9.15%	2.12%
多矢量优化	9.38%	1.49%

6.4.5 方法对比与分析

6.4 节针对五相 PMSM 驱动系统提出了基于电压矢量优化的改进型 MPCC 方法,包括单矢量优化、占空比优化、双矢量优化和多矢量优化四大类,在实现方式上又分为解析法和几何法,最终进行了六组仿真实验。分析仿真波形和实验数据,可初步得出以下结论。

(1) 解析法和几何法在占空比优化、双矢量优化的应用中,虽然实现方式不同,但控制效果几乎相同,两者的区别主要体现在运算负荷、可移植性和算法灵活性上。

(2) 从转矩脉动上看,占空比优化方法的表现最为稳定。而双矢量优化可作为占空比优化的补充,其优势主要体现在满载运行工况下,而在其他某些工况下其控制性能甚至不如占空比优化。多矢量优化和双矢量优化存在相同的问题,推测是由于这两种方法对参数敏感性更强。

(3) 从相电流平均 THD 来看,单矢量优化控制下 THD 略大于其他优化方法控制下的 THD。但是相比于优化前,单矢量优化方法的控制效果提升明显,只是不可避免地会带来更大的运算负荷。

此外,在进行电压矢量优化的过程中,我们忽略了模型预测控制的价值函数中其他约束项的影响。若考虑其他约束条件,则 6.4 节提出的单矢量优化方法可直接使用,而基于解析法的占空比优化方法修改后也可使用;然而,所提的任意双矢量优化方法和多矢量优化方法则难以直接考虑其他约束条件,特别是在基于几何法的实现方式下。但是,不可因此而全盘否定电压矢量优化方法,其思想可与其他优化策略相结合,以提高电机模型预测控制系统的实用性。

6.5 参数敏感性及系统稳定性分析

MPCC 算法具备一个显著特点,即能够利用系统预测模型得到最优输入信号,因此 MPCC 算法对模型的依赖程度非常高。然而在一些系统中,其参数会随着运行工况的变化而改变,且在一些情况下很难得到系统的准确参数,因此,研究、分析 MPCC 算法在电机参数偏差下的性能特点十分重要。

当前主要的学术研究,都只针对某一特定的 MPCC 算法进行参数敏感性和系统稳定性分析。本章则将两大类 MPCC 算法纳入分析范围,包括常规 MPCC 算法和 DB-MPCC(deadbeat-model predictive current control,无差拍模型预测电流控制)算法。在分析常规 MPCC 算法参数敏感性问题时,考虑该算法存在非线性约束,因此采用预测电流偏差分析法。在分析 DB-MPCC 算法参数敏感性问题时,推导得到实际电流与参考电流之间的传递函数,从而总结出不同参数偏差对电流偏差的影响,还进一步通过系统根轨迹分析系统稳定性,为后续的抗干扰控制及扰动观测器的设计提供参考。

6.5.1 常规 MPCC 算法敏感性分析

常规 MPCC 算法包含预测模型和价值函数两部分,而价值函数为非线性的,所以常规 MPCC 算法的实现过程包含非线性部分,此时传统根轨迹分析法不再适用。基于此,下文将从预测模型的角度分析参数偏差的影响,而不从闭环系统稳定性的角度展开分析。

在电机实际运行过程中,受温度、电机饱和程度和永磁体失磁等因素的影响,电机的真实参数并不等于标称参数[11-14]。同时,电机参数的测量也存在误差,这将进一步加剧电机参数的偏差。参数偏差的存在会导致常规 MPCC 算法的预测电流偏差,进而导致实际电流与参考电流之间存在静差,当参数偏差过大时,会威胁到整个闭环控制系统的稳定性。

1. 参数敏感性

为方便分析,把运行过程中电机参数的实际值分别用 L_s、R_s 和 ψ_f 表示,而电机铭牌上的参数标称值用 L_{s0}、R_{s0} 和 ψ_{f0} 表示,并且令参数偏差 $\Delta R_s = R_{s0} - R_s$,$\Delta L_s = L_{s0} - L_s$,$\Delta \psi_f = \psi_{f0} - \psi_f$,$\Delta R_s$、$\Delta L_s$ 和 $\Delta \psi_f$ 表示电机参数标称值与实际值间的偏差。

当电机参数标称值与实际值间不存在偏差时,预测电流表达式为式(6-12)。当电机参数标称值与实际值间存在偏差时,预测电流 $\tilde{i}(k+1)$ 公式如下:

$$\tilde{i}(k+1) = (\boldsymbol{I} + \boldsymbol{M}T_s)\boldsymbol{i}(k) + \boldsymbol{N}T_s(\boldsymbol{u}(k) - \boldsymbol{d}(k)) \qquad (6-28)$$

其中

$$\boldsymbol{d} = \begin{bmatrix} d_{d1} & d_{q1} \end{bmatrix}^\mathrm{T} = \begin{bmatrix} 0 & \psi_f \omega_e \end{bmatrix}^\mathrm{T}$$

$$M = -m_1 \boldsymbol{I} + m_2 \boldsymbol{P}, \quad \boldsymbol{N} = n_1 \boldsymbol{I}$$

$$m_1 = \frac{R_s}{L_s}, \quad m_2 = \omega_e, \quad n_1 = \frac{1}{L_s}$$

电机参数偏差导致的预测电流误差分别用 $\Delta i_{d1}^{\mathrm{pre}} = \widetilde{i_{d1}} - i_{d1}$，$\Delta i_{q1}^{\mathrm{pre}} = \widetilde{i_{q1}} - i_{q1}$ 表示，则有

$$\begin{cases} \Delta i_{d1}^{\mathrm{pre}}(k+1) = \dfrac{L_{s0}\Delta R_s - R_{s0}\Delta L_s}{L_{s0}(L_{s0}-\Delta L_s)} T_s i_{d1}(k) + \dfrac{\Delta L_s}{L_{s0}(L_{s0}-\Delta L_s)} T_s u_{d1}(k) \\ \Delta i_{q1}^{\mathrm{pre}}(k+1) = \dfrac{L_{s0}\Delta R_s - R_{s0}\Delta L_s}{L_{s0}(L_{s0}-\Delta L_s)} T_s i_{q1}(k) + \dfrac{\Delta L_s}{L_{s0}(L_{s0}-\Delta L_s)} T_s u_{q1}(k) \\ \qquad + \dfrac{\omega_e T_s}{L_{s0}(L_{s0}-\Delta L_s)} (L_{s0}\Delta\psi_f - \psi_{f0}\Delta L_s) \end{cases}$$

(6-29)

式(6-29)表明，预测电流误差与电阻、电感和磁链参数偏差均有关。其中，电感参数偏差对预测电流误差的影响相对更大，而磁链参数偏差主要影响 i_{q1} 预测电流误差。为了深入分析，下面分别对单个参数偏差下预测电流误差的情况展开讨论。

若仅存在电阻参数偏差，即 $\Delta R_s \neq 0$，$\Delta L_s = \Delta\psi_f = 0$，则式(6-29)可简化为

$$\begin{cases} \Delta i_{d1}^{\mathrm{pre}}(k+1) = \dfrac{\Delta R_s}{L_{s0}} T_s i_{d1}(k) \\ \Delta i_{q1}^{\mathrm{pre}}(k+1) = \dfrac{\Delta R_s}{L_{s0}} T_s i_{q1}(k) \end{cases}$$

(6-30)

由于采用 $i_{d1}=0$ 控制，i_{d1} 数值非常小，故电阻参数偏差对 i_{d1} 预测误差的影响非常小，对 i_{q1} 预测误差的影响也相对较小。实验中，T_s 取 1×10^{-4} s，当电阻偏差在一倍范围以内时，即 $\Delta R_s < R_s$，则 $\dfrac{\Delta R_s}{L_{s0}} T_s < 0.04$，因此电阻参数偏差对 i_{q1} 预测误差的影响相对较小。

若仅存在电感参数偏差，即 $\Delta L_s \neq 0$，$\Delta R_s = \Delta\psi_f = 0$，则式(6-29)可简化为

$$\begin{cases} \Delta i_{d1}^{\mathrm{pre}}(k+1) = \dfrac{-R_{s0}\Delta L_s}{L_{s0}(L_{s0}-\Delta L_s)} T_s i_{d1}(k) + \dfrac{\Delta L_s}{L_{s0}(L_{s0}-\Delta L_s)} T_s u_{d1}(k) \\ \Delta i_{q1}^{\mathrm{pre}}(k+1) = \dfrac{-R_{s0}\Delta L_s}{L_{s0}(L_{s0}-\Delta L_s)} T_s i_{q1}(k) + \dfrac{\Delta L_s}{L_{s0}(L_{s0}-\Delta L_s)} T_s u_{q1}(k) \\ \qquad + \dfrac{\omega_e T_s}{L_{s0}(L_{s0}-\Delta L_s)} (-\psi_{f0}\Delta L_s) \end{cases}$$

(6-31)

可以看出，电感参数偏差对 i_{d1} 和 i_{q1} 预测误差均造成较大影响。以 $\Delta i_{d1}^{\mathrm{pre}}(k+1)$ 为例进行分析，当电感偏差增大，即 ΔL_s 增大时，$u_{d1}(k)$ 项的系数中，分子 ΔL_s 增大，分母 $L_{s0}(L_{s0}-\Delta L_s)$ 减小，即该项系数增大得更快，$\Delta i_{d1}^{\mathrm{pre}}(k+1)$ 增大得更多。同理可得，当 ΔL_s 增大，q_1 轴预测电流偏差 $\Delta i_{q1}^{\mathrm{pre}}(k+1)$ 也在以更快的速度增大。

若仅存在磁链参数偏差，即 $\Delta\psi_f\neq 0$，$\Delta R_s=\Delta L_s=0$，式(6-29)可简化为

$$\begin{cases}\Delta i_{d1}^{\mathrm{pre}}(k+1)=0\\ \Delta i_{q1}^{\mathrm{pre}}(k+1)=\dfrac{\omega_e T_s}{L_{s0}}\Delta\psi_f\end{cases} \quad (6\text{-}32)$$

可以看出，磁链参数偏差对 i_{d1} 预测误差不产生影响，仅影响 i_{q1} 预测误差，且两者之间高度正相关。

2. 仿真结果

前文分析了电机参数偏差对预测电流误差的影响，下面通过仿真实验进一步得出不同参数偏差下的预测电流误差情况。

图 6-28～图 6-30 分别给出了在 300 r/min、5 N·m 的运行工况下，电机电阻、电感和磁链参数对预测电流误差影响的仿真结果。如图 6-28 所示，电阻参数偏差主要影响 q_1 轴预测电流，对 d_1 轴预测电流影响甚微，但是整体而言，电阻参数偏差对预测电流的影响非常小。如图 6-29 所示，电感参数偏差对 d_1 轴和 q_1 轴预测电流误差均产生了较大影响。在 L_{s0}/L_s 从小到大的变化过程中，i_{q1} 预测误差从 −0.6 A 逐渐增大至 0.2 A，而 i_{d1} 预测误差则呈现出相反的变化趋势，从 1.8 A 迅速减小至 −0.4 A，d_1 轴和 q_1 轴预测电流误差曲线在横坐标为 1 的位置相交，此时预测电流误差均为 0，表明此时所有参数均不存在偏差，预测电流误差也不存在。如图 6-30 所示，磁链参数偏差仅影响 q_1 轴预测电流误差，且两者呈正相关关系，这与前述的理论分析一致。

综上所述，在常规 MPCC 控制中，电阻参数偏差对预测电流误差的影响最小，电感参数偏差对预测电流误差的影响最大，而磁链参数偏差仅影响 q_1 轴预测电流误差。总体而言，参数偏差对电流预测产生的影响，会传递到价值函数中，造成价值函数在最优电压矢量筛选上产生偏差，最终导致实际电流偏差，恶化控制系统性能。

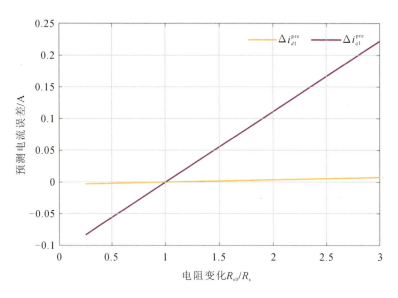

图 6-28　电机电阻参数偏差对预测电流误差的影响

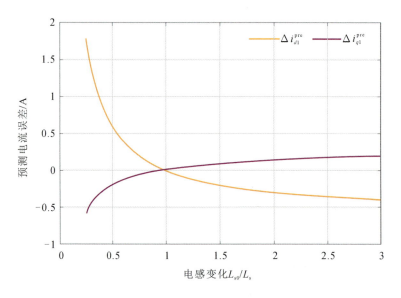

图 6-29　电机电感参数偏差对预测电流误差的影响

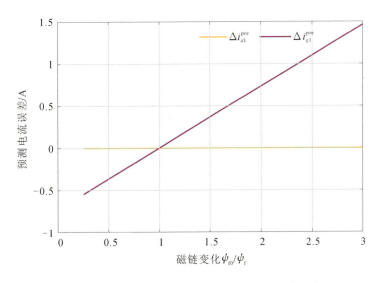

图 6-30 电机磁链参数偏差对预测电流误差的影响

6.5.2 DB-MPCC 算法参数敏感性及系统稳定性分析

6.5.1 节分析了常规 MPCC 算法的参数敏感性。而 DB-MPCC 算法对模型精确程度的要求更高,换言之,DB-MPCC 算法对模型的依赖程度更高,一旦模型参数存在偏差,将导致实际电流相对参考值出现静差,并且有可能影响系统的稳定性。

1. 参数敏感性

电机参数标称值与实际值间存在偏差,会影响计算的无差拍电压的准确性,此时整个系统的执行逻辑如下:先运用控制器中的标称参数计算无差拍电压,将无差拍电压作用在被控系统上,被控系统按照实际参数运行,并反馈电流、电压和相位角等数据给控制器,然后不断重复上述过程。系统等效框图如图 6-31 所示。

由图 6-31 可得,被控系统的响应电流 $i^r(k+1)$ 可表示为

$$i^r(k+1) = (I + MT_s)i(k) + NT_s(u^{ref}(k) - d(k)) \quad (6-33)$$

无差拍电压 $u^{ref}(k)$ 计算公式同式(6-17),将式(6-17)代入式(6-33),可得 $k+1$ 时刻被控系统响应电流 $i^r(k+1)$ 与参考值之间的关系:

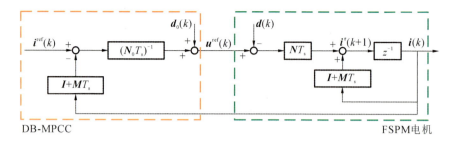

图 6-31　DB-MPCC 控制系统等效框图

$$\begin{cases} i_{d1}^r(k+1) = \dfrac{L_{s0}}{L_s} i_{d1}^{ref}(k+1) + \left(\dfrac{\Delta R_s T_s - \Delta L_s}{L_s}\right) i_{d1}(k) + \dfrac{-\Delta L_s T_s \omega_e(k)}{L_s} i_{q1}(k) \\ i_{q1}^r(k+1) = \dfrac{L_{s0}}{L_s} i_{q1}^{ref}(k+1) + \left(\dfrac{\Delta R_s T_s - \Delta L_s}{L_s}\right) i_{q1}(k) + \dfrac{-\Delta L_s T_s \omega_e(k)}{L_s} i_{d1}(k) \\ \qquad\qquad + \dfrac{T_s \Delta \psi_f}{L_s} \omega_e(k) \end{cases}$$

(6-34)

由式(6-34)可得,任一参数偏差均会对下一时刻的电流产生影响,使之不等于其参考值,从而导致电流静差的出现。其中,磁链参数偏差项 $\Delta\psi_f$ 仅影响 q_1 轴电流,而其他两个参数偏差均会导致 d_1、q_1 轴电流静差的出现。与常规 MPCC 算法的参数敏感性进行对比分析,可以发现 DB-MPCC 算法中,参数偏差的影响更直接,即会直接导致实际电流静差的出现,影响控制系统稳态性能和稳定性;而参数偏差对常规 MPCC 的影响较为间接,它会导致电流预测模型出现偏差,进而导致预测电流偏差的出现,且不一定导致实际电流静差的出现。

从式(6-34)中还可发现,如果每个参数都不存在偏差,则 $i_{d1}^r(k+1) = i_{d1}^{ref}(k+1)$,$i_{q1}^r(k+1) = i_{q1}^{ref}(k+1)$,即可以实现理论上的电流无静差跟踪控制。

2. 系统稳态分析

控制器电机参数与实际电机参数存在偏差,会导致 DB-MPCC 控制中存在电流静差,文献[15]对这一问题有所讨论,但其并未对电流静差的产生进行理论分析。

在控制系统稳态运行过程中,因为采样周期足够短,可以认为相邻采样周期的电流相等,所以可以假定:

$$\begin{cases} i_{d1}^{\mathrm{r}}(k+1) = i_{d1}(k) \\ i_{q1}^{\mathrm{r}}(k+1) = i_{q1}(k) \end{cases} \tag{6-35}$$

将式(6-35)代入式(6-34)，可得：

$$\begin{cases} i_{d1}^{\mathrm{r}}(k+1) - i_{d1}^{\mathrm{ref}}(k+1) = \dfrac{\Delta R_{\mathrm{s}} T_{\mathrm{s}}}{L_{\mathrm{s0}}} i_{d1}(k) + \dfrac{-\Delta L_{\mathrm{s}} T_{\mathrm{s}} \omega_{\mathrm{e}}(k)}{L_{\mathrm{s0}}} i_{q1}(k) \\ i_{q1}^{\mathrm{r}}(k+1) - i_{q1}^{\mathrm{ref}}(k+1) = \dfrac{\Delta R_{\mathrm{s}} T_{\mathrm{s}}}{L_{\mathrm{s0}}} i_{q1}(k) + \dfrac{-\Delta L_{\mathrm{s}} T_{\mathrm{s}} \omega_{\mathrm{e}}(k)}{L_{\mathrm{s0}}} i_{d1}(k) + \dfrac{T_{\mathrm{s}} \Delta \psi_{\mathrm{f}}}{L_{\mathrm{s0}}} \omega_{\mathrm{e}}(k) \end{cases} \tag{6-36}$$

式(6-36)表明，电流静差的产生与电机参数偏差密切相关，其中 d_1 轴电流静差由两项电机参数偏差产生，因采用 $i_{d1}=0$ 控制方式，第一项电阻参数偏差的影响较小，而第二项电感参数偏差项对 d_1 轴电流静差的影响较大；q_1 轴电流静差则由三项电机参数偏差产生，即 q_1 轴电流稳态误差受参数偏差的影响更大。

(1) 单参数偏差。

在 Simulink 中进行不同参数偏差下 DB-MPCC 算法的稳态性能仿真实验，电机运行工况为 300 r/min、5 N·m，得到仿真波形，如图 6-32～图 6-34 所示。

图 6-32～图 6-34 分别为控制器存在电阻参数偏差、电感参数偏差和磁链参数偏差时 DB-MPCC 算法的稳态性能仿真波形。从图 6-32 中可以发现，当电阻参数比值 $R_{\mathrm{s0}}/R_{\mathrm{s}}$ 为 0.5 或 2 时，q_1 轴电流实际值 i_{q1} 与参考值 i_{q1}^{ref} 之间出现稳态误差。具体而言，当控制器电阻参数比值 $R_{\mathrm{s0}}/R_{\mathrm{s}}=0.5$ 时，q_1 轴电流实际值比参考值小；当控制器电阻参数比值 $R_{\mathrm{s0}}/R_{\mathrm{s}}=2$ 时，q_1 轴电流实际值大于参考值，即此时 q_1 轴电流稳态误差出现"正负反向"。在控制器电阻参数偏差下 DB-MPCC 算法的稳态性能仿真过程中，d_1 轴电流几乎没有发生变化，d_1 轴电流不存在稳态误差，这部分仿真结果与前文理论分析结果基本一致。

如图 6-33 所示，当电感参数存在偏差时，电流 i_{d1}、i_{q1} 与相应参考值之间均出现不同程度的电流静差。具体而言，当电感参数比值 $L_{\mathrm{s0}}/L_{\mathrm{s}}=0.5$ 时，d_1 轴电流实际值大于参考值；当电感参数比值 $L_{\mathrm{s0}}/L_{\mathrm{s}}=2$ 时，q_1 轴电流实际值小于参考值，同时电流 i_{d1}、i_{q1} 均出现较大的振荡，说明控制器电感参数偏差大会影响系统稳定性，造成 d_1、q_1 轴电流振荡。参数偏差下 DB-MPCC 系统的稳定性问题将在后面展开具体讨论。

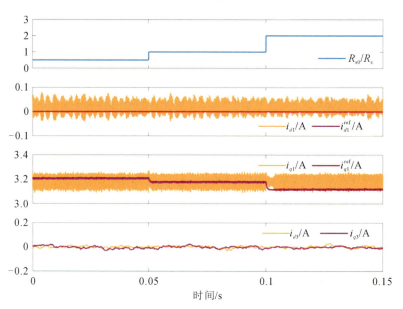

图 6-32　DB-MPCC 算法在电阻参数偏差下的稳态性能仿真波形

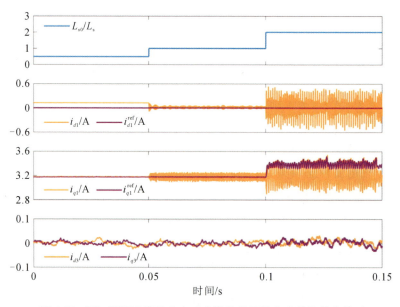

图 6-33　DB-MPCC 算法在电感参数偏差下的稳态性能仿真波形

如图 6-34 所示，当磁链参数存在偏差时，q_1 轴电流实际值与其参考值之间出现较大的静差，并且当磁链参数比值偏大和偏小时，q_1 轴电流稳态误差也存在"反向"现象,这与前述理论分析一致。在磁链参数偏差下 DB-MPCC 算法的稳态性能仿真过程中,d_1 轴电流几乎不存在稳态误差。

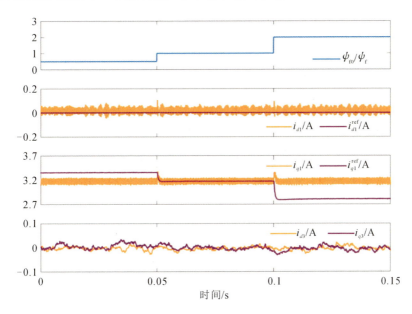

图 6-34　DB-MPCC 算法在磁链参数偏差下的稳态性能仿真波形

电机采用 DB-MPCC 算法在不同参数偏差下的稳态性能指标如表 6-4 所示。

表 6-4　DB-MPCC 算法稳态性能指标(仿真)

参数偏差类型	偏差程度	转矩脉动/(%)	相电流 THD/(%)
R_{s0}/R_s	0.5	2.79	1.79
	1	2.87	1.75
	2	2.66	1.65
L_{s0}/L_s	0.5	0.33	0.23
	1	2.69	1.78
	2	10.11	8.31
ψ_{f0}/ψ_f	0.5	2.79	1.83
	1	2.83	1.74
	2	3.29	1.83

表 6-4 统计了 DB-MPCC 算法在不同参数偏差下的稳态性能，包括控制器电阻参数偏差、电感参数偏差和磁链参数偏差三种情况，可得出以下结论：

① 当控制器电阻或磁链参数存在偏差时，DB-MPCC 算法的稳态性能并不会明显下降，其与无偏差时系统的稳态性能接近；

② 控制器电感参数偏差对 DB-MPCC 算法的稳态性能影响较大，并且电感参数比值偏大和偏小时，电流静差出现"反向"现象，即当控制器电感参数比值为 0.5 时，系统稳态性能改善，转矩脉动从 2.69% 降至 0.33%，相电流 THD 从 1.78% 降至 0.23%，而当控制器电感参数比值为 2 时，系统稳态性能恶化，转矩脉动从 2.69% 升至 10.11%，相电流 THD 则从 1.78% 陡增至 8.31%。

此外，观察图 6-32～图 6-34 中的谐波空间电流 i_{d3}、i_{q3} 波形可以发现，谐波空间电流被控制在非常小的范围内，且不受电机各项参数变化的影响，验证了基于虚拟电压矢量的 SVPWM 算法在电机参数偏差情况下的有效性。

（2）多参数偏差。

上文对单参数偏差下 DB-MPCC 算法的稳态性能进行了仿真实验，并总结了相关规律。下面将从多参数偏差的角度出发，探讨控制器内电机多参数偏差对 DB-MPCC 算法性能的影响。

同时令控制器内的三个电机参数标称值与实际值之比为 2 或 0.5 对控制系统的影响过大，并且也不利于后期实验的开展。因此，现仅考虑控制器内三个电机参数比值同时为 2/3 和 1.5 的情况，得到仿真波形如图 6-35 所示。

如图 6-35 所示，在不同的参数偏差情况下，d_1、q_1 轴电流分别产生不一样的静差，而系统稳态性能均下降。当控制器内三个电机参数比值均为 2/3 时，即图 6-35 中 0～0.05 s 对应的波形，q_1 轴电流平均值均小于其参考值；当控制器内三个电机参数比值均为 1.5 时，即图 6-35 中 0.1～0.15 s 对应的波形，q_1 轴电流平均值均大于其参考值，同时，d_1、q_1 轴电流均出现较大振荡，系统逐渐不稳定。观察图 6-35 中的谐波空间电流，发现其始终被控制在非常小的范围内，说明在多参数偏差情况下，基于虚拟电压矢量的 SVPWM 方法仍然有效。

综上，多参数偏差情况下，DB-MPCC 算法的稳态性能恶化，d_1、q_1 轴电流出现不同程度的稳态误差，电流环节无法实现无静差跟踪控制，系统稳定性下降。

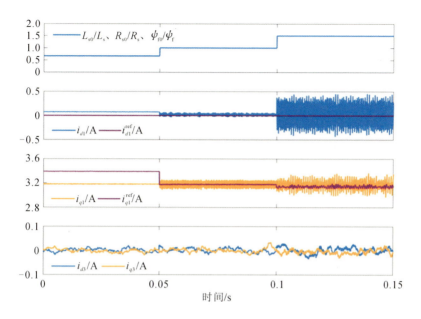

图 6-35 DB-MPCC 算法在多参数偏差下的稳态性能仿真波形

3. 系统稳定性分析

参数偏差对 DB-MPCC 控制系统的影响很大,不仅会使其产生较大的稳态误差,还会破坏整个控制系统的稳定性。从上文的仿真结果可以发现,电感参数比值为 2 或 0.5,会导致基波空间电流产生较大振荡,系统变得不稳定。下面针对这一问题进行进一步的推导与分析。

基于图 6-31 给出的 DB-MPCC 控制系统等效框图进行化简,可得到离散域中闭环传递函数矩阵 $\boldsymbol{G}_{\text{Close}}(z)$:

$$\begin{cases} \boldsymbol{G}_{\text{Close}}(z) = \begin{bmatrix} G_{11} & G_{12} \\ G_{21} & G_{22} \end{bmatrix} \\ G_{11} = \dfrac{L_{s0}L_s(z-1) + L_{s0}^2 + L_{s0}T_s(R_s - R_{s0})}{\text{Den}} \\ G_{12} = \dfrac{-L_{s0}\omega_e T_s(L_{s0} - L_s)}{\text{Den}} \\ G_{21} = \dfrac{L_{s0}\omega_e T_s(L_{s0} - L_s)}{\text{Den}} \\ G_{21} = \dfrac{L_{s0}L_s(z-1) + L_{s0}^2 + L_{s0}T_s(R_s - R_{s0})}{\text{Den}} \end{cases} \quad (6\text{-}37)$$

$$\begin{cases} \text{Den} = d_2 z^2 + d_1 z + d_0 \\ d_2 = L_s^2 \\ d_1 = 2L_s \Delta L_s - 2L_s T_s \Delta R_s \\ d_0 = (T_s^2 \omega_e^2 + 1)\Delta L_s^2 + T_s^2 \Delta R_s^2 - 2T_s \Delta L_s \Delta R_s \end{cases} \quad (6\text{-}38)$$

式中　G_{11}, G_{12}, G_{21}, G_{22}——各个闭环传递函数, G_{11} 为输入是 i_{d1}^{ref}、输出是 i_{d1} 的闭环传递函数, G_{12} 为输入是 i_{q1}^{ref}、输出是 i_{d1} 的闭环传递函数, G_{21} 为输入是 i_{d1}^{ref}、输出是 i_{q1} 的闭环传递函数, G_{22} 为输入是 i_{q1}^{ref}、输出是 i_{q1} 的闭环传递函数;

Den——闭环传递函数的分母。

从式(6-37)可以发现, 闭环传递函数 G_{11}、G_{12}、G_{21} 和 G_{22} 拥有相同的特征根。

为了进一步分析系统稳定性, 闭环系统的特征方程 $\Delta_c(z)$ 可以表示为

$$\Delta_c(z) = \text{Den}/d_2 \quad (6\text{-}39)$$

结合式(6-38)和式(6-39)可知, 电感参数偏差 ΔL_s 和电阻参数偏差 ΔR_s 均会影响闭环系统特征根, 相较而言, ΔL_s 的影响更大一些。结合电机参数, 可以绘制出电感参数比值 L_{s0}/L_s 从 0.5 变化到 2 时 DB-MPCC 控制系统根轨迹图, 如图 6-36 所示。

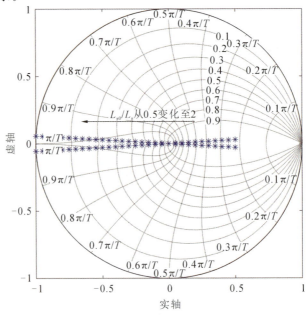

图 6-36　DB-MPCC 控制系统根轨迹(电感参数比值变化)

在图 6-36 中，随着电感参数比值 L_{s0}/L_s 的增大，闭环系统特征根先逐渐靠近坐标原点，随后向单位圆边界靠近，即系统先到达稳定状态，然后逐渐过渡到不稳定状态。当 $L_{s0}/L_s=2$ 时，系统特征根位于单位圆边界上，系统处于稳定状态和不稳定状态的边界，这与仿真结果一致。此外，当 $L_{s0}/L_s=1$，即电感参数不存在偏差时，闭环系统的特征根恰好位于单位圆圆心，此时可实现无差拍控制，这与前述的理论分析一致。因此，DB-MPCC 控制系统稳定的必要条件可总结为 $L_{s0}/L_s \in [0.5, 2]$。

6.6 电流静差消除算法

由 6.5 节的分析可知，五相 FSPM 电机 DB-MPCC 算法对控制器内电机电感、电阻和磁链参数偏差均十分敏感，这些参数偏差的存在，会使 d_1、q_1 轴电流产生稳态误差和振荡。为解决因控制器内电机参数偏差而引起的 d_1、q_1 轴电流稳态误差和振荡问题，本节提出两种方法：第一种，采用积分法消除电流稳态误差；第二种，采用扰动观测方法，通过对扰动进行实时观测、补偿，达到消除 d_1、q_1 轴电流静差、提高系统稳定性的目的。

6.6.1 基于积分法的 IDB-MPCC 算法

控制器内电机参数标称值与实际值存在偏差，进而导致 DB-MPCC 控制系统中 d_1、q_1 轴电流静差的产生，使控制系统稳态性能恶化，进一步可能导致系统失去稳定性。为解决这一问题，可以采用一种基于积分法的 DB-MPCC 算法 (integral DB-MPCC，IDB-MPCC)，使系统能够在参数偏差下实现电流环的无静差跟踪控制。

1. IDB-MPCC 算法

要消除电流稳态误差，首先要分析清楚电流静差与哪些变量有关。6.5.2 节对 DB-MPCC 算法进行了参数偏差下的稳态分析，得到电流响应值与参考值的关系式（见式(6-36)）。式(6-36)中，电阻、电感和磁链参数偏差均被纳入了考虑范围。这里对式(6-36)进行化简，得到 q_1 轴电流响应值 i_{q1}^{r} 与参考值 i_{q1}^{ref} 之间的关系式：

$$i_{q1}^{r}(k+1) - i_{q1}^{\text{ref}}(k+1) = \frac{\Delta L_s \omega_e(k)}{-L_{s0} \Delta R_s}[i_{d1}^{r}(k+1) - i_{d1}^{\text{ref}}(k+1)]$$

$$+ \left[\frac{\Delta R_s^2 T_s + (\Delta L_s \omega_e(k))^2 T_s}{-L_{s0} \Delta L_s \omega_e(k)}\right] i_{d1}(k) + \frac{T_s \Delta \psi_f}{L_{s0}} \omega_e(k)$$

(6-40)

式(6-40)涉及的变量较多,包括电阻偏差 ΔR_s、电感偏差 ΔL_s、磁链偏差 $\Delta \psi_f$ 以及电流响应值 i_{d1}^{r} 与参考值 i_{d1}^{ref} 之差等。因为采用 $i_{d1}=0$ 的控制方式,为简化方便,可忽略其中的 $i_{d1}(k)$ 项。然后,考虑单参数偏差的影响,其中,$\Delta \psi_f$ 影响式(6-40)等号右边最后一项的系数,而 ΔR_s 和 ΔL_s 都只影响式(6-40)等号右边第一项系数,故可以仅考虑 $\Delta R_s \neq 0$ 或 $\Delta L_s \neq 0$ 的情况。

(1) 电感参数偏差。

当仅存在电感参数偏差时,式(6-40)可简化为

$$i_{q1}^{r}(k+1) - i_{q1}^{\text{ref}}(k+1) = \frac{\Delta L_s \omega_e(k)}{-L_{s0}}[i_{d1}^{r}(k+1) - i_{d1}^{\text{ref}}(k+1)] \quad (6-41)$$

式(6-41)表明,d_1 轴电流静差项与 q_1 轴电流静差项是互相影响的,即可以认为只要消除了 d_1 轴电流静差,那么 q_1 轴电流静差问题也就迎刃而解;或者说只要消除 q_1 轴电流静差,那么 d_1 轴电流静差就不复存在。消除稳态误差,可以采用积分法。应用积分法时需要考虑下面两点:

① 由上述分析可知,q_1 轴电流静差不仅受到电感参数偏差影响,在很大程度上还受到磁链参数偏差的影响,而 d_1 轴电流静差与磁链参数偏差无关,因此,选择先消除 d_1 轴电流静差,再消除 q_1 轴电流静差,这是更切实有效的措施;

② 电流 i_{d1} 为励磁电流分量,对电机转矩输出没有直接影响,而电流 i_{q1} 为转矩电流分量,会直接影响电机转矩输出。若对 q_1 轴电流静差进行积分补偿,则可能会对模型预测控制的动态性能产生影响。故先对 d_1 轴电流静差进行积分补偿,进而间接消除 q_1 轴电流静差。

出于以上两点考虑,选择先对 d_1 轴电流响应值与参考值之差进行积分,然后将积分值补偿到 d_1 轴无差拍电压 u_{d1}^{ref} 中,得到 d_1 轴无差拍电压新的计算公式:

$$u_{d1\text{new}}^{\text{ref}} = u_{d1}^{\text{ref}} + k_{id1} \cdot [i_{d1}^{r}(k+1) - i_{d1}^{\text{ref}}(k+1)] \quad (6-42)$$

式中:u_{d1}^{ref} 为 DB-MPCC 算法中的 d_1 轴无差拍电压;$u_{d1\text{new}}^{\text{ref}}$ 为 IDB-MPCC 算法中

的 d_1 轴无差拍电压;k_{id1} 为 d_1 轴电流误差的积分系数。

(2) 磁链参数偏差。

当仅存在磁链参数偏差时,式(6-40)可化简为

$$i_{q1}^{r}(k+1) - i_{q1}^{ref}(k+1) = \frac{T_s \omega_e(k)}{L_{s0}} \Delta \psi_f \qquad (6-43)$$

式(6-43)表明,当仅存在磁链参数偏差时,q_1 轴电流静差与磁链参数偏差 $\Delta \psi_f$ 成正比。因此,要消除此时的 q_1 轴电流静差,可以选择先消除磁链参数偏差。磁链参数修正公式为

$$\psi_{f0new} = \psi_{f0} + k_{i\psi} \cdot [i_{q1}^{r}(k+1) - i_{q1}^{ref}(k+1)] \qquad (6-44)$$

式中 ψ_{f0}——修正之前控制器内的磁链参数值,Wb;

ψ_{f0new}——经一次修正后控制器内的磁链参数值,Wb;

$k_{i\psi}$——q_1 轴电流误差的积分系数。

(3) IDB-MPCC 控制系统框图。

根据上述理论分析,IDB-MPCC 控制系统框图如图 6-37 所示。

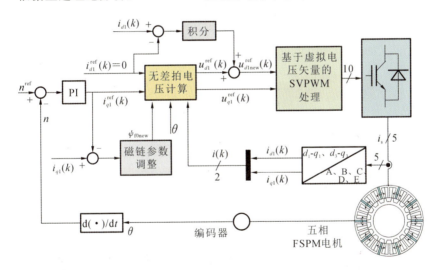

图 6-37 IDB-MPCC 控制系统框图

对比 DB-MPCC 控制系统与 IDB-MPCC 控制系统框图,发现 IDB-MPCC 控制系统在前者的基础上增加了两个积分修正环节,分别对 d_1 轴和 q_1 轴电流静差进行积分,再将积分值分别补偿到 d_1 轴无差拍电压 u_{d1}^{ref} 和控制器磁链参数

ψ_{f0} 中,以消除控制器内电机参数偏差引起的电流静差问题。

2. 单参数偏差下 IDB-MPCC 算法稳态性能

为验证 IDB-MPCC 算法的有效性,在 MATLAB/Simulink 中搭建相应的仿真模型和控制算法。电机运行工况为 300 r/min、5 N·m。仿真中,0~0.1 s 采用的是 DB-MPCC 算法,0.1 s 切换至 IDB-MPCC 算法,即 0.1~0.4 s 采用的是 IDB-MPCC 算法。仿真结果分析如下。

图 6-38 和图 6-39 分别给出了两种算法在控制器内磁链参数为 $0.5\psi_{f0}$ 和 $2\psi_{f0}$ 情况下的稳态性能对比图。如图 6-38 所示,前 0.1 s 采用 DB-MPCC 算法,此时 q_1 轴电流实际值小于其参考值,q_1 轴电流存在静差,在 0.1 s 切换到 IDB-MPCC 算法,IDB-MPCC 算法中的电流静差积分环节对 q_1 轴电流静差进行积分,并将积分值一次性修正到控制器的磁链参数中,从而消除 q_1 轴电流稳态误差。这种一次性修正的方式不仅能消除电流静差,还能在最大限度上降低对控制系统动态性能的影响。如图 6-39 所示,前 0.1 s 采用 DB-MPCC 算法,也存在 q_1 轴电流静差,而切换到 IDB-MPCC 算法后,q_1 轴电流稳态误差也被消除了。

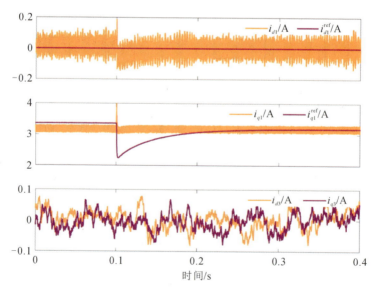

图 6-38　DB-MPCC 算法与 IDB-MPCC 算法的稳态性能仿真波形(磁链参数为 $0.5\psi_{f0}$)

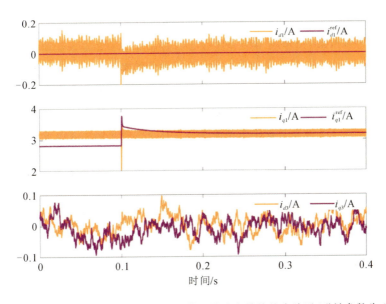

图 6-39　DB-MPCC 算法与 IDB-MPCC 算法的稳态性能仿真波形（磁链参数为 $2\psi_{f0}$）

图 6-40 和图 6-41 分别给出了两种算法在控制器内电感参数为 $0.5L_{s0}$ 和 $2L_{s0}$ 情况下的稳态性能对比图。如图 6-40 所示，前 0.1 s 采用 DB-MPCC 算法，此时 d_1 轴电流实际值大于其参考值，d_1 轴电流存在稳态误差，在 0.1 s 切换至

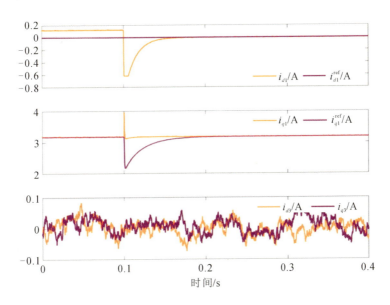

图 6-40　DB-MPCC 算法与 IDB-MPCC 算法的稳态性能仿真波形（电感参数为 $0.5L_{s0}$）

IDB-MPCC 算法，d_1 轴电流静差被消除。如图 6-41 所示，前 0.1 s，q_1 轴电流实际值小于其参考值，在采用 IDB-MPCC 算法后，电流静差得以消除。对比图 6-40 和图 6-41 还可以发现，电感参数偏小时电流稳态波形波动非常小，而电感参数偏大时电流稳态波形波动较大，这说明控制器内电机电感参数偏小，有利于减轻电流波动和振荡，而当控制器内电机电感参数偏大时，电流波动增大，控制系统稳态性能下降。

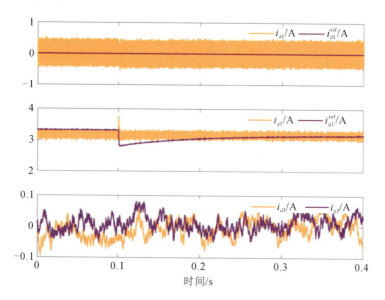

图 6-41　DB-MPCC 算法与 IDB-MPCC 算法的稳态性能仿真波形（电感参数为 $2L_{s0}$）

图 6-42 和图 6-43 分别给出了两种算法在电阻参数为 $0.5R_{s0}$ 和 $2R_{s0}$ 情况下的稳态性能对比图。可以看出，电阻参数为 $0.5R_{s0}$ 和 $2R_{s0}$ 时，系统产生 q_1 轴电流静差。在采用 IDB-MPCC 算法后，q_1 轴电流静差被消除。

综上所述，当控制器内电机存在单参数偏差时，采用 DB-MPCC 算法在一定程度上会产生 d_1、q_1 轴电流稳态误差，系统无法实现电流环节的无静差跟踪控制，稳态性能大为下降；而采用 IDB-MPCC 算法，无论存在磁链参数偏差、电感参数偏差还是存在电阻参数偏差，d_1、q_1 轴电流稳态误差都能被消除，从而实现电流环节的无静差跟踪控制，提升了系统的稳态性能。

3. 多参数偏差下 IDB-MPCC 算法稳态性能

上文验证了 IDB-MPCC 算法在单参数偏差情况下的有效性，在此基础上，

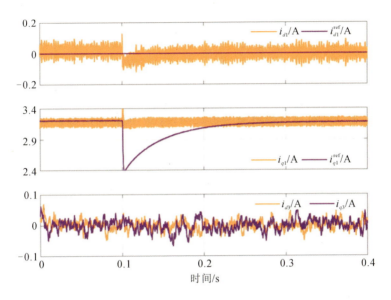

图 6-42　DB-MPCC 算法与 IDB-MPCC 算法的稳态性能仿真波形（电阻参数为 $0.5R_{s0}$）

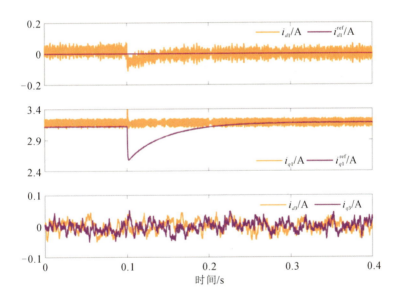

图 6-43　DB-MPCC 算法与 IDB-MPCC 算法的稳态性能仿真波形（电阻参数为 $2R_{s0}$）

考虑控制器存在多参数偏差这一更为复杂的情况。为了与多参数偏差下 DB-MPCC 算法的稳态性能进行对比，这里也仅考虑控制器内三个电机参数比值同时为 2/3 和 1.5 的情况，电机运行工况为 300 r/min、5 N·m，其他仿真参数配置同前文。

图 6-44 和图 6-45 给出了 DB-MPCC 算法与 IDB-MPCC 算法在多参数偏差下的系统稳态性能对比图。如图 6-44 所示,控制器内电感参数为 $2L_{s0}/3$,磁链参数为 $2\psi_{s0}/3$,电阻参数为 $2R_{s0}/3$。仿真中,前 0.1 s 采用 DB-MPCC 算法,此时 d_1、q_1 轴电流实际值与其参考值之间存在不同程度的静差,0.1 s 切换至 IDB-MPCC 算法,d_1、q_1 轴电流静差均逐渐被消除。IDB-MPCC 算法改善了系统稳态性能。

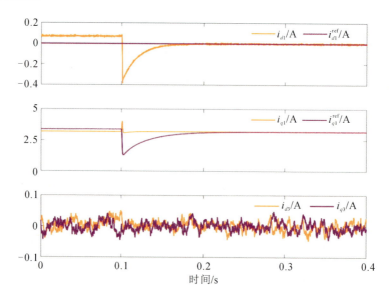

图 6-44　DB-MPCC 算法与 IDB-MPCC 算法的稳态性能仿真波形(三个参数均偏小)

如图 6-45 所示,控制器电感参数为 $1.5L_{s0}$,磁链参数为 $1.5\psi_{s0}$,电阻参数为 $1.5R_{s0}$。前 0.1 s 采用 DB-MPCC 算法,此时 d_1、q_1 轴电流几乎不存在稳态误差,但电流振荡严重,系统稳态性能受到参数偏差的影响。0.1 s 切换至 IDB-MPCC 算法,d_1、q_1 轴电流振荡现象没有得到改善。

4. IDB-MPCC 算法动态性能

加入积分环节后,IDB-MPCC 算法的动态性能可能受到影响,因此需要对其动态性能进行仿真验证。

图 6-46 给出基于 IDB-MPCC 算法的五相 FSPM 电机转速突变动态仿真波形,此时控制器不存在参数偏差。在 0.04 s 系统给定转速从 300 r/min 阶跃

至 600 r/min,从仿真波形中可以计算得到,系统的超调量为 9.17%,调整时间为 0.02 s。仿真结果表明,积分法对 IDB-MPCC 算法动态性能的影响甚微。

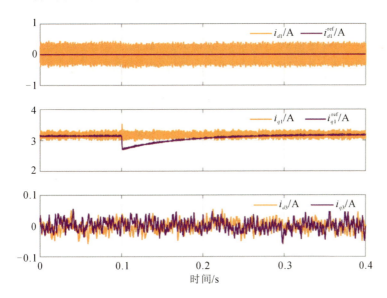

图 6-45 DB-MPCC 算法与 IDB-MPCC 算法的稳态性能仿真波形(三个参数均偏大)

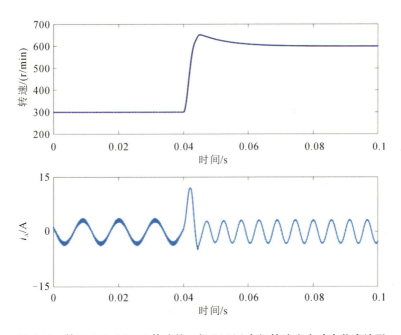

图 6-46 基于 IDB-MPCC 算法的五相 FSPM 电机转速突变动态仿真波形

5. 小结

6.6.1 节介绍了 IDB-MPCC 算法，从电流静差的产生原因入手，提出相应的电流误差积分算法，并开展了控制器内电机单参数偏差、多参数偏差下稳态性能仿真，以及转速阶跃下的动态仿真实验，验证了 IDB-MPCC 算法的有效性。该算法既能够消除各种参数偏差导致的 d_1、q_1 轴电流稳态误差问题，实现电流环节的无静差跟踪控制，又能保持 DB-MPCC 算法优异的动态性能。

但 IDB-MPCC 算法也存在以下几点不足：

（1）IDB-MPCC 算法不能提升系统的稳定性，无法解决控制器电感参数偏大等因素带来的电流振荡问题；

（2）积分环节的积分系数需要不断调试，过程较为烦琐。

6.6.2 基于龙伯格观测器的 RDB-MPCC 算法*

6.6.1 节提出的基于积分法的 IDB-MPCC 算法具有动态响应快速、无电流静差等特点，但其不能够提升系统的整体稳定性，系统在控制器电感参数偏大情况下的电流振荡等不稳定问题无法得到解决。此外，积分环节的积分系数调节往往需要在快速消除静差能力与系统动态性能之间取得平衡，当电机运行工况发生改变时，原有的积分系数可能不再适用。

为此，本小节提出一种基于龙伯格观测器（Luenberger observer）的 RDB-MPCC（robust DB-MPCC）算法，即采用龙伯格观测器对系统的总扰动进行实时观测与反馈补偿，从而起到消除电流静差、增强系统稳定性的作用。首先，介绍扰动观测和龙伯格观测器的基本原理；其次，将龙伯格观测器与 DB-MPCC 算法结合，阐述 RDB-MPCC 算法的具体内容，推导该算法数学模型；然后，在此基础上，重点介绍观测器增益设计方法；最后，针对参数偏差下系统稳态性能、无参数偏差下系统动态性能开展仿真实验，初步验证 RDB-MPCC 算法的有效性。

1. 龙伯格观测器

许多控制理论都是基于传感器的测量来实现的，而任一控制理论都假设可

---

* 为书写方便，本章以下论述中基波子空间分量用下标 d、q 以区分表示。

以获得完美的反馈信号。但事实上,这样的假设并不成立。传感器测量信号不准确会影响整个控制系统的性能与稳定性。举例来说,传感器会引入测量误差、测量延时等问题,同时一些信号可能无法通过传感器直接测量得到。

观测器可以取代控制系统中的传感器,甚至可以获得系统中一些无法通过直接测量得到的信号。观测器基于一定的算法,运用系统被测信号和系统已知的输入信号得到观测信号。相较于测量信号,观测信号更加精确、可靠。观测器的基本原理如下:构建与被观测系统相似的数学模型,利用实际被观测系统的输出与观测系统的输出之差对观测系统进行反馈校正,从而实现对被观测系统中各个状态量的精确观测。

在观测器中,龙伯格观测器是最实用的一种观测器[16,17],它由 5 个部分组成:① 实际传感器输出 $Y(s)$;② 变换器输出(被观测系统输入)$P_c(s)$;③ 被观测对象模型(估计)$G_{PEst}(s)$;④ 传感器模型(估计)$G_{SEst}(s)$;⑤ 观测补偿器 $G_{CO}(s)$。

龙伯格观测器的一般形式[18]如图 6-47 所示。

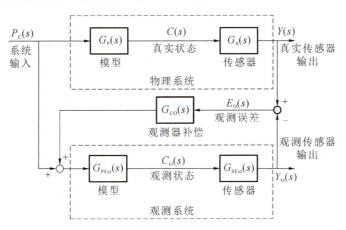

图 6-47 龙伯格观测器的一般形式

下面以实际系统为例介绍龙伯格观测器的一般使用方法[19]。

对于一个一阶线性定常系统,有

$$\begin{cases} \dot{x}(t) = \boldsymbol{A}x(t) + \boldsymbol{B}u(t) \\ y(t) = \boldsymbol{C}x(t) + \boldsymbol{D}u(t) \end{cases} \quad (6\text{-}45)$$

式中 $x(t), u(t), y(t)$——系统状态变量、输入变量和输出变量;

$\boldsymbol{A}, \boldsymbol{B}, \boldsymbol{C}, \boldsymbol{D}$——参数。

设计响应的龙伯格观测器系统:

$$\begin{cases} \dot{\hat{x}}(t) = A\hat{x}(t) + Bu(t) + L(y(t) - \hat{y}(t)) \\ \hat{y}(t) = C\hat{x}(t) + Du(t) \end{cases} \quad (6-46)$$

式中 $\hat{x}(t)$——状态观测量;

$\hat{y}(t)$——输出观测量;

L——观测器增益矩阵,用于对实际输出与观测量输出误差进行不断修正,$L = [l_1, l_2, \cdots, l_n]^T$,其中 n 为状态向量维数。

式(6-45)和式(6-46)对应的闭环龙伯格观测器系统框图如图 6-48 所示。

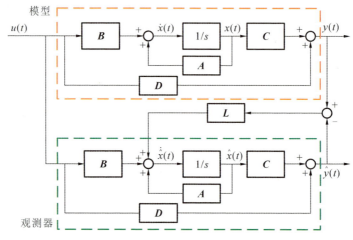

图 6-48 闭环龙伯格观测器系统框图

龙伯格观测器的作用是实现对被观测系统的状态量 $x(t)$ 的准确观测,即要求 $\hat{x}(t) = x(t)$,这一点可以通过对观测器增益矩阵 L 进行优化设计来实现。

将式(6-45)和式(6-46)中的状态方程相减,可得:

$$\dot{x}(t) - \dot{\hat{x}}(t) = (A - LC)(x(t) - \hat{x}(t)) \quad (6-47)$$

定义误差 $e(t) = x(t) - \hat{x}(t)$,则有

$$\dot{e}(t) = (A - LC)e(t) \quad (6-48)$$

误差的特征方程为

$$\det[sI - (A - LC)] = 0 \quad (6-49)$$

从式(6-49)可知,可以通过优化配置观测器增益矩阵 L 使状态估计值收敛于真实状态值,即选择使系统状态快速稳定的特征值,以保证误差 $e(t)$ 衰减到

零并且保持为零,而不依赖原系统模型及观测器系统输入,实现无论 $\hat{x}(0)$ 取何值,$\hat{x}(t)$ 都将收敛到 $x(t)$。

2. 基于龙伯格观测器的 RDB-MPCC 算法

由上文可知,电机参数会受到多种因素的影响,同时,考虑系统未建模量等扰动,电机定子电压方程可表示为

$$\begin{aligned}\frac{d\boldsymbol{i}}{dt} &= (\boldsymbol{M}_0+\Delta\boldsymbol{M})\boldsymbol{i}+(\boldsymbol{N}_0+\Delta\boldsymbol{N})[\boldsymbol{u}-(\boldsymbol{d}_0+\Delta\boldsymbol{d})+\boldsymbol{\varepsilon}]\\ &= \boldsymbol{M}_0\boldsymbol{i}+\boldsymbol{N}_0(\boldsymbol{u}-\boldsymbol{d}_0-\boldsymbol{f})\end{aligned} \quad (6\text{-}50)$$

其中,系数矩阵 $\Delta\boldsymbol{M}=\boldsymbol{M}-\boldsymbol{M}_0$,$\Delta\boldsymbol{N}=\boldsymbol{N}-\boldsymbol{N}_0$,$\Delta\boldsymbol{d}=\boldsymbol{d}-\boldsymbol{d}_0$,系数矩阵分别表示实际电机参数矩阵与控制器内电机参数矩阵的差值,$\boldsymbol{\varepsilon}$ 表示系统未建模量(unmodeled dynamics),$\boldsymbol{\varepsilon}=[\varepsilon_d \quad \varepsilon_q]^T$。

因采用基于虚拟电压矢量的 SVPWM 方式,$\boldsymbol{i}$、$\boldsymbol{u}$ 仅需要考虑基波空间分量,即 $\boldsymbol{i}=[i_d \quad i_q]^T$,$\boldsymbol{u}=[u_d \quad u_q]^T$,$\boldsymbol{d}_0=[d_{d0} \quad d_{q0}]^T=[0 \quad \psi_{f0}\omega_e]^T$,总扰动 $\boldsymbol{f}=[f_d \quad f_q]^T$,$\boldsymbol{f}$ 可表示为

$$\boldsymbol{f} = -\boldsymbol{N}_0^{-1}[\Delta\boldsymbol{M}\boldsymbol{i}+\Delta\boldsymbol{N}(\boldsymbol{u}-\boldsymbol{d}_0-\Delta\boldsymbol{d}+\boldsymbol{\varepsilon})]+\Delta\boldsymbol{d}-\boldsymbol{\varepsilon} \quad (6\text{-}51)$$

考虑了总扰动 $\boldsymbol{f}$ 后,DB-MPCC 算法下无差拍电压计算公式转变为

$$\boldsymbol{u}^{\text{ref}}(k) = \frac{\boldsymbol{i}^{\text{ref}}(k+1)-\boldsymbol{i}(k)}{\boldsymbol{N}_0 T_s} - \frac{\boldsymbol{M}_0}{\boldsymbol{N}_0}\boldsymbol{i}(k)+\boldsymbol{d}_0(k)+\boldsymbol{f}(k) \quad (6\text{-}52)$$

总扰动 $\boldsymbol{f}$ 会导致 DB-MPCC 控制系统计算得到的无差拍电压出现偏差,从而使实际响应电流与参考电流之间出现稳态误差。同时,由上文的分析可知,控制器电感参数比值偏大一倍,会导致整个系统处于稳定状态与不稳定状态之间的临界位置,即 $\boldsymbol{f}$ 影响了控制系统的稳定性。

因此,可以把 $\boldsymbol{f}$ 视为系统的状态变量,采用龙伯格观测器对该电机控制系统进行实时观测,将观测到的扰动实时补偿到原系统中,以消除电流稳态误差、提升系统稳定性,这也是 RDB-MPCC 算法能够提升系统鲁棒性和稳态性能的本质。

当采样时间 T_s 足够短时,可以认为相邻扰动值相等[20],即 $\boldsymbol{f}(k)=\boldsymbol{f}(k-1)$,从而得到系统的扩张状态空间方程:

$$\begin{bmatrix}\boldsymbol{i}(k+1)\\ \boldsymbol{f}(k)\end{bmatrix} = \begin{bmatrix}\boldsymbol{I}+\boldsymbol{M}_0 T_s & -\boldsymbol{N}_0 T_s\\ 0 & \boldsymbol{I}\end{bmatrix}\begin{bmatrix}\boldsymbol{i}(k)\\ \boldsymbol{f}(k-1)\end{bmatrix}+\begin{bmatrix}\boldsymbol{N}_0 T_s\\ 0\end{bmatrix}[\boldsymbol{u}(k)-\boldsymbol{d}_0(k)]$$

$$(6\text{-}53)$$

由式(6-46)可得到式(6-53)所表示系统的离散域龙伯格观测器方程：

$$\begin{bmatrix} \hat{i}(k+1) \\ \hat{f}(k) \end{bmatrix} = \begin{bmatrix} I+M_0 T_s & -N_0 T_s \\ 0 & I \end{bmatrix} \begin{bmatrix} \hat{i}(k) \\ \hat{f}(k-1) \end{bmatrix}$$

$$+ \begin{bmatrix} N_0 T_s \\ 0 \end{bmatrix} [u(k)-d_0(k)] + LC \begin{bmatrix} i(k) \\ f(k) \end{bmatrix} - \begin{bmatrix} \hat{i}(k) \\ \hat{f}(k) \end{bmatrix} \quad (6-54)$$

式中 $\hat{i}(k), \hat{f}(k)$ ——状态观测器变量在当前采样周期的值；

$\hat{i}(k+1), \hat{f}(k-1)$ ——状态观测器变量在下一个和上一个采样周期的值；

L ——龙伯格观测器增益矩阵，$L = \mathrm{diag}\{l_1, l_1, l_2, l_2\}$，$l_1$ 和 l_2 为观测器增益；

C ——4阶常数矩阵，$C = \begin{bmatrix} I & 0 \\ I & 0 \end{bmatrix}$。

通过合理配置观测器增益，扰动观测量 $\hat{f}(k)$ 会收敛于其真实值 $f(k)$，此时，无差拍电压计算公式可由式(6-52)更新为

$$u^{\mathrm{nref}}(k) = \frac{i^{\mathrm{ref}}(k+1)-i(k)}{N_0 T_s} - \frac{M_0}{N_0} i(k) + d_0(k) + \hat{f}(k) \quad (6-55)$$

基于离散域龙伯格观测器 RDB-MPCC 算法的五相 FSPM 电机调速控制系统框图如图 6-49 所示。相比于 DB-MPCC 算法，RDB-MPCC 算法因为加入龙伯格观测器而拥有了较强的抗干扰能力。

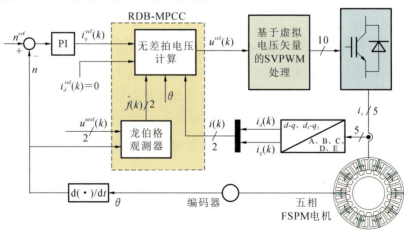

图 6-49 基于 RDB-MPCC 的五相 FSPM 电机调速控制系统框图

3. 观测器增益设计

下面将对 RDB-MPCC 算法中龙伯格观测器增益设计进行详细推导和分析,这也是 RDB-MPCC 算法设计的核心内容。

为简化分析,需要用到复数空间矢量理论,其基本形式如下:

$$x_{dq}(k) = x_d(k) + j \cdot x_q(k) \tag{6-56}$$

联立式(6-54)和式(6-56),可以将式(6-54)表示的观测器四阶方程化简为二阶方程,大幅简化了对观测器系统的分析。简化后的二阶方程如下:

$$\begin{bmatrix} \hat{i}_{dq}(k+1) \\ \hat{f}_{dq}(k) \end{bmatrix} = \begin{bmatrix} 1 - m_{10}T_s - m_{20}T_s j & -n_{10}T_s \\ 0 & 1 \end{bmatrix} \begin{bmatrix} \hat{i}_{dq}(k) \\ \hat{f}_{dq}(k-1) \end{bmatrix}$$

$$+ \begin{bmatrix} n_{10}T_s \\ 0 \end{bmatrix} [u_{dq}(k) - d_{dq}(k)] + \begin{bmatrix} l_1 & 0 \\ 0 & l_2 \end{bmatrix} \begin{bmatrix} i_{dq}(k) - \hat{i}_{dq}(k) \\ f_{dq}(k) - \hat{f}_{dq}(k) \end{bmatrix}$$

$$\tag{6-57}$$

进而得到观测器的特征方程:

$$\Delta_0(z) = \det \left(z\mathbf{I} - \begin{bmatrix} 1 - m_{10}T_s - m_{20}T_s j - l_1 & -n_{10}T_s \\ -l_2 & 1 \end{bmatrix} \right) = 0$$

$$= p_2 z^2 + p_1 z + p_0 = 0 \tag{6-58}$$

其中

$$\begin{cases} p_2 = 1 \\ p_1 = m_{10}T_s + l_1 - 2 + m_{20}T_s j \\ p_0 = 1 - m_{10}T_s - l_1 - l_2 n_{10}T_s - m_{20}T_s j \end{cases} \tag{6-59}$$

在实验中,T_s 取为 1×10^{-4} s,低转速 300 r/min 运行条件下,电角速度 $\omega = 180 \times \pi$,代入相关参数到式(6-59),发现系数 p_1、p_2 的实部与虚部均相差 10 倍以上,故可以忽略虚部。

运用 Jury 稳定性判据:

$$\begin{cases} p_2 + p_1 + p_0 > 0 \\ p_2 - p_1 + p_0 > 0 \\ |p_0| < p_2 \end{cases} \tag{6-60}$$

得到观测器系统稳定的充分必要条件：

$$\begin{cases} l_2 < 0 \\ l_1 < 2 - m_{10} T_s - n_{10} T_s l_2 / 2 \\ l_1 > - m_{10} T_s - n_{10} T_s l_2 \end{cases} \quad (6\text{-}61)$$

将相关参数代入式(6-61)，在保证一定稳定裕量的条件下，式(6-61)可表示为

$$\begin{cases} 0.3552 < l_1 < 2 \\ -10 < l_2 < 0 \end{cases} \quad (6\text{-}62)$$

选取满足系统稳定条件的 l_1 和 l_2 组合，绘制根轨迹图，如图 6-50 所示。

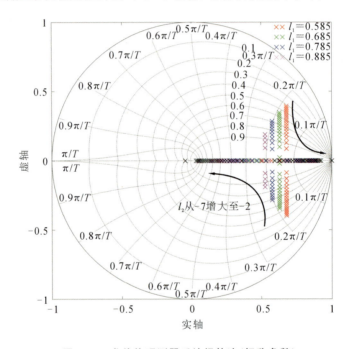

图 6-50 龙伯格观测器系统根轨迹（标称参数）

从图 6-50 可见，当 l_1 不变时，随着 l_2 的增大，观测器系统的极点逐渐靠近原点，观测器的响应速度变快；当 l_2 保持不变时，随着 l_1 的减小，观测器系统的极点逐渐远离原点，靠近单位圆边界，观测器系统的响应速度变慢。

观测器系统极点的配置决定了观测器系统响应的快速性和抗干扰能力[21]，但两个性能不可兼得，即响应快的系统带宽大，其对干扰和噪声的抑制能力较

差,而抗干扰能力强的系统的响应速度往往不尽如人意。因此,观测器增益配置时,需要在这两个性能之间取得平衡。本章中,将观测器系统极点配置为纯实数,即位于 z 域右半平面且靠近实轴,具体地可以配置在 $0.5 \sim 0.7$ 区间,从而可确定观测器增益取值。

4. 单参数偏差下 RDB-MPCC 算法稳态性能

首先,在 Simulink 中进行单参数偏差下 RDB-MPCC 算法的稳态性能仿真实验。其中,观测器增益 $l_1 = 0.585$, $l_2 = -3.5$,电机运行工况为 300 r/min、5 N·m,其余参数同表 6-2。

图 6-51~图 6-53 分别给出了基于 RDB-MPCC 算法的五相 FSPM 电机控制系统在控制器存在电阻参数偏差、电感参数偏差以及磁链参数偏差情况下的稳态性能波形。以图 6-51 为例,图中五个子图的参数从上至下依次为控制器电阻参数比值,电流 i_{d1} 及其参考值,电流 i_{q1} 及其参考值,观测的 d、q 轴扰动($\hat{f}_d$、$\hat{f}_q$)、谐波子空间电流 i_{d3} 和 i_{q3}。

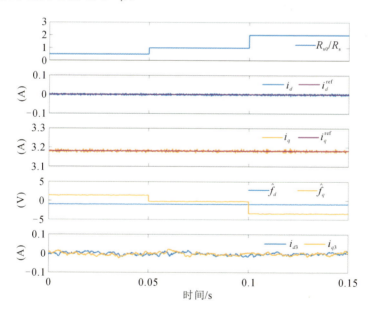

图 6-51 RDB-MPCC 算法在电阻参数偏差下的稳态性能仿真波形

当控制器电阻参数比值 R_{s0}/R_s 为 0.5 和 2 时,采用 DB-MPCC 算法 q 轴电流存在稳态误差,而采用 RDB-MPCC 算法,d、q 轴电流均不存在稳态误差,并且电流振荡被消除,电流响应值对参考值的跟踪非常准确,即 RDB-MPCC 算法

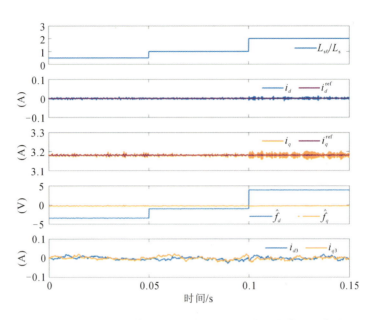

图 6-52 RDB-MPCC 算法在电感参数偏差下的稳态性能仿真波形

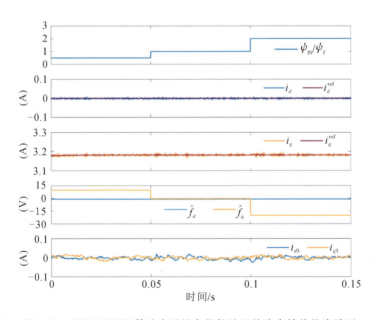

图 6-53 RDB-MPCC 算法在磁链参数偏差下的稳态性能仿真波形

可实现电流环节的无差拍控制,这归功于新加入的龙伯格观测器对系统总扰动的准确观测。从图 6-51 可以看出,当控制器电阻参数比值等于 0.5 时,$\hat{f}_q$ 约等于 2 V,当控制器电阻参数比值等于 2 时,$\hat{f}_q$ 约等于 -3.5 V。龙伯格观测器实时观测得到的总扰动 $\hat{f}_{dq}$,被实时补偿到无差拍电压(见式(6-55))中,大大增强了 RDB-MPCC 算法对参数扰动和其他未建模量扰动的抗干扰能力。

如图 6-52 所示,当控制器电感参数比值 L_{s0}/L_s 为 2 和 0.5 时,采用 DB-MPCC 算法不仅 d、q 轴电流存在稳态误差,而且当控制器电感参数比值 L_{s0}/L_s =2 时,电流还存在较严重的振荡现象,系统开始变得不稳定。采用 RDB-MPCC 算法,d、q 轴的总扰动很轻易地被龙伯格观测器精准观测,通过实时补偿,d、q 轴电流稳态误差被完全消除,同时因控制器电感参数比值偏大而导致的电流振荡现象也得到了极大的抑制,RDB-MPCC 算法增强了系统稳定性。

如图 6-53 所示,当控制器磁链参数比值 ψ_{s0}/ψ_s 为 2 和 0.5 时,RDB-MPCC 算法能够很好地观测 q 轴扰动 $\hat{f}_q$,从而消除 q 轴电流静差。并且,控制器磁链参数无论偏大还是偏小,龙伯格观测器都能够很好地观测到这部分扰动,并通过实时补偿,消除因磁链参数偏差而导致的 q 轴电流稳态误差问题。

从图 6-51～图 6-53 中还可发现,在不同的参数偏差下,加入龙伯格观测器后的 RDB-MPCC 算法依然能够实现对谐波子空间电流 i_{d3} 和 i_{q3} 的良好控制效果,谐波电流始终在 ± 0.1 A 之间波动,处于非常小的波动范围,这说明采用 RDB-MPCC 算法时,基于虚拟电压矢量的 SVPWM 方法仍然有效。此外,对比图 6-32～图 6-34 与图 6-51～图 6-53 可见,相较于单参数偏差时的 DB-MPCC 算法,RDB-MPCC 算法中基波子空间电流 i_d 和 i_q 几乎没有振荡,控制系统的稳态性能得到极大提升,这说明 RDB-MPCC 算法不仅能够消除电流稳态误差,还能够进一步提升系统稳定性。

RDB-MPCC 控制系统在不同参数偏差下的稳态性能指标见表 6-5,由表 6-5 可总结以下规律:

(1) 相比 DB-MPCC 控制系统在单参数偏差下的稳态性能指标,RDB-MPCC 控制系统有了全面的改善,其转矩脉动和相电流 THD 均非常小;

(2) 在 RDB-MPCC 中,当控制器电阻参数或磁链参数存在偏差时,控制系统的稳态性能指标基本保持不变,说明这两个参数对系统稳态性能的影响有限。当控制器电感参数存在偏差时,控制系统的转矩脉动有所上升,但也保持在相对很小的范围内。

表 6-5　RDB-MPCC 控制系统稳态性能指标（仿真）

参数偏差类型	偏差程度	转矩脉动/(%)	相电流 THD/(%)
R_{s0}/R_s	0.5	0.4	0.27
	1	0.43	0.26
	2	0.56	0.30
L_{s0}/L_s	0.5	0.71	0.34
	1	0.43	0.41
	2	0.77	0.37
ψ_{s0}/ψ_s	0.5	0.46	0.30
	1	0.49	0.28
	2	0.50	0.28

5. 多参数偏差下 RDB-MPCC 算法稳态性能

上文通过仿真实验研究了单参数偏差下 RDB-MPCC 算法的稳态性能，初步验证了该算法在单参数偏差下的抗干扰能力，以及其对系统稳态性能的提升作用。下面将进一步从多参数偏差的角度，验证 RDB-MPCC 算法的有效性。

为了与多参数偏差下 DB-MPCC 算法的稳态性能进行对比，现在仅考虑控制器内三个电机参数比值同时为 2/3 和 1.5 的情况，得到的仿真结果分析如下。

图 6-54 给出了 RDB-MPCC 算法在多参数偏差下的稳态性能仿真波形。从图中可以发现，尽管电机三个重要参数均出现相同程度的偏差，但 d、q 轴电流均没有稳态误差，且电流几乎没有振荡。图 6-54(a)中，当控制器三个参数比值均为 2/3 时，d、q 轴扰动观测值 $\hat{f}_d$ 为 -2 V，$\hat{f}_q$ 为 9 V；当控制器三个参数比值均为 1.5 时，d、q 轴扰动观测值 $\hat{f}_d$ 为 2 V，$\hat{f}_q$ 为 -13 V。正是上述扰动影响了 DB-MPCC 算法中无差拍电压计算的准确性，进而导致 d、q 轴电流稳态误差的产生。而在 RDB-MPCC 算法中，因加入了龙伯格观测器，其能对 d、q 轴扰动进行合理观测，使得 d、q 轴电流稳态误差得以消除。同时，从图 6-54(b)中还可发现，当电机运行在 1000 r/min、20 N·m 的工况下时，d、q 轴电流不存在静差，系统运行良好。综上，当控制器三个电机参数比值同时为 1.5，或同时为 2/3，

RDB-MPCC算法仍然有效,且能够抑制电流振荡,提升系统稳定性。

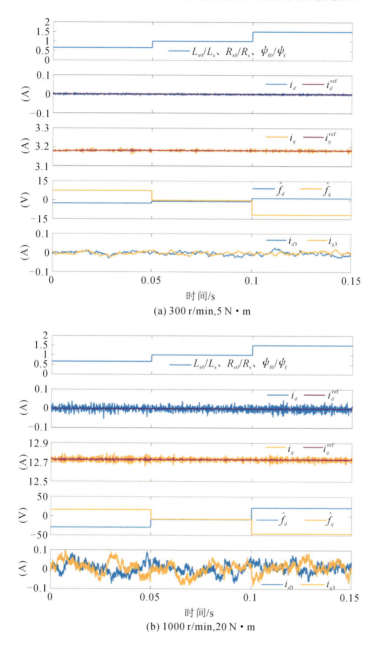

图 6-54 RDB-MPCC算法在多参数偏差下的稳态性能仿真波形

6. RDB-MPCC 算法动态性能

加入龙伯格观测器后,RDB-MPCC 算法的动态性能可能受到影响,因此需要对其动态性能进行研究。

图 6-55 给出了基于 RDB-MPCC 算法在无参数偏差下的五相 FSPM 电机转速突变动态仿真波形。在 0.04 s 系统给定转速从 300 r/min 阶跃至 600 r/min。从图中可以得到,系统的超调量为 16.67%,调整时间为 0.014 s,即超调量增大 2 倍,但调整时间有所降低。总体而言,动态性能仿真结果初步表明,RDB-MPCC 算法仍具有较好的动态性能,所加入的龙伯格观测器对原控制系统动态性能的影响甚微。

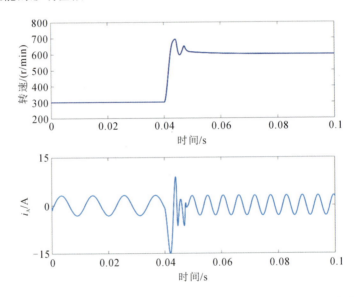

图 6-55 基于 RDB-MPCC 算法的五相 FSPM 电机转速突变动态仿真波形

6.6.3 算法验证

1. 稳态实验

考虑 MPCC 算法运算量较大,同时过高的运算频率会加重 DSP 运算负担,导致计算延时问题变得严重,因此,实验中将开关频率设置为 10 kHz。其他参数配置见表 6-6。

表 6-6 实验参数配置

参数	数值
开关频率/kHz	10
母线电压 U_{dc}/V	50
实验工况	300 r/min,5 N·m
转速 PI 控制器参数 K_P	0.1
转速 PI 控制器参数 K_I	1
转速环输出限幅/A	[−20,20]

图 6-56 和图 6-57 分别给出了采用基于虚拟电压矢量调制的 MPCC 算法和基于虚拟电压矢量调制的 DB-MPCC 算法的五相 FSPM 电机在 300 r/min、5 N·m 运行条件下的稳态性能实验波形。

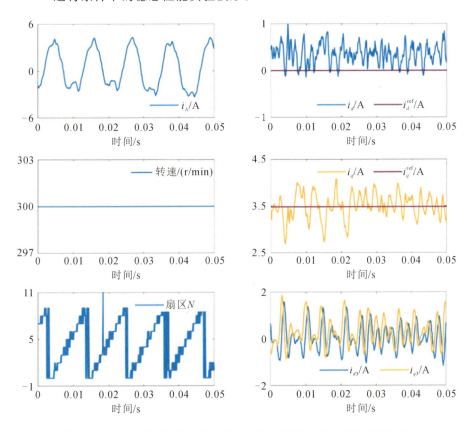

图 6-56 基于 MPCC 的五相 FSPM 电机控制系统稳态性能实验波形

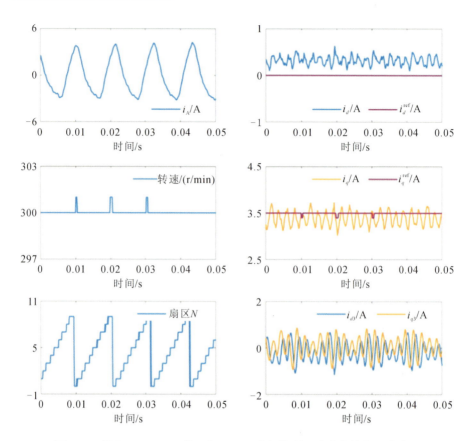

图 6-57　基于 DB-MPCC 的五相 FSPM 电机控制系统稳态性能实验波形

图 6-56 和图 6-57 分别包含六个子图,从左至右、从上至下依次为 A 相电流、电流 i_d 及其参考值、电机实际转速、电流 i_q 及其参考值、最优扇区 N、电流响应值 i_{d3} 和 i_{q3}。对比图 6-56 和图 6-57 中的扇区 N 波形,可以判断 DB-MPCC 算法的实际性能要优于 MPCC 算法。

对比图 6-56 和图 6-57 还可发现以下现象:

(1) 采用两种算法时电机转速均非常稳定,实际转速稳定在 300 r/min(给定转速)附近;

(2) d 轴电流均存在静差,这是因为实际系统存在一些未建模量以及一些参数测量偏差,而 DB-MPCC 算法和 MPCC 算法均不具备对这些偏差的修正能力;

(3) 采用 DB-MPCC 算法时的 q 轴电流振荡比采用 MPCC 算法时的小,但是存在五次谐波,这说明实际电机转矩中也存在同样频次的转矩脉动,这部分

转矩脉动主要受电机定位力矩的影响;

(4)谐波子空间电流控制效果较好,验证了基于虚拟电压矢量的 SVPWM 策略在五相电机控制系统中的有效性。

为进一步分析两种算法的稳态性能,需要对相电流进行谐波畸变率(THD)分析。THD 可以由下式计算得到:

$$\text{THD}_U = \frac{\sqrt{\sum_{h=2}^{n} U_h^2}}{U_1} \times 100\% \tag{6-63}$$

其中,U_h 为各次谐波的幅值,$n=15$,即谐波次数为 15 次。

由图 6-58 可知,MPCC 算法和 DB-MPCC 算法下相电流 THD 分别为 27.37% 和 23.15%,DB-MPCC 算法下谐波畸变率有所降低。同时,这两种算法得到的相电流中二次谐波占比较高,这是因为 E 形结构的 20 槽 18 极五相 FSPM 样机不具备绕组互补性[11]。

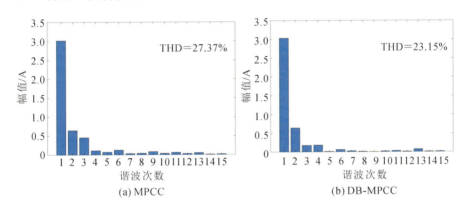

图 6-58 相电流实验波形 THD 分析

对比实验结果与仿真结果可以发现,实验中电机稳态性能较差,这是因为实验样机不理想,其空载反电动势波形正弦度较差[8],此外,实验环境存在各种干扰和误差,也在一定程度上恶化了系统性能。

2. 动态实验

图 6-59 给出了采用 MPCC 和 DB-MPCC 两种算法时五相 FSPM 电机在转速参考值突变情况下的动态实验波形。初始稳态运行时,电机运行工况为 300 r/min、5 N·m。在 0.27 s 给定转速从 300 r/min 陡降至 250 r/min,电机在短

暂调节后，很快进入稳态，转速稳定到给定值。MPCC 算法和 DB-MPCC 算法的调节时间为 0.3 s，两者均拥有较好的动态性能。

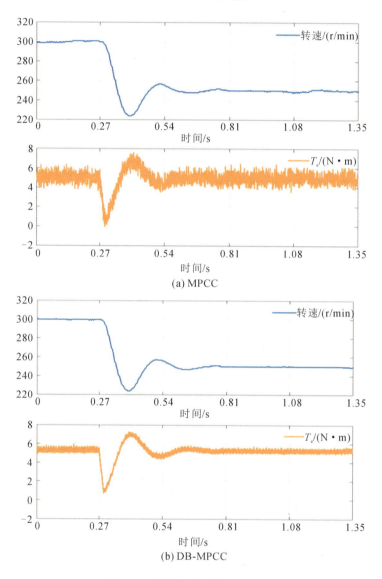

图 6-59　转速突变动态实验波形

　　IDB-MPCC 算法在 DB-MPCC 算法的基础上加入了积分器，RDB-MPCC 算法则在 DB-MPCC 算法的基础上加入了龙伯格观测器，它们都可能对系统的动态性能产生负面影响。下面将开展相关动态实验，研究 DB-MPCC、IDB-

MPCC、RDB-MPCC 三种算法的动态性能。

图 6-60 给出了三种算法下五相 FSPM 电机转速突变动态实验波形。在初始阶段，电机运行在 500 r/min、5 N·m 的稳态条件，在 0.27 s 转速给定值从 500 r/min 陡降至 300 r/min，电机迅速做出响应，并在 0.3 s 内重新进入稳态，调整时间约为 0.3 s。在此过程中，电机电磁转矩从 5 N·m 跌至 −5 N·m，而后迅速回升至 10 N·m，经两个周期振荡后，重新稳定在 5 N·m。从图中可以看出，在分别加入积分器和观测器后，算法均保持了较好的动态性能。

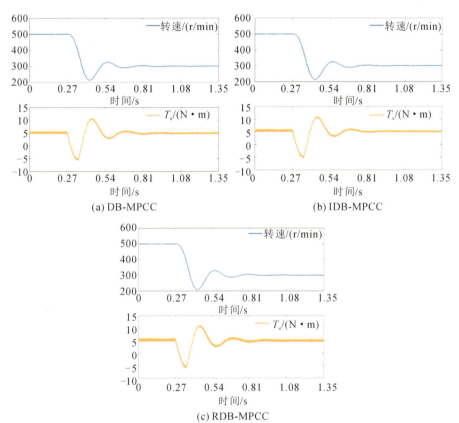

图 6-60 三种算法下五相 FSPM 电机转速突变动态实验波形

3. 参数偏差实验

（1）单参数偏差稳态实验。

为分析参数偏差对 DB-MPCC 算法性能的实际影响，验证所提的 IDB-MPCC 与 RDB-MPCC 算法的有效性，下面开展了单参数偏差情况下不同算法的稳态性能实验。

图 6-61 和图 6-62 分别给出了实验样机在不同控制算法、控制器存在不同参数偏差条件下的稳态性能实验波形,电机运行条件为 300 r/min、5 N·m。

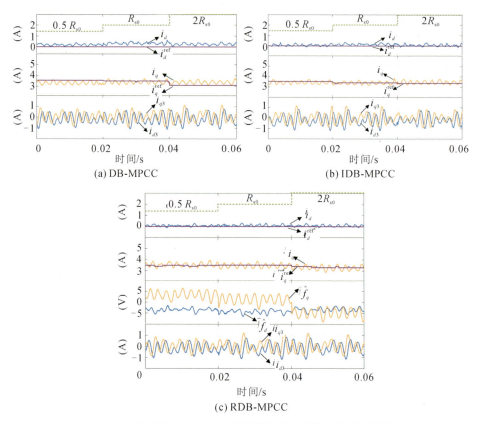

图 6-61 五相 FSPM 电机在电阻参数偏差下的稳态性能实验波形

图 6-61 给出了在三种控制算法下,控制器内电机电阻参数偏大一倍和偏小一半时五相 FSPM 电机控制系统稳态性能实验波形。图中,实验总时长为 0.06 s,第一段 0~0.02 s,控制器内电机电阻参数为 $0.5R_{s0}$,即电阻参数为实际电机电阻参数的 1/2;第二段 0.02~0.04 s,控制器内电机电阻参数不存在偏差;第三段 0.04~0.06 s,控制器内电机电阻参数为 $2R_{s0}$。从图 6-61(b)、(c)可以得知,IDB-MPCC 和 RDB-MPCC 算法均能较好地消除电阻参数偏差导致的电流稳态误差,并且在 RDB-MPCC 算法下系统还可对 d、q 轴总扰动进行实时观测。从图 6-61(a)、(c)可知,当控制器内电机电阻参数为 $0.5R_{s0}$ 时,DB-

MPCC 算法下 q 轴电流实际响应值比参考值小,而 RDB-MPCC 算法下观测到的扰动 $\hat{f}_q$ 值在 1~5 V 之间波动;当控制器内电机电阻参数为 $2R_{s0}$ 时,DB-MPCC 算法下 q 轴电流实际响应值比参考值大,此时 RDB-MPCC 算法下观测到的扰动 $\hat{f}_q$ 值在 −8~−2 V 之间波动;在 RDB-MPCC 算法下,观测到的扰动被实时补偿到无差拍电压计算过程,从而消除了 d、q 轴电流静差。

图 6-62 给出了在三种控制算法下控制器内电机电感参数偏大一倍和偏小一半时,五相 FSPM 电机控制系统的稳态性能实验波形。对比图 6-62(b) 和 (c) 可以发现,控制器内电机电感参数偏小时,两者均能消除 d、q 轴电流静差,实现电流环节的无静差控制。但是,从 d 轴电流波形可以看出,RDB-MPCC 算法还对电流的振荡有一定抑制作用,这得益于观测器对总扰动的准确观测,而 IDB-MPCC 算法仅仅对电流误差进行积分修正,无法实现对系统其他扰动的观测、补偿。

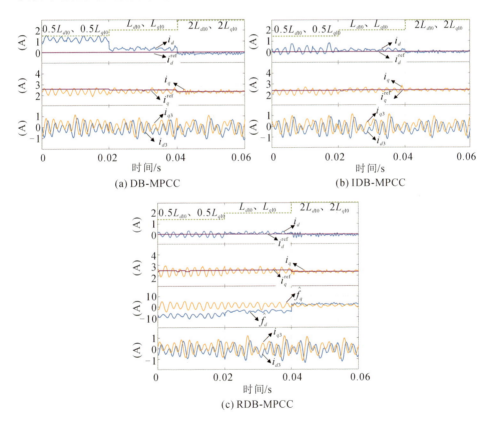

图 6-62 五相 FSPM 电机在电感参数偏差下的稳态性能实验波形

图 6-63 给出了在三种控制算法下控制器内电机磁链参数偏大一倍和偏小一半时五相 FSPM 电机控制系统的稳态性能实验波形。从实验波形中可以发现，磁链参数偏差对 DB-MPCC 算法的影响主要体现在 q 轴电流稳态误差上，而 IDB-MPCC 算法通过积分法很好地消除了这一静差，RDB-MPCC 算法则通过观测器对包含参数扰动的总扰动进行观测，从而消除了电流静差。

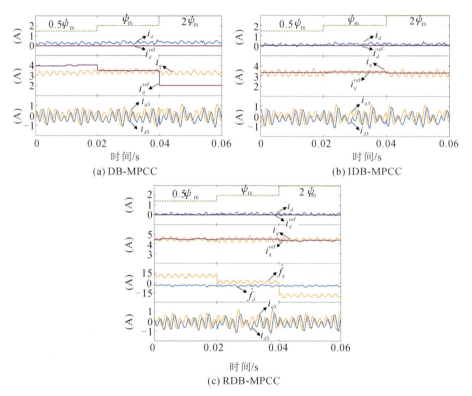

图 6-63 五相 FSPM 电机在磁链参数偏差下的稳态性能实验波形

（2）多参数偏差稳态实验。

上文开展了单参数偏差条件下几种算法的稳态性能实验。现考察几种算法在多参数偏差下的稳态性能，进一步验证 IDB-MPCC 算法和 RDB-MPCC 算法的有效性。

图 6-64 给出了在三种控制算法下控制器内电机电阻、磁链和电感参数同时偏大一倍和同时偏小一半时，五相 FSPM 电机控制系统的稳态性能实验波形。实验结果表明，IDB-MPCC 算法和 RDB-MPCC 算法均能消除多参数偏差下 d、

q 轴电流稳态误差,同时,RDB-MPCC 算法还能够进一步降低参数偏差导致的 d、q 轴电流振荡大的问题。

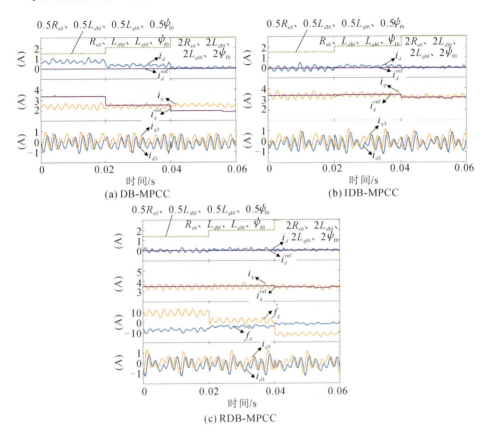

图 6-64 多参数偏差下五相 FSPM 电机控制系统的稳态性能实验波形

6.7 本章小结

本章研究了五相 FSPM 电机模型预测控制抗扰动技术,主要内容包括:五相电机控制技术及模型预测控制研究综述、五相 FSPM 电机建模、模型预测电流控制方法及其参数敏感性分析、无差拍模型预测电流控制中电流稳态误差消除算法。本章的具体研究内容如下:

(1) 对电机驱动系统中 MPC 技术研究热点进行梳理归纳,总结了当前 MPC 抗扰动研究中的几种重要方法,论述了开展五相 FSPM 电机 MPC 抗扰动研究的意义。

（2）以五相 FSPM 电机为例，介绍了该电机的结构，建立其在不同坐标系下的数学模型。将基于虚拟电压矢量的调制技术加入五相 FSPM 电机控制技术中，降低了五相电机控制系统的复杂度，同时实现了对五相 FSPM 电机谐波子空间电流的抑制。

（3）介绍了两种五相 FSPM 电机 MPCC 方法，从电流预测模型、价值函数设计以及一拍延时补偿环节出发，介绍了五相 FSPM 电机常规 MPCC 控制方法；引入无差拍控制，介绍了五相 FSPM 电机 DB-MPCC 控制方法，该方法能够显著提升系统稳态性能。

（4）针对 MPC 参数敏感性问题，详细讨论了两种 MPCC 算法的参数敏感性。对于常规 MPCC 算法，分析参数偏差对预测模型和预测电流的影响；对于 DB-MPCC 算法，分析参数偏差对电流稳态误差和系统稳定性的影响，并发现控制器内电机电感参数偏差过大将导致系统不稳定。

（5）分别基于积分法和龙伯格观测器，提出两种基于 DB-MPCC 的电流静差消除算法——IDB-MPCC 和 RDB-MPCC，介绍了两种算法的基本原理和实现方式，指出采用观测器的算法不仅能消除电流稳态误差，还能提升系统稳定性。

（6）搭建相关实验平台，通过实验验证了上述算法的有效性。

本章参考文献

[1] CORTÉS P,VATTUONE L,RODRIGUEZ J,et al. A method of predictive current control with reduced number of calculations for five-phase voltage source inverters[C]//Proceedings of 2009 35th Annual Conference of IEEE Industrial Electronics. New York：IEEE,2009：53-58.

[2] RIVEROS J A,PRIETO J,BARRERO F,et al. Predictive torque control for five-phase induction motor drives[C]//Proceedings of IECON 2010 36th Annual Conference on the IEEE Industrial Electronics Society. New York：IEEE,2010：2467-2472.

[3] GUZMAN H, DURAN M J, BARRERO F, et al. Speed control of five-phase induction motors with integrated open-phase fault operation using model-based predictive current control techniques[J]. IEEE Transactions on Industrial Electronics, 2014, 61(9): 4474-4484.

[4] MARTÍN C, ARAHAL M R, BARRERO F, et al. Five-phase induction motor rotor current observer for finite control set model predictive control of stator current[J]. IEEE Transactions on Industrial Electronics, 2016, 63(7): 4527-4538.

[5] RODAS J, BARRERO F, ARAHAL M R, et al. Online estimation of rotor variables in predictive current controllers: a case study using five-phase induction machines[J]. IEEE Transactions on Industrial Electronics, 2016, 63(9): 5348-5356.

[6] WU X S, SONG W S, XUE C. Low-complexity model predictive torque control method without weighting factor for five-phase PMSM based on hysteresis comparators[J]. IEEE Journal of Emerging and Selected Topics in Power Electronics, 2018, 6(4): 1650-1661.

[7] HUANG W T, HUA W, CHEN F Y, et al. Model predictive current control of open-circuit fault-tolerant five-phase flux-switching permanent magnet motor drives[J]. IEEE Journal of Emerging and Selected Topics in Power Electronics, 2018, 6(4): 1840-1849.

[8] 陈富扬, 花为, 黄文涛, 等. 基于模型预测转矩控制的五相磁通切换永磁电机开路故障容错策略[J]. 中国电机工程学报, 2019, 39(2): 337-346, 631.

[9] LI G B, HU J F, LI Y D, et al. An improved model predictive direct torque control strategy for reducing harmonic currents and torque ripples of five-phase permanent magnet synchronous motors[J]. IEEE Transactions on Industrial Electronics, 2019, 66(8): 5820-5829.

[10] XIONG C, XU H P, GUAN T, et al. A Constant switching frequency multiple-vector-based model predictive current control of five-phase PMSM with nonsinusoidal back EMF[J]. IEEE Transactions on Industrial Electronics, 2020, 67(3): 1695-1707.

［11］ 印晓梅.电动汽车用五相混合励磁磁通切换电机的设计与分析［D］.南京：东南大学，2014.

［12］ CORTES P，RODRIGUEZ J，SILVA C，et al. Delay compensation in model predictive current control of a three-phase inverter［J］. IEEE Transactions on Industrial Electronics，2012，59(2)：1323-1325.

［13］ ZHANG Y C，BAI Y N，YANG H T. A universal multiple-vector-based model predictive control of induction motor drives［J］. IEEE Transactions on Power Electronics，2018，33(8)：6957-6969.

［14］ ZAKY M S，KHATER M M，SHOKRALLA S S，et al. Wide-speed-range estimation with online parameter identification schemes of sensorless induction motor drives［J］. IEEE Transactions on Industrial Electronics，2009，56(5)：1699-1707.

［15］ WIPASURAMONTON P，ZHU Z Q，HOWE D. Predictive current control with current-error correction for PM brushless AC drives［J］. IEEE Transactions on Industry Applications，2006，42(4)：1071-1079.

［16］ LUENBERGER D. An introduction to observers［J］. IEEE Transactions on Automatic Control，1971，16(6)：596-602.

［17］ LUENBERGER D G. Observing the state of a linear system［J］. IEEE Transactions on Military Electronics，1964，8(2)：74-80.

［18］ 乔治·埃利斯.控制系统设计指南［M］.3版.刘君华，汤晓君，译.北京：电子工业出版社，2006.

［19］ 张永澜.状态观测器在伺服控制系统中的应用研究［D］.哈尔滨：哈尔滨工业大学，2007.

［20］ LEE K J，PARK B G，KIM R Y，et al. Robust predictive current controller based on a disturbance estimator in a three-phase grid-connected inverter［J］. IEEE Transactions on Power Electronics，2012，27（1）：276-283.

［21］ 刘博.基于扰动观测的永磁同步电机电流预测控制研究［D］.哈尔滨：哈尔滨工业大学，2015.

第 7 章
开路故障容错模型预测控制

7.1 多相电机容错模型预测控制概述

电机容错运行的目的是确保电机驱动系统在发生故障后,能够达到与正常运行时相同的转矩与输出能力,并保持稳定运行。多相电机比传统三相电机具有更多的相数,在控制上拥有更多的自由度和更高的灵活性,在电机一相甚至多相故障时,仍能继续稳定运行。相比于三相电机驱动系统,多相电机驱动系统具有更好的控制能力。在可靠性要求较高的工业场合,电机驱动系统容错运行能力对系统的安全至关重要。

近 20 年来,国内外学者针对电机容错控制所提出的解决方案可分为两类:基于磁动势不变原则和基于转矩脉动最小约束的容错原则。

发生开路故障后,多相电机系统控制自由度下降,谐波子空间中的电压矢量不能被消除,故要实现对故障系统的控制必须同时考虑基波和谐波两个子空间。基于矢量空间分解(VSD)理论,传统磁场定向控制(FOC)和直接转矩控制(DTC)针对电机容错控制大多通过设计不同子空间的控制回路实现,但额外的回路增加了控制策略的复杂度。

处理各种非线性约束是模型预测控制的重要特点之一。不同于 FOC 和 DTC,要实现对开路故障下多相电机的容错控制,只需要选择合适的基波和谐波变量,并构建对应的预测模型和价值函数。现有的文献大多关注模型预测电流控制方法在容错电机驱动系统中的应用,而有关容错模型预测转矩控制的研究鲜有发现。此外,容错模型预测控制的计算量随着开关状态数的增多而增大,其稳态性能不佳的问题在电机容错运行过程中更加突出[1,2]。

7.2 开路故障的五相磁通切换电机系统

7.2.1 矢量空间分解

1. 单相开路故障

当五相磁通切换永磁(FSPM)电机发生单相开路故障时,系统的特性将发生改变,由五相对称系统变为四相不对称系统,同时控制自由度降低。两电平 VSI 供电的五相 FSPM 电机系统在出现单相开路故障后,逆变器状态个数从 32 个下降为 16 个。假设 A 相发生开路故障,则 A 相电流为 0,对应的系统结构图如图 7-1 所示。

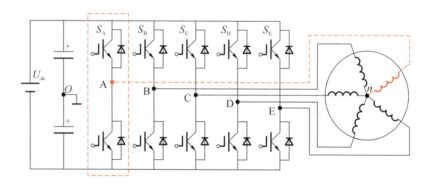

图 7-1 A 相开路故障下的五相 FSPM 电机系统结构

结合故障后的逆变器状态,由节点电压法可以得到非故障相的相电压表达式为

$$\begin{bmatrix} u_B \\ u_C \\ u_D \\ u_E \end{bmatrix} = \frac{U_{dc}}{4} \begin{bmatrix} 3 & -1 & -1 & -1 \\ -1 & 3 & -1 & -1 \\ -1 & -1 & 3 & -1 \\ -1 & -1 & -1 & 3 \end{bmatrix} \begin{bmatrix} S_B \\ S_C \\ S_D \\ S_E \end{bmatrix} - \frac{E_A}{4} \begin{bmatrix} 1 \\ 1 \\ 1 \\ 1 \end{bmatrix} \quad (7-1)$$

式中　U_{dc}——直流侧母线电压,V;

　　　S_n——各桥臂开关管状态,n=B,C,D,E,S_n=1 表示上桥臂导通下桥臂关断,S_n=0 表示上桥臂关断下桥臂导通;

　　　E_A——开路相的反电动势,V。

为方便分析,可忽略式(7-1)中的最后一项[3]。

A 相发生开路故障后,五相 FSPM 系统变为四相系统,VSD 矩阵也随之发生改变,利用降维的 Clarke 变换矩阵,可将式(7-1)中得到的自然坐标系下的相电压变换到两相静止坐标系,变换公式如下:

$$\begin{bmatrix} u_\alpha \\ u_\beta \\ u_x \\ u_y \\ u_O \end{bmatrix} = \bm{T}_C \begin{bmatrix} 0 \\ u_B \\ u_C \\ u_D \\ u_E \end{bmatrix} = \frac{2}{5} \begin{bmatrix} \cos\delta & \cos(2\delta) & \cos(3\delta) & \cos(4\delta) \\ \sin\delta & \sin(2\delta) & \sin(3\delta) & \sin(4\delta) \\ \cos(3\delta) & \cos(6\delta) & \cos(9\delta) & \cos(12\delta) \\ \sin(3\delta) & \sin(6\delta) & \sin(9\delta) & \sin(12\delta) \\ 1/\sqrt{2} & 1/\sqrt{2} & 1/\sqrt{2} & 1/\sqrt{2} \end{bmatrix} \begin{bmatrix} u_B \\ u_C \\ u_D \\ u_E \end{bmatrix}$$

(7-2)

式中,$\delta = 2\pi/5$。

根据式(7-1)和式(7-2),可得故障系统的基本电压矢量,如图 7-2 所示。与正常运行情况不同,单相开路故障下的基本电压矢量在每个子空间都呈现不均匀分布,子空间被分割为 12 部分。基本电压矢量根据幅值不同,可分为 6 类,如表 7-1 所示。单相开路故障下基波与谐波子空间的各个电压矢量的幅值和相位如表 7-2 所示。

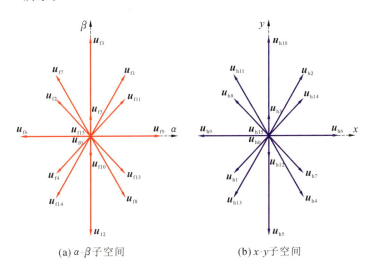

(a) α-β 子空间　　　　(b) x-y 子空间

图 7-2　单相开路故障下的基本电压矢量

表 7-1　不同子空间的基本电压矢量分组

幅值	α-β 子空间	x-y 子空间
0	u_{f0}, u_{f15}	u_{h0}, u_{h15}
$0.145U_{dc}$	u_{f5}, u_{f10}	u_{h3}, u_{h12}
$0.325U_{dc}$	u_{f2}, u_{f4}, u_{f11}, u_{f13}	u_{h1}, u_{h7}, u_{h8}, u_{h14}
$0.441U_{dc}$	u_{f1}, u_{f7}, u_{f8}, u_{f14}	u_{h2}, u_{h4}, u_{h11}, u_{h13}
$0.447U_{dc}$	u_{f6}, u_{f9}	u_{h6}, u_{h9}
$0.616U_{dc}$	u_{f3}, u_{f12}	u_{h5}, u_{h10}

表 7-2　单相开路故障下的电压矢量

开关状态	α-β 子空间	x-y 子空间
0000(1111)	0	0
0001	$0.441U_{dc}\angle 0.331\pi$	$0.325U_{dc}\angle -0.742\pi$
0010	$0.325U_{dc}\angle 0.742\pi$	$0.441U_{dc}\angle 0.331\pi$
0011	$0.616U_{dc}\angle 0.500\pi$	$0.145U_{dc}\angle 0.500\pi$
0100	$0.325U_{dc}\angle -0.742\pi$	$0.441U_{dc}\angle -0.331\pi$
0101	$0.145U_{dc}\angle 0.500\pi$	$0.616U_{dc}\angle -0.500\pi$
0110	$0.447U_{dc}\angle 0.000\pi$	$0.447U_{dc}\angle 0.000\pi$
0111	$0.441U_{dc}\angle 0.669\pi$	$0.325U_{dc}\angle -0.258\pi$
1000	$0.441U_{dc}\angle -0.331\pi$	$0.325U_{dc}\angle 0.742\pi$
1001	$0.447U_{dc}\angle 0.000\pi$	$0.447U_{dc}\angle 0.000\pi$
1010	$0.145U_{dc}\angle -0.500\pi$	$0.616U_{dc}\angle 0.500\pi$
1011	$0.325U_{dc}\angle 0.258\pi$	$0.441U_{dc}\angle 0.669\pi$
1100	$0.616U_{dc}\angle -0.500\pi$	$0.145U_{dc}\angle -0.500\pi$
1101	$0.325U_{dc}\angle -0.258\pi$	$0.441U_{dc}\angle -0.669\pi$
1110	$0.441U_{dc}\angle -0.669\pi$	$0.325U_{dc}\angle 0.258\pi$

2. 两相开路故障

（1）相邻两相开路故障。

当五相 FSPM 电机相邻两相同时发生开路故障时（以 A 相和 B 相发生开路故障为例），相似地，由节点电压法同样可以求得各电压与非故障相的开关状态及绕组反电动势的关系：

$$\begin{bmatrix} u_C \\ u_D \\ u_E \end{bmatrix} = \frac{U_{dc}}{3} \begin{bmatrix} 2 & -1 & -1 \\ -1 & 2 & -1 \\ -1 & -1 & 2 \end{bmatrix} \begin{bmatrix} S_C \\ S_D \\ S_E \end{bmatrix} - \frac{E_A + E_B}{4} \begin{bmatrix} 1 \\ 1 \\ 1 \end{bmatrix} \quad (7-3)$$

同理，忽略式(7-3)中的最后一项，参照式(7-2)，求得相邻两相开路故障下基波与谐波子空间的基本电压矢量，各电压矢量如图7-3所示。

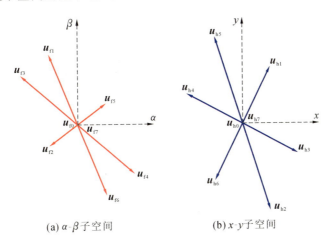

(a) α-β子空间　　　　(b) x-y子空间

图 7-3　相邻两相开路故障下的电压矢量

(2) 非相邻两相开路故障。

当五相FSPM电机非相邻两相同时发生开路故障时（以A相和C相发生开路故障为例），同理，由节点电压法可求出各电压与非故障相的开关状态及绕组反电动势的关系：

$$\begin{bmatrix} u_B \\ u_D \\ u_E \end{bmatrix} = \frac{U_{dc}}{3} \begin{bmatrix} 2 & -1 & -1 \\ -1 & 2 & -1 \\ -1 & -1 & 2 \end{bmatrix} \begin{bmatrix} S_B \\ S_D \\ S_E \end{bmatrix} - \frac{E_A + E_C}{4} \begin{bmatrix} 1 \\ 1 \\ 1 \end{bmatrix} \quad (7-4)$$

同理，忽略式(7-4)中的最后一项，参照式(7-2)，求得非相邻两相开路故障下基波与谐波子空间的基本电压矢量，各电压矢量如图7-4所示。

7.2.2　数学模型

近20多年来，国内外学者针对电机容错控制所提出的解决方案可分为两

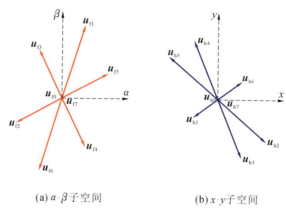

(a) α-β子空间 (b) x-y子空间

图 7-4 非相邻两相开路故障下的电压矢量

类:基于磁动势不变原则和基于转矩脉动最小约束的容错原则[4-5]。其中,基于磁动势不变原则的解决方案根据具体实现方式又可分为解耦容错控制[6]和最优电流控制[7];基于转矩脉动最小约束的容错原则的解决方案可以分为拉格朗日函数法[8]、瞬时转矩法[9]和平均功率法[10]。

若不考虑谐波影响,在电机稳定运行时,电机产生均匀的圆形旋转磁动势,这是保持电机输出转矩恒定的重要条件。当电机发生开路故障时,若各相电流保持不变,由于缺相的影响,总的磁动势将发生改变。因此,容错运行策略的关键点在于保持总的磁动势不变,即通过调整开路状态下其余健康相电流矢量,保证出现故障后电机仍然能产生与出现故障前相同的圆形旋转磁动势。

对于五相 FSPM 电机,其各相绕组函数表达式为

$$\begin{cases} N_A = \sum_{v=1}^{\infty} \left(\frac{4}{v\pi}\right) \frac{N}{2} \sin \frac{v\pi}{2} \cos(v\theta) \\ N_B = \sum_{v=1}^{\infty} \left(\frac{4}{v\pi}\right) \frac{N}{2} \sin \frac{v\pi}{2} \cos[v(\theta - \delta)] \\ N_C = \sum_{v=1}^{\infty} \left(\frac{4}{v\pi}\right) \frac{N}{2} \sin \frac{v\pi}{2} \cos[v(\theta - 2\delta)] \\ N_D = \sum_{v=1}^{\infty} \left(\frac{4}{v\pi}\right) \frac{N}{2} \sin \frac{v\pi}{2} \cos[v(\theta - 3\delta)] \\ N_E = \sum_{v=1}^{\infty} \left(\frac{4}{v\pi}\right) \frac{N}{2} \sin \frac{v\pi}{2} \cos[v(\theta - 4\delta)] \end{cases} \quad (7\text{-}5)$$

式中　N——每相绕组匝数；

　　　θ——沿气隙圆周空间角，rad。

正常运行状态下，五相 FSPM 电机各相电流表达式为

$$\begin{cases} i_A = \sum_{m=1}^{\infty} I_m \cos(m\omega t) \\ i_B = \sum_{m=1}^{\infty} I_m \cos[m(\omega t - \delta)] \\ i_C = \sum_{m=1}^{\infty} I_m \cos[m(\omega t - 2\delta)] \\ i_D = \sum_{m=1}^{\infty} I_m \cos[m(\omega t - 3\delta)] \\ i_E = \sum_{m=1}^{\infty} I_m \cos[m(\omega t - 4\delta)] \end{cases} \tag{7-6}$$

式中　I_m——相电流各次分量幅值，A；

　　　ω——电气角速度，rad/s。

根据交流电机绕组函数理论，若仅考虑基波空间量，即令 $v=1, n=1$，可得到磁动势表达式：

$$F_1 = \sum_{k=A}^{E} N_k i_k = \frac{5}{2} N_1 I_1 \cos(\theta - \omega t) \tag{7-7}$$

展开绕组函数即磁动势表达式的余弦函数，可得到如下新的等式：

$$\begin{cases} \frac{5}{2} N_1 I_1 \cos(\omega t) = 1 \cdot i_A + i_B \cos\delta + i_C \cos(2\delta) + i_D \cos(3\delta) + i_E \cos(4\delta) \\ \frac{5}{2} N_1 I_1 \sin(\omega t) = 0 \cdot i_A + i_B \sin\delta + i_C \sin(2\delta) + i_D \sin(3\delta) + i_E \sin(4\delta) \end{cases}$$

$$\tag{7-8}$$

以上等式左边为五相 FSPM 电机稳定运行时磁动势的状态，右边为该状态下对应的各相电流应满足的关系表达式。根据电机不同的故障状态，对各相电流做出相应的约束，并求出在满足上述等式条件下的不同解。

1. 单相开路故障

(1) 拉格朗日函数法。

当五相 FSPM 电机的某一相发生开路故障时，剩余四个健康相的电流需要进行重构，以使得在故障状态下上述等式仍然成立。以电机 A 相发生开路故障

为例,此时 A 相电流为零,不再计入驱动系统,在此工况下可得出对应的约束条件如下:

$$\begin{cases} \dfrac{5}{2}N_1 I_1 \cos(\omega t) = i'_B \cos\delta + i'_C \cos(2\delta) + i'_D \cos(3\delta) + i'_E \cos(4\delta) \\ \dfrac{5}{2}N_1 I_1 \sin(\omega t) = i'_B \sin\delta + i'_C \sin(2\delta) + i'_D \sin(3\delta) + i'_E \sin(4\delta) \\ i'_B + i'_C + i'_D + i'_E = 0 \end{cases} \quad (7\text{-}9)$$

该方程组包含四个待求未知数,却仅有三个等式方程,具有无穷多组解。为了得到唯一的一组解,必须添加额外一组独立的约束条件。该问题可以转化为在约束条件式(7-9)下,以特定条件为目标函数所构造的拉格朗日函数的求解问题。

① 定子铜耗最小。

以定子铜耗最小为目标约束建立目标函数 $f(i'_B, i'_C, i'_D, i'_E)$:

$$f = (i'^2_B + i'^2_C + i'^2_D + i'^2_E)R_s \quad (7\text{-}10)$$

构建拉格朗日函数 $P(i'_B, i'_C, i'_D, i'_E, \lambda_1, \lambda_2, \lambda_3)$:

$$\begin{aligned} P = & \lambda_1 [i'_B \cos\delta + i'_C \cos(2\delta) + i'_D \cos(3\delta) + i'_E \cos(4\delta) - 2.5 N_1 I_1 \cos(\omega t)] \\ & + \lambda_2 [i'_B \sin\delta + i'_C \sin(2\delta) + i'_D \sin(3\delta) + i'_E \sin(4\delta) - 2.5 N_1 I_1 \sin(\omega t)] \\ & + f + \lambda_3 (i'_B + i'_C + i'_D + i'_E) \end{aligned} \quad (7\text{-}11)$$

对函数 P 求偏导,$\boldsymbol{O}$ 为 1×7 的零矩阵,可得:

$$\left[\dfrac{\partial P}{\partial i'_B} \quad \dfrac{\partial P}{\partial i'_C} \quad \dfrac{\partial P}{\partial i'_D} \quad \dfrac{\partial P}{\partial i'_E} \quad \dfrac{\partial P}{\partial \lambda_1} \quad \dfrac{\partial P}{\partial \lambda_2} \quad \dfrac{\partial P}{\partial \lambda_3} \right]^{\mathrm{T}} = \boldsymbol{O} \quad (7\text{-}12)$$

由式(7-8)可以求解出函数 P 中的未知数:

$$\boldsymbol{X}_P = \begin{bmatrix} \cos\delta & \cos(2\delta) & \cos(3\delta) & \cos(4\delta) & 0 & 0 & 0 \\ \sin\delta & \sin(2\delta) & \sin(3\delta) & \sin(4\delta) & 0 & 0 & 0 \\ 1 & 1 & 1 & 1 & 0 & 0 & 0 \\ 2R_s & 0 & 0 & 0 & \cos\delta & \sin\delta & 1 \\ 0 & 2R_s & 0 & 0 & \cos(2\delta) & \sin(2\delta) & 1 \\ 0 & 0 & 2R_s & 0 & \cos(3\delta) & \sin(3\delta) & 1 \\ 0 & 0 & 0 & 2R_s & \cos(4\delta) & \sin(4\delta) & 1 \end{bmatrix}^{-1} \boldsymbol{F}_r$$

$$(7\text{-}13)$$

式中

$$\boldsymbol{X}_P = [i'_B \quad i'_C \quad i'_D \quad i'_E \quad \lambda_1 \quad \lambda_2 \quad \lambda_3]^T$$

$$\boldsymbol{F}_r = [2.5N_1 I_1 \cos(\omega t) \quad 2.5N_1 I_1 \sin(\omega t) \quad 0 \quad 0 \quad 0 \quad 0 \quad 0]^T$$

对求解出的电机出现故障后重构的各相电流表达式进行化简,可得:

$$\begin{cases} i'_B = 1.4678 I_1 \cos(\omega t - 0.2244\pi) \\ i'_C = 1.2631 I_1 \cos(\omega t - 0.8459\pi) \\ i'_D = 1.2631 I_1 \cos(\omega t + 0.8459\pi) \\ i'_E = 1.4678 I_1 \cos(\omega t + 0.2244\pi) \end{cases} \tag{7-14}$$

② 各相电流有效值相同。

以各相电流有效值相同为目标约束建立目标函数,由 A 相开路后五相 FSPM 电机的对称性可知,B 相和 E 相重构电流有效值相等,C 相和 D 相重构电流有效值也相等。由于中性点电流为零,可以推导出在该目标约束下有 $i'_B = -i'_D$,因此该问题也可以转化为以 B 相和 D 相重构电流方向相反为目标约束建立目标函数 $f(i'_B, i'_D)$:

$$f = (i'_B + i'_D)^2 \tag{7-15}$$

同理,构建拉格朗日函数 $P(i'_B, i'_C, i'_D, i'_E, \lambda_1, \lambda_2, \lambda_3)$ 并求解其中的未知数:

$$\boldsymbol{X}_P = \begin{bmatrix} \cos\delta & \cos(2\delta) & \cos(3\delta) & \cos(4\delta) & 0 & 0 & 0 \\ \sin\delta & \sin(2\delta) & \sin(3\delta) & \sin(4\delta) & 0 & 0 & 0 \\ 1 & 1 & 1 & 1 & 0 & 0 & 0 \\ 2 & 0 & 2 & 0 & \cos\delta & \sin\delta & 1 \\ 0 & 0 & 0 & 0 & \cos(2\delta) & \sin(2\delta) & 1 \\ 2 & 0 & 2 & 0 & \cos(3\delta) & \sin(3\delta) & 1 \\ 0 & 0 & 0 & 0 & \cos(4\delta) & \sin(4\delta) & 1 \end{bmatrix}^{-1} \boldsymbol{F}_r$$

$$\tag{7-16}$$

对求解出的电机出现故障后重构的各相电流表达式进行化简,可得:

$$\begin{cases} i'_B = 1.3820 I_1 \cos(\omega t - \pi/5) \\ i'_C = 1.3820 I_1 \cos(\omega t - 4\pi/5) \\ i'_D = 1.3820 I_1 \cos(\omega t + \pi/5) \\ i'_E = 1.3820 I_1 \cos(\omega t + 4\pi/5) \end{cases} \tag{7-17}$$

值得一提的是，上述利用拉格朗日函数法结合磁动势不变原则推导出的五相 FSPM 电机单相开路故障下的两种重构电流表达式仅为在特定目标约束下的解。而基于其他约束条件仍可推导出其余的解，但由于其余解物理意义不够明确，这里不再赘述。

（2）变换矩阵逆推法。

变换矩阵逆推法的基本思路是通过电机正常工况下各相电流的已知表达式，经由空间解耦坐标变换矩阵求解出解耦空间的电流表达式。当电机发生故障时，为保持电机稳定运行，电机输出转矩需保持恒定，即对应于解耦基波空间的电流表达式不变，则经由空间解耦坐标变换矩阵的逆变换，可求解出故障状态下的重构电流。

五相 FSPM 电机正常运行时，解耦空间的电流表达式为

$$\begin{bmatrix} i_\alpha \\ i_\beta \\ i_x \\ i_y \\ i_O \end{bmatrix} = \boldsymbol{T}_C \begin{bmatrix} I_1\cos(\omega t) \\ I_1\cos(\omega t - \delta) \\ I_1\cos(\omega t - 2\delta) \\ I_1\cos(\omega t - 3\delta) \\ I_1\cos(\omega t - 4\delta) \end{bmatrix} = \begin{bmatrix} I_1\cos(\omega t) \\ I_1\sin(\omega t) \\ 0 \\ 0 \\ 0 \end{bmatrix} \quad (7\text{-}18)$$

当 A 相发生开路故障时，同样可由空间解耦坐标变换矩阵求解出故障状态下的解耦空间电流表达式：

$$\begin{bmatrix} i'_\alpha \\ i'_\beta \\ i'_x \\ i'_y \\ i'_O \end{bmatrix} = \boldsymbol{T}_C \begin{bmatrix} 0 \\ i'_B \\ i'_C \\ i'_D \\ i'_E \end{bmatrix} = \frac{2}{5}\begin{bmatrix} \cos\delta & \cos(2\delta) & \cos(3\delta) & \cos(4\delta) \\ \sin\delta & \sin(2\delta) & \sin(3\delta) & \sin(4\delta) \\ \cos(3\delta) & \cos(6\delta) & \cos(9\delta) & \cos(12\delta) \\ \sin(3\delta) & \sin(6\delta) & \sin(9\delta) & \sin(12\delta) \\ 1/\sqrt{2} & 1/\sqrt{2} & 1/\sqrt{2} & 1/\sqrt{2} \end{bmatrix}\begin{bmatrix} i'_B \\ i'_C \\ i'_D \\ i'_E \end{bmatrix}$$

$$(7\text{-}19)$$

以上等式中，新的 $\boldsymbol{T}_C$ 矩阵第三行非独立，可求解出 $i'_x = -i'_\alpha$。由于电机相间绕组采用星形接法，可求解出 $i'_O = 0$。为保持故障前后电机输出转矩不变，解耦基波空间的电流表达式保持不变，即

$$\begin{cases} i'_\alpha = i_\alpha = I_1\cos(\omega t) \\ i'_\beta = i_\beta = I_1\sin(\omega t) \end{cases} \quad (7\text{-}20)$$

由以上分析可得出故障状态下重构电流表达式为

$$\begin{bmatrix} i'_B \\ i'_C \\ i'_D \\ i'_E \end{bmatrix} = \frac{5}{2} \begin{bmatrix} \cos\delta & \cos(2\delta) & \cos(3\delta) & \cos(4\delta) \\ \sin\delta & \sin(2\delta) & \sin(3\delta) & \sin(4\delta) \\ \sin(3\delta) & \sin(6\delta) & \sin(9\delta) & \sin(12\delta) \\ 1/\sqrt{2} & 1/\sqrt{2} & 1/\sqrt{2} & 1/\sqrt{2} \end{bmatrix}^{-1} \begin{bmatrix} i'_\alpha \\ i'_\beta \\ i'_y \\ i'_O \end{bmatrix} \quad (7\text{-}21)$$

式(7-21)表明,重构电流不唯一,与 i'_y 的值有关。而 i'_y 的取值同样对应于不同的目标约束,现分析如下。

① 以定子铜耗最小为目标约束。

定子铜耗函数 P_2 的表达式为

$$P_2 = (i'^2_\alpha + i'^2_\beta + i'^2_x + i'^2_y)R_s = C_o + i'^2_y R_s \quad (7\text{-}22)$$

则对应于 $i'_y = 0$ 时,P_2 取得最小值。将 $i'_y = 0$ 代入式(7-21),求解出的重构电流表达式与式(7-14)一致,间接验证了该方法的有效性。

② 以各相电流有效值相同为目标约束。

在该目标约束下,很难直接建立相电流有效值与解耦空间电流之间的关系,需要通过观察式(7-21)以构建联系。根据式(7-20)和式(7-21)可以得到:

$$\begin{bmatrix} i'_B \\ i'_C \\ i'_D \\ i'_E \end{bmatrix} = \begin{bmatrix} c_0 & a_0 & -b_0 \\ -c_0 & b_0 & a_0 \\ -c_0 & -b_0 & a_0 \\ c_0 & -a_0 & b_0 \end{bmatrix} \begin{bmatrix} I_1\cos(\omega t) \\ I_1\sin(\omega t) \\ i'_y \end{bmatrix} \quad (7\text{-}23)$$

式中,$a_0 = 0.9511, b_0 = 0.5878, c_0 = 1.1180$。

通过观察可发现,若设置 $i'_y = k_0 i'_\beta$,且 $k_0 = \dfrac{a_0 - b_0}{a_0 + b_0} = 0.2361$,则恰好可得剩余健康相电流幅值均为 $\sqrt{c_0^2 + (a_0 - k_0 b_0)^2} I_1 = 1.3820 I_1$。将其代入式(7-23),求解出的重构电流表达式与式(7-17)相同。

2. 相邻两相开路故障

当五相 FSPM 电机发生相邻两相开路故障时(以 A 相和 B 相发生开路故障为例),为了保持故障前后电机输出转矩不变,需要对剩余的三个健康相的电流进行重构。电流重构的基本思路与发生单相开路故障时一致,可采用拉格朗日函数法或者变换矩阵逆推法,由于电机发生两相故障时重构的相电流具有唯一解,故上述两种方法等效。这里采用变换矩阵逆推法进行求解，推导过程如下：

$$\begin{bmatrix} i'_\alpha \\ i'_\beta \\ i'_x \\ i'_y \\ i'_O \end{bmatrix} = \mathbf{T}_C \begin{bmatrix} 0 \\ 0 \\ i'_C \\ i'_D \\ i'_E \end{bmatrix} = \frac{2}{5} \begin{bmatrix} \cos(2\delta) & \cos(3\delta) & \cos(4\delta) \\ \sin(2\delta) & \sin(3\delta) & \sin(4\delta) \\ \cos(6\delta) & \cos(9\delta) & \cos(12\delta) \\ \sin(6\delta) & \sin(9\delta) & \sin(12\delta) \\ 1/\sqrt{2} & 1/\sqrt{2} & 1/\sqrt{2} \end{bmatrix} \begin{bmatrix} i'_C \\ i'_D \\ i'_E \end{bmatrix} \quad (7-24)$$

式(7-24)中，i'_x与i'_y不可独立控制，但仍满足$i'_x = -i'_a$。求得五相FSPM电机在相邻两相开路故障下，重构电流和各相电流表达式分别为

$$\begin{bmatrix} i'_C \\ i'_D \\ i'_E \end{bmatrix} = \frac{5}{2} \begin{bmatrix} \cos(2\delta) & \cos(3\delta) & \cos(4\delta) \\ \sin(2\delta) & \sin(3\delta) & \sin(4\delta) \\ 1/\sqrt{2} & 1/\sqrt{2} & 1/\sqrt{2} \end{bmatrix}^{-1} \begin{bmatrix} I_1 \cos(\omega t) \\ I_1 \sin(\omega t) \\ 0 \end{bmatrix} \quad (7-25)$$

$$\begin{cases} i'_C = 2.2361 I_1 \cos(\omega t - 2\pi/5) \\ i'_D = 3.6180 I_1 \cos(\omega t + 4\pi/5) \\ i'_E = 2.2361 I_1 \cos(\omega t) \end{cases} \quad (7-26)$$

3. 非相邻两相开路故障

当五相FSPM电机发生非相邻两相开路故障时（以A相和C相发生开路故障为例），同理可得重构电流为

$$\begin{bmatrix} i'_B \\ i'_D \\ i'_E \end{bmatrix} = \frac{5}{2} \begin{bmatrix} \cos\delta & \cos(3\delta) & \cos(4\delta) \\ \sin\delta & \sin(3\delta) & \sin(4\delta) \\ 1/\sqrt{2} & 1/\sqrt{2} & 1/\sqrt{2} \end{bmatrix}^{-1} \begin{bmatrix} I_1 \cos(\omega t) \\ I_1 \sin(\omega t) \\ 0 \end{bmatrix} \quad (7-27)$$

各相重构电流表达式为

$$\begin{cases} i'_B = 1.3820 I_1 \cos(\omega t - 2\pi/5) \\ i'_D = 2.2361 I_1 \cos(\omega t - \pi) \\ i'_E = 2.2361 I_1 \cos(\omega t + \pi/5) \end{cases} \quad (7-28)$$

当五相FSPM电机发生不同类型的开路故障时，根据不同的约束条件可对相电流进行重构，重构电流时间矢量图如图7-5所示。

其中，对于单相开路故障情况，重构电流在不同目标约束下能得到不同的解。比较A相开路故障下重构电流的实现方式：如采用MT准则设计，重构相

电流幅值相等；如采用 ML 准则设计，B 相和 E 相电流幅值较大，但总的铜耗最小；如采用虚拟磁动势法求解，C 相和 D 相电流幅值较大，同时各相电流总和不为零，不适用于电机星形接法。

当 A 相和 B 相发生开路故障时，电流重构后的 D 相电流幅值高达电机正常运行时幅值的 3.618 倍，受限于相电流与母线电压，该工况下需要降额运行；当 A 相和 C 相发生开路故障时，电流重构后 D 相和 E 相电流幅值较大，为正常运行时相电流幅值的 2.2361 倍。

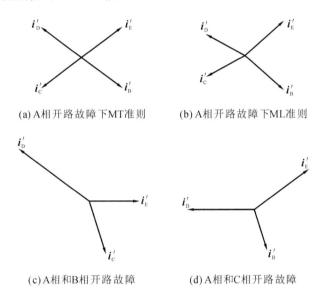

(a) A相开路故障下MT准则　　(b) A相开路故障下ML准则

(c) A相和B相开路故障　　(d) A相和C相开路故障

图 7-5　五相 FSPM 电机在开路故障下的重构电流时间矢量图

7.3　计及谐波约束的容错模型预测转矩控制

相比于正常运行时的五相 FSPM 电机 MPC 策略，在单相开路故障状态下，不能通过矢量合成的方式消除谐波子空间的电压矢量。因此，为了实现对该故障电机驱动系统的完整控制，需要同时考虑对基波以及谐波变量的约束。现有的容错 MPCC 方法选取了基波电流与谐波电流的交、直轴分量作为控制变量，而 MPTC 方法的转矩与定子磁链都主要由基波子空间中的变量构成。

本节将谐波电流作为额外控制变量，构建其预测模型，并将其加入价值函数，以实现对谐波子空间的控制。为减小权值对系统性能的影响，引入负载角，将转矩和定子磁链幅值统一为定子磁链矢量。同时,通过分析定子磁链矢量与目标电压矢量间的关系,提出了一种矢量预筛选方法,可有效减少矢量遍历次数,提高实验采样频率。图 7-6 为五相 FSPM 电机容错 MPTC(FTMPTC)策略控制框图。

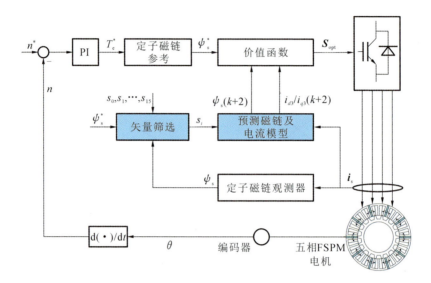

图 7-6 基于矢量筛选的五相 FSPM 电机 FTMPTC 结构

7.3.1 预测模型

利用前向欧拉离散方法将式(6-9)中的电压方程离散化,得到五相 FSPM 电机系统在开路条件下的预测电流模型:

$$\begin{cases} i_{d1}(k+2) = \left(1 - \dfrac{R_s}{L_{d1}}T_s\right) i_{d1}(k+1) + \omega_e T_s \dfrac{L_{q1}}{L_{d1}} i_{q1}(k+1) + \dfrac{T_s}{L_{d1}} u_{d1} \\ i_{q1}(k+2) = \left(1 - \dfrac{R_s}{L_{q1}}T_s\right) i_{q1}(k+1) - \omega_e T_s \dfrac{L_{d1}}{L_{q1}} i_{d1}(k+1) + \dfrac{T_s}{L_{q1}} u_{q1} - \dfrac{T_s \omega_e \psi_f}{L_{q1}} \\ i_{d3}(k+2) = \left(1 - \dfrac{R_s}{L_{d3}}T_s\right) i_{d3}(k+1) + 3\omega_e T_s \dfrac{L_{q3}}{L_{d3}} i_{q3}(k+1) + \dfrac{T_s}{L_{d3}} u_{d3} \\ i_{q3}(k+2) = \left(1 - \dfrac{R_s}{L_{q3}}T_s\right) i_{q3}(k+1) - 3\omega_e T_s \dfrac{L_{d3}}{L_{q3}} i_{d3}(k+1) + \dfrac{T_s}{L_{q3}} u_{q3} \end{cases} \qquad (7\text{-}29)$$

式中　T_s——采样时间,s。

结合式(6-10)和式(6-11),可以得到转矩与定子磁链模型:

$$T_e(k+2) = \frac{5}{2}P_r[\psi_f i_{q1}(k+1) + (L_{d1} - L_{q1})i_{d1}(k+1)i_{q1}(k+1)$$

$$+ 3(L_{d3} - L_{q3})i_{d3}(k+1)i_{q3}(k+1)] \tag{7-30}$$

$$\begin{cases} \psi_{sd}(k+2) = L_{d1}i_{d1}(k+1) + \psi_f \\ \psi_{sq}(k+2) = L_{q1}i_{q1}(k+1) \end{cases} \tag{7-31}$$

式中　$k+1$——第 $k+1$ 次采样;

　　　$k+2$——第 $k+2$ 次采样。

7.3.2　价值函数

根据被控变量的预测值和参考值,可以构建 FTMPTC 的价值函数如下:

$$g_i = |T_e^* - T_e(k+2)| + \lambda_1[|\psi_{sd}^* - \psi_{sd}(k+2)| + |\psi_{sq}^* - \psi_{sq}(k+2)|$$

$$+ \lambda_2[|i_{d3}^* - i_{d3}(k+2)| + |i_{q3}^* - i_{q3}(k+2)|]$$

$$\tag{7-32}$$

其中,$i=1,2,\cdots,15$。

式(7-32)中的谐波电流参考值可以通过 ML 或者 MT 准则得到。现采用 ML 准则来获得谐波电流参考值,则谐波电流 d_3、q_3 分量的参考值可表示为

$$\begin{cases} i_{d3}^* = -(i_{d1}^*\cos\theta_e - i_{q1}^*\sin\theta_e)\cos(3\theta_e) - 0.2631(i_{d1}^*\sin\theta_e + i_{q1}^*\cos\theta_e)\sin(3\theta_e) \\ i_{q3}^* = (i_{d1}^*\cos\theta_e - i_{q1}^*\sin\theta_e)\sin(3\theta_e) - 0.2631(i_{d1}^*\sin\theta_e + i_{q1}^*\cos\theta_e)\cos(3\theta_e) \end{cases}$$

$$\tag{7-33}$$

由于五相 FSPM 电机电感的 d_1、q_1 轴分量十分接近($L_{d1}=2.5$ mH,$L_{q1}=2.9$ mH),因此采用 $i_{d1}=0$ 策略以实现最大转矩分配,则参考电流 i_{q1}^* 可以利用参考转矩表示为

$$i_{q1}^* = \frac{2T_e^*}{5P_r\psi_f} \tag{7-34}$$

同时,可得到参考定子磁链的 d_1、q_1 分量:

$$\begin{cases} \psi_{sd1}^* = \psi_f \\ \psi_{sq1}^* = \dfrac{2T_e^* L_{q1}}{5P_r\psi_f} \end{cases} \tag{7-35}$$

需要注意的是，由于谐波电流约束的存在，在新构建的价值函数（见式(7-32)）中增加了一个权值系数 λ_2。由于存在两个权值，系统参数调节的难度增加，MPC 算法的稳定性降低。为了减小权值的影响，将权值消除方法应用于所提的 FTMPTC 中，通过引入负载角，将转矩和定子磁链幅值统一为定子磁链矢量，从而消除权值 λ_1。

利用负载角 γ，转矩表达式可改写为

$$T_e = \frac{5}{2L_{q1}} P_r \psi_f \psi_s \sin\gamma \tag{7-36}$$

将参考转矩代入式(7-36)，可以解得参考负载角：

$$\gamma^* = \arcsin\left(\frac{2T_e^* L_{q1}}{5P_r \psi_f \psi_s^*}\right) \tag{7-37}$$

利用参考负载角及转子位置角便能得到参考定子磁链矢量的位置角：

$$\theta_s^* = \gamma^* + \theta_r = \arcsin\left(\frac{2T_e^* L_{q1}}{5P_r \psi_f \psi_s^*}\right) + \theta_r \tag{7-38}$$

结合式(7-35)，参考定子磁链矢量可以表示为

$$\boldsymbol{\psi}_s^* = \sqrt{\psi_f^2 + \left(\frac{2T_e^* L_{q1}}{5P_r \psi_f}\right)^2} \angle \theta_s^* \tag{7-39}$$

利用式(7-37)~式(7-39)，可以将转矩和定子磁链幅值统一为定子磁链矢量，最终达到消除权值系数 λ_1 的目的。于是，价值函数可以改写为

$$g_i = |\psi_s^* - \psi_s(k+2)| + \lambda_2[|i_{d3}^* - i_{d3}(k+2)| + |i_{q3}^* - i_{q3}(k+2)|] \tag{7-40}$$

将 s_0 和 s_{15} 两个开关状态视为相同状态，则每个周期内要进行 15 次价值函数优化才能得到最优开关状态，过多的遍历次数会增大处理器的计算负荷。特别是对于一些性能较低的控制器，若算法计算量巨大，其采样时间会受到影响，导致控制精度下降。为了解决此问题，提出矢量筛选的方法。

7.3.3 矢量筛选

所提矢量筛选方法结构图如图 7-7 所示，其主要思想是利用基波子空间内的定子磁链矢量误差所在象限确定有效矢量。文献[11]通过深入研究

DTC方法中参考电压矢量与定子磁链间的关系,发现基波子空间中的参考电压矢量可以通过定子磁链矢量参考值与观测值的误差及参考电流矢量来表示:

$$u^* = \frac{\Delta \boldsymbol{\psi}_s}{T_s} + R_s \boldsymbol{i}_s^* \tag{7-41}$$

式中 $\Delta \boldsymbol{\psi}_s$ ——定子磁链矢量参考值与观测值间的误差,Wb。

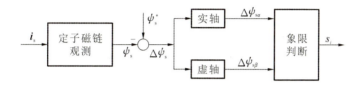

图 7-7 矢量筛选方法结构图

若忽略定子电阻压降,则式(7-41)可改写为

$$u^* = \frac{\Delta \boldsymbol{\psi}_s}{T_s} \tag{7-42}$$

由式(7-42)可以看出,定子磁链矢量误差与参考电压矢量方向相同,则可以将定子磁链矢量误差的空间位置角等效为参考电压矢量的空间位置角。根据 u_{f3}、u_{f6}、u_{f9} 和 u_{f12} 这四个基本电压矢量的分布,基波子空间被等分为 4 个扇区,这 4 个扇区也等效于 4 个自然象限,且每个扇区(象限)包含 6 个电压矢量(5 个非零矢量和 1 个零矢量)。判断定子磁链矢量误差 α、β 轴分量的正负,即可确定其所在扇区(象限),也就能获得 6 个电压矢量。采用所设计的方法,无须精确计算定子磁链矢量误差的角度即可进行矢量筛选。

例如,若定子磁链矢量误差位于第一扇区(象限),则将 s_8、s_9、s_{10}、s_{12}、s_{13} 和 s_0 产生的电压矢量选择为有效电压矢量。然而,s_{10} 在 α-β 子空间内产生的矢量幅值要远小于其在 x-y 子空间内产生的矢量幅值,这并不利于谐波电流抑制,因此 s_{10} 被排除。最终,s_8、s_9、s_{12}、s_{13} 和 s_0 这 5 个开关状态产生的电压矢量被用于价值函数优化,如图 7-8 所示。表 7-3 为矢量筛选结果,其中"1"表示项目值大于或等于 0,"0"表示项目值小于 0。经过矢量筛选之后,算法遍历次数由原来的 15 次下降为 5 次,有效缓解了处理器的计算压力。

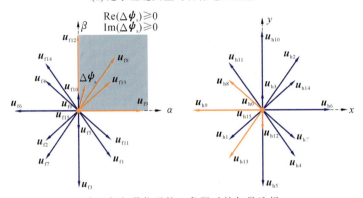

(a) 定子磁链矢量与目标电压矢量

(b) 当目标矢量位于第一象限时的矢量选择

图 7-8 矢量筛选过程

表 7-3 矢量筛选结果

$\Delta\psi_{s\alpha}$	$\Delta\psi_{s\beta}$	开关状态	$\alpha\text{-}\beta$ 子空间	$x\text{-}y$ 子空间
1	1	s_0,s_8,s_9,s_{12},s_{13}	u_{f0},u_{f8},u_{f9},u_{f12},u_{f13}	u_{h0},u_{h8},u_{h9},u_{h12},u_{h13}
1	0	s_0,s_3,s_{11},s_1,s_9	u_{f0},u_{f3},u_{f11},u_{f1},u_{f9}	u_{h0},u_{h3},u_{h11},u_{h1},u_{h9}
0	1	s_0,s_6,s_{14},s_4,s_{12}	u_{f0},u_{f6},u_{f14},u_{f4},u_{f12}	u_{h0},u_{h6},u_{h14},u_{h4},u_{h12}
0	0	s_0,s_2,s_3,s_6,s_7	u_{f0},u_{f2},u_{f3},u_{f6},u_{f7}	u_{h0},u_{h2},u_{h3},u_{h6},u_{h7}

7.3.4 实验验证

为了验证基于矢量筛选的 FTMPTC 策略的有效性,本小节开展了稳态、工况切换、动态和参数变化 4 组实验。实验所用的五相 FSPM 电机实验平台与第 6 章相同。

1. 稳态实验

为了更好地展现所提方法的效果,针对传统的 MPTC(不考虑谐波电流约束的 MPTC)、不含矢量筛选的 FTMPTC、含有矢量筛选的 FTMPTC 这三种 MPTC 方法开展对比实验。

在进行实验验证前,需要对所提 FTMPTC 中的权值进行整定。本小节以定子磁链矢量额定幅值与谐波电流额定幅值之比为基准值,表达式见式(7-43)~式(7-45),并以电流 y 轴分量的标准差为评价指标,进行权值调节。经过多组实验,最终将最优权值系数确定为 0.015。

$$\lambda_2 = \frac{\psi_{sn}}{i_{fn}} \tag{7-43}$$

$$\psi_{sn} = \sqrt{\psi_f^2 + \left(\frac{2T_{en}L_{q1}}{5P_r\psi_f}\right)^2} \tag{7-44}$$

$$i_{fn} = \sqrt{i_{xn}^2 + i_{yn}^2} = i_{\alpha n} = \frac{2T_{en}}{5P_r\psi_f} \tag{7-45}$$

式中 T_{en}——额定转矩,N·m;

ψ_{sn}——定子磁链额定幅值,Wb;

i_{fn}——谐波电流额定幅值,A;

i_{xn}——电流 x 轴分量的额定值,A;

i_{yn}——电流 y 轴分量的额定值,A;

$i_{\alpha n}$——电流 α 轴分量的额定值,A。

在稳态实验中,参考转速设为 300 r/min。由于采用了 ML 准则,电机驱动系统故障运行时的最大输出转矩会降低。实验测得最大输出转矩为 26 N·m ($0.86T_{en}$),故将负载转矩设置为 26 N·m。采样频率设置为 10 kHz。

三种 MPTC 方法中 MPC 模块的实际执行时间如表 7-4 所示。相比于传统的 MPTC 方法,由于额外考虑了谐波电流预测及约束,不含矢量筛选的 FTMPTC 方法的 MPC 模块执行时间最长(67.01 μs)。在采用了矢量筛选方法之后,含矢量筛选的 FTMPTC 方法的 MPC 模块的执行时间下降为 32.85 μs。该结果表明,所提矢量筛选方法可有效降低计算量。

表 7-4　三种 MPTC 方法的 MPC 模块执行时间

方法	时间
传统 MPTC	49.76 μs
不含矢量筛选的 FTMPTC	67.01 μs
含矢量筛选的 FTMPTC	32.85 μs

图 7-9 展示了分别采用三种 MPTC 方法时电机在稳态条件下的相电流,电流 x、y 轴分量,转速及转矩实验波形。从图 7-9(a)可以看出,电流 x 轴分量的波形正弦度较好,但相电流不平衡且电流 y 轴分量脉动较大。其原因在于,在单相开路故障下,基波和谐波子空间存在耦合,传统 MPTC 方法没有考虑谐波子空间的控制,不受控的谐波电流会对基波子空间中的电流产生影响。然而,在图 7-9(b)和(c)中,由于增加了对谐波电流的约束,在 ML 准则作用下,电流 y 轴分量几乎为 0,相电流变得平衡。如之前理论分析,B 相和 E 相电流幅值相同,而 C 相和 D 相电流幅值相同,且前一组幅值要大于后一组。

利用 FFT 工具对获得的 B 相电流进行分析,其结果如图 7-10 所示。相比于传统的 MPTC 方法,不含矢量筛选的 FTMPTC 方法中 B 相电流的 THD 由 22.61% 下降为 12.17%,且相电流第 3 次谐波含量被抑制为 3.46%。在图7-10(c)中,含矢量筛选的 FTMPTC 方法的 B 相电流的 THD 为 13.43%。表 7-5 给出了三种 MPTC 方法的转矩性能分析。在相同频率(10 kHz)下,传统 MPTC、不含矢量筛选的 FTMPTC 和含矢量筛选的 FTMPTC 方法下电机的平均转矩较为相近,分别为 25.37 N·m、25.56 N·m 和 25.38 N·m。而在相同频率(10 kHz)下,传统 MPTC 方法的转矩脉动较大,两种 FTMPTC 方法的转矩脉动相似。

上述稳态实验结果表明,所设计的 FTMPTC 方法能有效实现对单相开路故障下五相 FSPM 电机基波子空间和谐波子空间的控制,且矢量筛选方法可有效降低计算量并且减小开路故障对系统性能的影响。

尽管 FTMPTC 方法实现了对五相 FSPM 电机系统故障的有效控制,但在该方法作用下电机谐波电流和转矩脉动均较大。造成这一现象的主要原因有

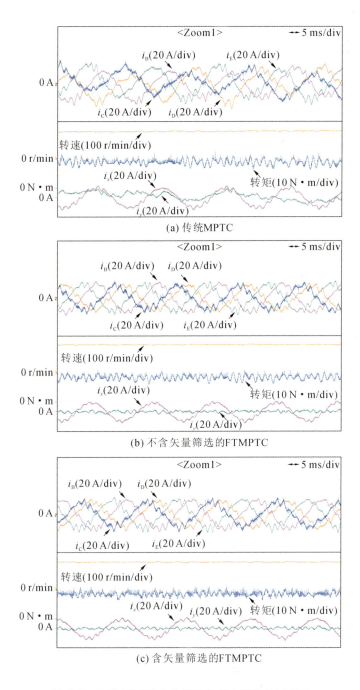

图 7-9 三种 MPTC 方法的稳态实验波形(10 kHz)

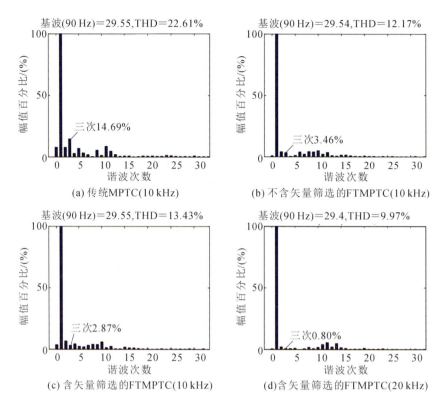

图 7-10　三种 MPTC 方法的相电流 FFT 分析结果

表 7-5　三种 MPTC 方法的转矩性能分析

方法	平均转矩/(N·m)	转矩脉动/(%)
传统 MPTC(10 kHz)	25.37	11.38
不含矢量筛选的 FTMPTC(10 kHz)	25.56	8.25
含矢量筛选的 FTMPTC(10 kHz)	25.38	8.91
含矢量筛选的 FTMPTC(20 kHz)	25.62	7.69

两个：① 单一矢量作用；② 采样频率。针对第一个原因，可以采用 PWM 控制技术解决，7.4 节将重点介绍。然而，采样频率与处理器计算能力和算法复杂程度密切相关。在实际应用过程中，若同一处理器验证的算法计算量小，则可以设置较高的采样频率。所设计的矢量筛选方法可以降低 FTMPTC 方法计算量，因而其采样频率最高可提升至 20 kHz。

图 7-11 显示了采用含矢量筛选的 FTMPTC 方法时在 20 kHz 采样频率下电

机的稳态性能实验波形,实验条件与前文中的对比稳态实验相同。相较于 10 kHz 下的实验波形(见图 7-9(c)),该方法下相电流和电流 x 轴分量的正弦度有所提高。B 相电流的 THD 下降为 9.97%,如图 7-10(d) 所示。另外,平均转矩几乎不受影响,但转矩脉动下降为 7.69%。从实验结果中可以看出,矢量筛选方法降低了 FTMPTC 算法计算量,故可通过提高采样频率的方式来改善系统性能。

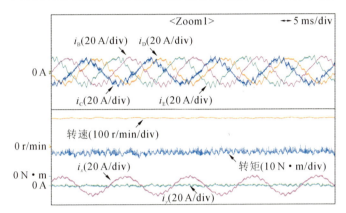

图 7-11 采用含矢量筛选的 FTMPTC 方法时电机稳态性能实验波形(20 kHz)

2. 工况切换实验

为了验证含矢量筛选的 FTMPTC 方法的容错性能,下面开展了工况切换实验。五相 FSPM 电机工作模式如下:首先正常运行,然后切换到单相开路故障运行,再切换至容错运行。在正常运行条件下,转速给定为 300 r/min,负载为 15 N·m,采样频率为 10 kHz,并采用基于虚拟矢量的 MPTC 策略。工况切换实验波形如图 7-12 所示。

在正常条件下,由于采用了虚拟矢量,电流的 x、y 轴分量被抑制,相电流波形正弦度较好,如图 7-13(a)所示。开路故障出现后,系统控制方法保持不变。由于谐波子空间处于不被控状态,剩余健康相电流的幅值和相位发生波动,如图 7-13(b)所示。电流 y 轴分量几乎不变,而 x 轴分量变为 $-i_a$。实际转速由 300 r/min 下降至 290 r/min,且转矩脉动由 4.64% 上升至 10.82%。该工况切换实验结果显示,五相 FSPM 电机发生单相开路故障后,原有的控制方法不能保证系统性能。切换至带故障容错(MPTC)运行后,相电流幅值和相位发生变化,如图 7-13(c)所示;转速恢复至给定值,且转矩脉动下降。实验结果表明,所设计的容错方法能有效处理单相开路故障,并能保证系统在故障前后性能接近。

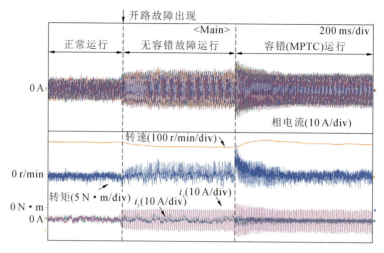

图 7-12　工况切换实验波形

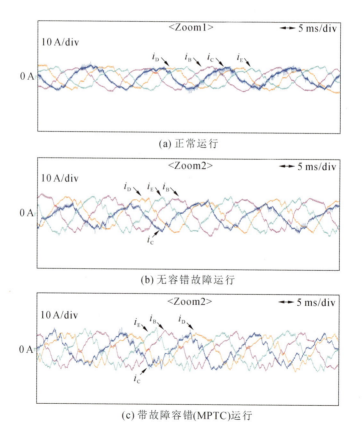

(a) 正常运行

(b) 无容错故障运行

(c) 带故障容错(MPTC)运行

图 7-13　不同工况下的相电流波形

3. 动态实验

动态性能优越是 MPC 的重要特点之一。尽管所提 FTMPTC 方法能实现基波和谐波子空间的控制，但仍需研究其动态性能是否发生变化。因此，下面针对单相开路故障下的五相 FSPM 电机展开动态实验。与第一组稳态实验类似，本实验对传统 MPTC、不含矢量筛选的 FTMPTC、含矢量筛选的 FTMPTC 三种方法进行对比测试，采样频率设置为 10 kHz。

三种 MPTC 方法在速度反转条件下的速度与转矩实验波形如图 7-14 所示。电机速度由 300 r/min 突变为 −300 r/min，而负载转矩幅值恒定为 15 N·m。从实验结果可以看出，三种 MPTC 方法对速度变化的响应较为相似。在速度变化过程中，输出转矩方向发生变化且达到限幅 −30 N·m。大约经过 0.4 s 后，三种方法的速度和转矩响应达到稳定。虽然传统 MPTC 方法下电机的相电流波形不佳，但其动态性能较好。此外，从动态实验结果中可以看出，所设计的 FTMPTC 策略与矢量筛选方法均不会影响电机在故障情况下的速度响应性能。

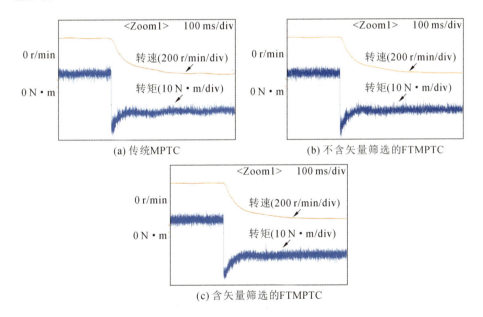

图 7-14　三种 MPTC 方法的速度反转实验波形

除速度反转实验外,还开展了负载突变实验,结果如图 7-15 所示。当电机在单相开路故障下处于 300 r/min 空载运行时,负载给定从 0 N·m 突增为 15 N·m。实验波形显示,三种 MPTC 方法均能迅速响应负载变化,转速因负载改变而发生轻微下降后又达到给定值。该实验表明,所设计的 FTMPTC 方法具有较好的抗负载扰动能力。

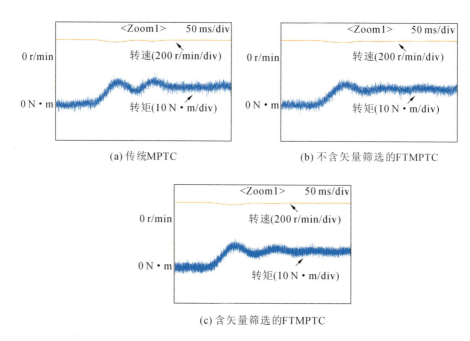

图 7-15　三种 MPTC 方法的负载突变实验波形

4. 参数变化实验

为进一步研究含矢量筛选 FTMPTC 方法的鲁棒性,下面进行了参数变化实验。图 7-16(a)～(c)显示了基于所提方法,电机在电感 d_1 轴、q_1 轴分量和定子电阻变化条件下的相电流、电流 x、y 轴分量及转矩实验波形。实验过程中,预测模型中的参数均变为额定值的 1.5 倍,持续 0.5 s 之后又变为额定值。从图 7-16 中可观察到,三种参数变化对电机故障运行性能影响较小,证明所提策略具有良好的鲁棒性。

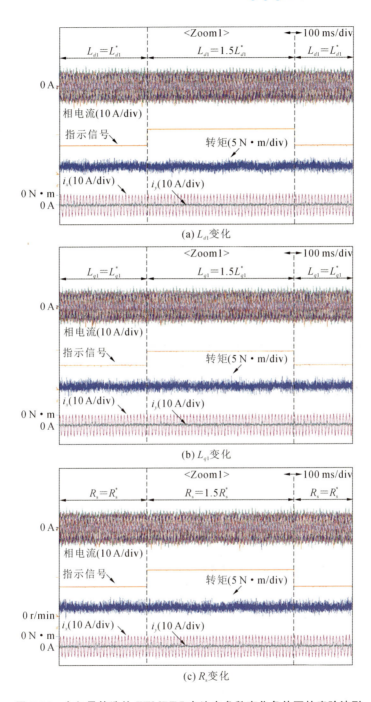

图 7-16 含矢量筛选的 FTMPTC 方法在参数变化条件下的实验波形

7.4 基于空间矢量调制的容错模型预测转矩控制

7.3 节所提的 FTMPTC 策略可有效实现对单相开路故障下五相 FSPM 电机基波和谐波子空间的控制,含矢量筛选的 FTMPTC 方法通过提高控制器采样频率可提高系统性能。然而,该方法并不能从根本上解决单一矢量作用导致的电机稳态性能不佳问题。因此,本节将 SVPWM 方法改进并应用于 FT-MPTC 策略。

7.4.1 常规 SVPWM

常规 SVPWM 方法利用参考电压矢量所在扇区的相邻二矢量来合成参考矢量,并通过伏秒平衡原理计算相邻二矢量作用时间。对于正常运行的五相 FSPM 电机系统,若以虚拟矢量为基本电压矢量,当期望电压矢量位于第一扇区时,其余基本电压矢量的关系如图 7-17 所示,其中,θ_s 为期望矢量的空间位置角,T_s 为采样时间。此时,利用相邻的 $\bm{u}_{v1}$ 和 $\bm{u}_{v2}$ 即可合成参考电压矢量,关系式如下:

$$\bm{u}_f^* T_s = \bm{u}_{v1} T_1 + \bm{u}_{v2} T_2 \tag{7-46}$$

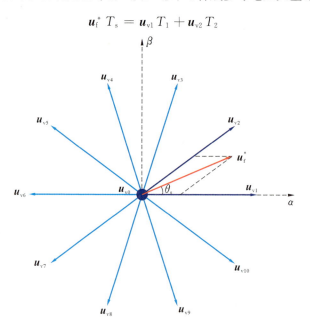

图 7-17 期望电压矢量与虚拟矢量

计算出矢量作用时间后,便可得到各相对应的脉冲占空比。

需要注意的是,常规 SVPWM 方法主要针对基波子空间内参考电压的合成,而不考虑谐波子空间的约束。当多相电机处于正常运行状态时,可以通过矢量合成的方式消除谐波子空间中的电压,从而简化 SVPWM 的实现过程。然而,当多相电机处于单相开路故障状态时,谐波子空间中的电压矢量不能被消除。若直接采用常规 SVPWM 方法对基波子空间中的电压矢量进行合成,所选相邻电压矢量对应的开关状态及其作用时间会在谐波子空间内被动合成电压矢量,但不一定能对谐波电流进行有效控制。如图 7-18 所示,若 α-β 子空间中的目标电压矢量位于 u_{f9} 和 u_{f13} 之间,则可通过这两个矢量的合成得出目标电压矢量;在 x-y 子空间中,开关状态 s_9 和 s_{13} 产生的谐波电压矢量 u_{h9} 和 u_{h13} 会被动合成一个电压矢量,但该矢量并非根据谐波电压方程计算得到的期望矢量。因此,本节对常规 SVPWM 方法进行改进,在确保消除电压跟踪的同时,还能实现对不同子空间的控制。

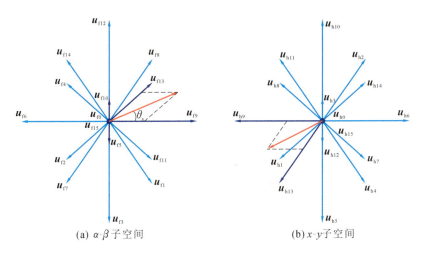

(a) α-β 子空间　　(b) x-y 子空间

图 7-18　常规 SVPWM 与故障条件下的基本电压矢量

7.4.2　改进 SVPWM

近年来,为克服常规 SVPWM 中相邻二矢量的局限,有学者提出二矢量的概念。该方法将合成矢量从相邻二矢量释放为任意二矢量,并在 MPC 中得到应用。若将任意二矢量方法与所提的 FTMPTC 策略相结合,则会产生 120

(C_{16}^{15})种电压组合。这些电压组合可以丰富基波与谐波子空间中期望电压矢量合成的选择度,但同时也会带来巨大的计算量,不易于硬件实现。于是,本小节针对常规 SVPWM 在多相电机 FTMPTC 策略中的应用,提出了一种改进的 SVPWM 方法。在基波子空间,利用参考电压矢量所在象限中的任意二矢量合成参考电压矢量。该方法主要包括参考电压矢量计算、谐波电压抑制和矢量合成三部分。

1. 参考电压矢量

根据 FTMPTC 方法,可以得到参考电流 q_1 轴分量与参考转矩之间的表达式为

$$i_{q1}^* = 2T_e^*/(5P_r\psi_f)$$

结合 d_1-q_1 参考坐标系下的定子磁链方程,可得到参考定子磁链表达式为

$$\begin{cases}\psi_{sd1}^* = \psi_f \\ \psi_{sq1}^* = 2T_e^* L_{q1}/(5P_r\psi_f)\end{cases}$$

α-β 坐标系下的电压方程为

$$\begin{cases}u_\alpha = R_s i_\alpha + \mathrm{d}\psi_{s\alpha}/\mathrm{d}t \\ u_\beta = R_s i_\beta + \mathrm{d}\psi_{s\beta}/\mathrm{d}t\end{cases} \tag{7-47}$$

将式(7-47)离散化后,引入负载角,便可得到参考电压 α、β 轴分量的表达式:

$$\begin{cases}u_\alpha^* = [\psi_{s\alpha}^* \cos(\theta_s + \Delta\gamma) - \psi_{s\alpha}]/T_s + R_s i_{s\alpha} \\ u_\beta^* = [\psi_{s\beta}^* \sin(\theta_s + \Delta\gamma) - \psi_{s\beta}]/T_s + R_s i_{s\beta}\end{cases} \tag{7-48}$$

$$\Delta\gamma = 2L_{q1}\Delta T_e/[5P_r\psi_f\psi_s\cos(\theta_s - \theta_r)] \tag{7-49}$$

$$\theta_s = \arctan(\psi_{s\beta}/\psi_{s\alpha}) \tag{7-50}$$

式中 $\Delta\gamma$——负载角变化,rad;

ΔT_e——转矩参考值与观测值间的误差,N·m;

$\psi_{s\alpha}$,$\psi_{s\beta}$——定子磁链的 α、β 轴分量,Wb;

$i_{s\alpha}$,$i_{s\beta}$——相电流的 α、β 轴分量,A。

2. 谐波电压抑制

五相 FSPM 电机系统在单相开路故障下有 16 种开关状态,部分开关状态在 α-β 子空间中产生的电压矢量幅值要小于其在 x-y 子空间中产生的电压矢量

幅值,如 s_2、s_4、s_5、s_{10}、s_{11} 和 s_{13}。由电压方程可知,大幅值的谐波电压不利于谐波电流抑制。为了抑制谐波电压,上述开关状态被排除,剩下的 9 种开关状态(两个零矢量视为一个)组成新的控制集。图 7-19 为考虑谐波电压抑制后不同子空间中产生的电压矢量。从图中可以看出,每个子空间被电压矢量分割为 8 个部分,且谐波电压矢量 y 轴分量明显被抑制,其最大幅值从 $0.616U_{dc}$ 缩小为 $0.325U_{dc}$,而 x 轴分量最大幅值保持不变。

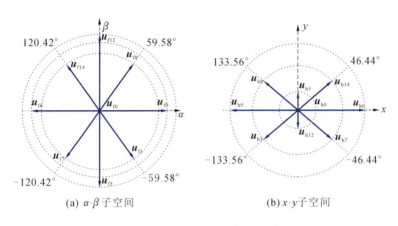

(a) α-β 子空间 (b) x-y 子空间

图 7-19　考虑谐波电压抑制后得到的电压矢量

3. 矢量合成

在图 7-19 中,若不考虑零矢量,则每个象限含有 3 个非零电压矢量。这意味着,不需要计算电压矢量位置角,仅通过判断参考电压矢量所在象限即可得到 3 个电压矢量。利用每个象限中的任意两个非零电压矢量,便可实现对参考电压矢量的合成。这种合成方式不但减少了计算量,而且在实现基波子空间参考电压矢量跟踪的同时,还能丰富谐波子空间矢量合成的选择度。

根据电压矢量 u_{f3}、u_{f6}、u_{f9} 和 u_{f12} 的分布,基波子空间被分为 4 个扇区,对应 4 个自然象限。同理,谐波子空间也可分为 4 个扇区(象限)。判断参考电压矢量 α、β 轴分量的正负,便可确定其所在扇区,进而可以得到 3 个非零电压矢量。例如,当参考电压矢量位于第一扇区(象限)时,u_{f8}、v_{f9} 和 u_{f12} 被选为有效矢量。根据任意二矢量方法,可以得到 (u_{f8}, u_{f9})、(u_{f8}, u_{f12}) 和 (u_{f9}, u_{f12}) 三种合成方式,其示意图如图 7-20 所示。假设 (u_{f8}, u_{f9}) 被选择,根据伏秒平衡原理,可以得到:

$$u_f^* T_s = u_{f8} T_1 + u_{f9} T_2 \qquad (7\text{-}51)$$

解得：

$$\begin{cases} T_1 = T_s u_{f\beta}^* / u_{f8\beta} \\ T_2 = T_s [u_{f\alpha}^* / u_{f9\alpha} - u_{f\beta}^* u_{f8\alpha} / (u_{f8\beta} u_{f9\alpha})] \end{cases} \quad (7\text{-}52)$$

式中　T_1——第一个矢量的作用时间，s；

　　　T_2——第二个矢量的作用时间，s。

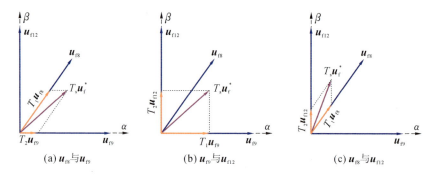

(a) u_{f8} 与 u_{f9}　　　(b) u_{f9} 与 u_{f12}　　　(c) u_{f8} 与 u_{f12}

图 7-20　参考电压矢量位于第一象限的矢量组合

表 7-6 列出了 4 个象限中的矢量组合及其作用时间。用得到的合成矢量代替单一电压矢量并代入预测模型，即可得到基于改进 SVPWM 的 FTMPTC 策略。

表 7-6　不同的矢量组合与作用时间

类目		矢量组合		作用时间	
		第一个矢量	第二个矢量	T_1	T_2
$u_{f\beta}^* \geq 0$	$u_{f\alpha}^* \geq 0$	u_{f8}	u_{f9}	$\dfrac{u_{f\beta}^*}{u_{f8\beta}}T_s$	$\left(\dfrac{u_{f\alpha}^*}{u_{f9\alpha}} - \dfrac{u_{f\beta}^* u_{f8\alpha}}{u_{f8\beta} u_{f9\alpha}}\right)T_s$
		u_{f8}	u_{f12}	$\dfrac{u_{f\alpha}^*}{u_{f8\alpha}}T_s$	$\left(\dfrac{u_{f\beta}^*}{u_{f12\beta}} - \dfrac{u_{f\alpha}^* u_{f8\beta}}{u_{f8\alpha} u_{f12\beta}}\right)T_s$
		u_{f9}	u_{f12}	$\dfrac{u_{f\alpha}^*}{u_{f9\alpha}}T_s$	$\dfrac{u_{f\beta}^*}{u_{f12\beta}}T_s$
	$u_{f\alpha}^* < 0$	u_{f14}	u_{f12}	$\dfrac{u_{f\alpha}^*}{u_{f14\alpha}}T_s$	$\left(\dfrac{u_{f\beta}^*}{u_{f12\beta}} - \dfrac{u_{f\alpha}^* u_{f14\beta}}{u_{f14\alpha} u_{f12\beta}}\right)T_s$
		u_{f14}	u_{f6}	$\dfrac{u_{f\beta}^*}{u_{f14\beta}}T_s$	$\left(\dfrac{u_{f\alpha}^*}{u_{f6\alpha}} - \dfrac{u_{f\beta}^* u_{f14\alpha}}{u_{f14\beta} u_{f6\alpha}}\right)T_s$
		u_{f6}	u_{f12}	$\dfrac{u_{f\alpha}^*}{u_{f6\alpha}}T_s$	$\dfrac{u_{f\beta}^*}{u_{f12\beta}}T_s$

续表

类目		矢量组合		作用时间	
		第一个矢量	第二个矢量	T_1	T_2
$u_{f\beta}^* < 0$	$u_{f\alpha}^* < 0$	$\boldsymbol{u}_{f7}$	$\boldsymbol{u}_{f6}$	$\dfrac{u_{f\beta}^*}{u_{f7\beta}}T_s$	$\left(\dfrac{u_{f\alpha}^*}{u_{f6\alpha}} - \dfrac{u_{f\beta}^*}{u_{f7\beta}}\dfrac{u_{f7\alpha}}{u_{f6\alpha}}\right)T_s$
		$\boldsymbol{u}_{f7}$	$\boldsymbol{u}_{f3}$	$\dfrac{u_{f\alpha}^*}{u_{f7\alpha}}T_s$	$\left(\dfrac{u_{f\beta}^*}{u_{f3\beta}} - \dfrac{u_{f\alpha}^*}{u_{f7\alpha}}\dfrac{u_{f7\beta}}{u_{f3\beta}}\right)T_s$
		$\boldsymbol{u}_{f3}$	$\boldsymbol{u}_{f6}$	$\dfrac{u_{f\beta}^*}{u_{f3\beta}}T_s$	$\dfrac{u_{f\alpha}^*}{u_{f6\alpha}}T_s$
	$u_{f\alpha}^* \geqslant 0$	$\boldsymbol{u}_{f1}$	$\boldsymbol{u}_{f3}$	$\dfrac{u_{f\alpha}^*}{u_{f1\alpha}}T_s$	$\left(\dfrac{u_{f\beta}^*}{u_{f3\beta}} - \dfrac{u_{f\alpha}^*}{u_{f1\alpha}}\dfrac{u_{f1\beta}}{u_{f3\beta}}\right)T_s$
		$\boldsymbol{u}_{f1}$	$\boldsymbol{u}_{f9}$	$\dfrac{u_{f\beta}^*}{u_{f1\beta}}T_s$	$\left(\dfrac{u_{f\alpha}^*}{u_{f9\alpha}} - \dfrac{u_{f\beta}^*}{u_{f1\beta}}\dfrac{u_{f1\alpha}}{u_{f9\alpha}}\right)T_s$
		$\boldsymbol{u}_{f3}$	$\boldsymbol{u}_{f9}$	$\dfrac{u_{f\beta}^*}{u_{f3\beta}}T_s$	$\dfrac{u_{f\alpha}^*}{u_{f9\alpha}}T_s$

7.4.3 预测模型

图 7-21 为基于改进 SVPWM 的五相 FSPM 电机 FTMPTC 结构框图。该方法将改进的 SVPWM 与所提的 FTMPTC 方法结合,不仅可以实现对基波和谐波子空间的控制,还能提高系统稳态性能。

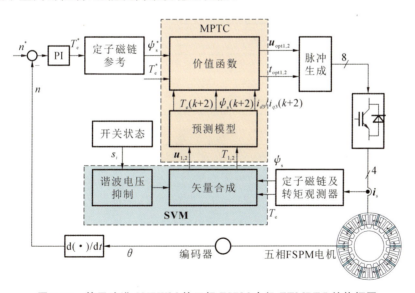

图 7-21 基于改进 SVPWM 的五相 FSPM 电机 FTMPTC 结构框图

利用前向欧拉离散方法将电压方程离散化，并考虑一拍延时补偿，以矢量组合替代原来的单一矢量，可得到电流预测模型如下：

$$\begin{cases} i_{d1}(k+2) = (1-T_sR_s/L_{d1})i_{d1}(k+1) + \omega_e T_s L_{q1} i_{q1}(k+1)/L_{d1} \\ \qquad + T_{2i-1}u_{f(2i-1),d1}/L_{d1} + T_{2i}u_{f(2i),d1}/L_{d1} \\ i_{q1}(k+2) = (1-T_sR_s/L_{q1})i_{q1}(k+1) - \omega_e T_s L_{d1} i_{d1}(k+1)/L_{q1} \\ \qquad + T_{2i-1}u_{f(2i-1),q1}/L_{q1} + T_{2i}u_{f(2i),q1}/L_{q1} - T_s\omega_e\psi_f/L_{q1} \\ i_{d3}(k+2) = (1-T_sR_s/L_{d3})i_{d3}(k+1) + 3\omega_e T_s L_{q3} i_{q3}(k+1)/L_{d3} \\ \qquad + T_{2i-1}u_{h(2i-1),d3}/L_{d3} + T_{2i}u_{h(2i),d3}/L_{d3} \\ i_{q3}(k+2) = (1-T_sR_s/L_{q3})i_{q3}(k+1) - 3\omega_e T_s L_{d3} i_{d3}(k+1)/L_{q3} \\ \qquad + T_{2i-1}u_{h(2i-1),q3}/L_{q3} + T_{2i}u_{h(2i),q3}/L_{q3} \end{cases}$$

(7-53)

式中 T_{2i-1}——每个矢量组合中第一个矢量作用时间，s, $i=1,2,3$；

T_{2i}——每个矢量组合中第二个矢量作用时间，s。

为了保证滚动优化的顺利进行，将每个控制周期内矢量组合所对应的开关状态进行安排，如表7-7所示。

表7-7 不同象限中的开关状态安排

象限	参考电压矢量	开关状态
Ⅰ	$u_{f\beta}^* \geq 0, u_{f\alpha}^* \geq 0$	$(s_8,s_9),(s_8,s_{12}),(s_9,s_{12})$
Ⅱ	$u_{f\beta}^* \geq 0, u_{f\alpha}^* < 0$	$(s_{14},s_{12}),(s_{14},s_6),(s_6,s_{12})$
Ⅲ	$u_{f\beta}^* < 0, u_{f\alpha}^* < 0$	$(s_7,s_6),(s_7,s_3),(s_3,s_6)$
Ⅳ	$u_{f\beta}^* < 0, u_{f\alpha}^* \geq 0$	$(s_1,s_3),(s_1,s_9),(s_3,s_9)$

利用电流预测模型可以得到定子磁链及转矩预测模型：

$$\begin{cases} \psi_{sd}(k+2) = L_{d1}i_{d1}(k+2) + \psi_f \\ \psi_{sq}(k+2) = L_{q1}i_{q1}(k+2) \end{cases} \quad (7\text{-}54)$$

$$T_e(k+2) = \frac{5}{2}P_r[\psi_f i_{q1}(k+2) + (L_{d1}-L_{q1})i_{d1}(k+2)i_{q1}(k+2)]$$

(7-55)

7.4.4　占空比生成

得到由合成矢量构建的预测模型后,构建计及基波与谐波子空间控制的价值函数:

$$g_i = |T_e^* - T_e(k+2)| + \lambda_1[|\psi_{sd}^* - \psi_{sd}(k+2)| + |\psi_{sq}^* - \psi_{sq}(k+2)|] + \lambda_2[|i_{d3}^* - i_{d3}(k+2)| + |i_{q3}^* - i_{q3}(k+2)|]$$

(7-56)

式中:参考转矩及参考定子磁链的计算在 7.4.2 节已介绍;而电流 d_3、q_3 轴分量参考值可根据 ML 准则或 MT 准则进行计算,详见 7.3.2 节中谐波电流准则。

基波子空间的控制以转矩和定子磁链形式实现,而谐波子空间的控制以电流 d_3、q_3 轴分量实现。由于存在三个不同的物理量,因而需要用两个权值连接。

经滚动优化得到最优矢量组合及其作用时间后,便可根据矢量组合对应的开关状态设计各桥臂的脉冲。参考常规 SVPWM,在每个 PWM 周期内,两个零状态和两个非零状态的出现顺序按中心对称的方式进行安排。例如,当(u_{f8},u_{f9})被选为最优矢量组合时,对应各桥臂脉冲设计如图 7-22 所示。

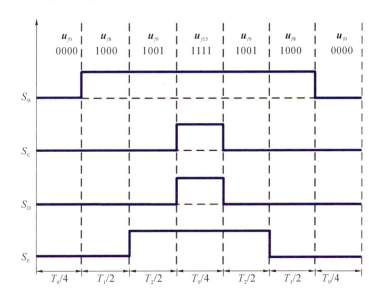

图 7-22　各桥臂脉冲设计示意图

7.4.5 实验验证

为了验证基于改进 SVPWM 的五相 FSPM 电机 FTMPTC 策略的有效性，本小节对其进行实验验证。所用五相 FSPM 电机实验平台与前文相同。

1. 权值系数整定

价值函数中存在两个权值，在开展对比实验之前，需要获得最优权值系数，以排除权值不佳对容错算法性能的影响。7.3 节介绍了一种权值消除方法，即将转矩与定子磁链幅值统一为定子磁链矢量，以消除其之间的连接系数，并给出了依据基准值进行剩余权值系数整定的方法。在本小节的实验研究中，利用基准值方法来调节权值，以负载转矩额定幅值与定子磁链额定幅值之比 λ_{1n} 为权值 λ_1 基准值，以负载转矩额定幅值与谐波电流额定幅值之比 λ_{2n} 为权值 λ_2 基准值，并以电流 q、d 和 y 轴分量的标准差为评价指标。λ_{1n} 和 λ_{2n} 的表达式分别为

$$\lambda_{1n} = T_{en}/\psi_{sn} \tag{7-57}$$

$$\lambda_{2n} = T_{en}/i_{fn} \tag{7-58}$$

根据上述分析，首先进行大量仿真研究。在 MATLAB/Simulink 中搭建了基于改进 SVPWM 的五相 FSPM 电机 FTMPTC 模型，并设置相同的电机参数。转速参考为 300 r/min，负载转矩为 15 N·m。为得到电流 y 轴分量的标准差，选择最小铜耗为谐波电流的控制准则。经计算得到，$\lambda_{1n} = 458.72$，$\lambda_{2n} = 1.58$。因此，将 λ_1 和 λ_2 的调节范围分别设置为 [0, 4000] 和 [0, 5]，电流标准差仿真结果如图 7-23 所示，图中颜色越深代表标准差越小。通过 3 种不同电流分量标准差仿真，最终确定 λ_1 和 λ_2 的范围为 [800, 1200] 和 [0.8, 4]。该结果可以为实验的权值整定提供参考。

2. 稳态实验

将普通的 FTMPTC 方法和本节所提出的基于改进 SVPWM 的 FTMPTC 方法（下文简称 SVM-FTMPTC）在 ML 和 MT 两种准则下进行稳态对比实验，转速与负载分别为 300 r/min 和 15 N·m，采样频率设置为 10 kHz。根据仿真获得的权值系数范围，本实验采用与前面相同的调节方法，最终确定 λ_1 和 λ_2 的最优值为 1000 和 1。

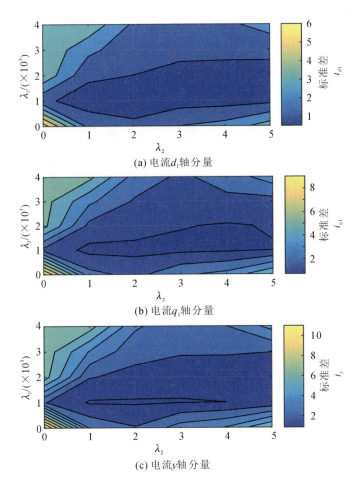

图 7-23 不同权值条件下的电流标准差仿真结果

图 7-24 显示了普通 FTMPTC 和 SVM-FTMPTC 方法分别在 ML 和 MT 准则下的实验波形。从图中可以看出,两种方法都可以实现对基波和谐波子空间的控制,但 SVM-FTMPTC 方法下所产生的电流和转矩谐波少,其稳态性能明显优于普通 FTMPTC 方法。

以 B 相电流为例,利用 FFT 技术对不同方法所产生的 B 相电流进行分析,结果如图 7-25 所示。FTMPTC-ML、SVM-FTMPTC-ML、FTMPTC-MT 和 SVM-FTMPTC-MT 方法下 B 相电流的 THD 分别为 22.21%、4.94%、20.70% 和 4.82%。此外,从电流频谱中还可以看出,FTMPTC 的相电流中含有大量的低次谐波,而 SVM-FTMPTC 中的含量较少。其原因在于,SVPWM

技术可以保证正弦电压输出,而单一电压矢量中含有大量谐波成分。

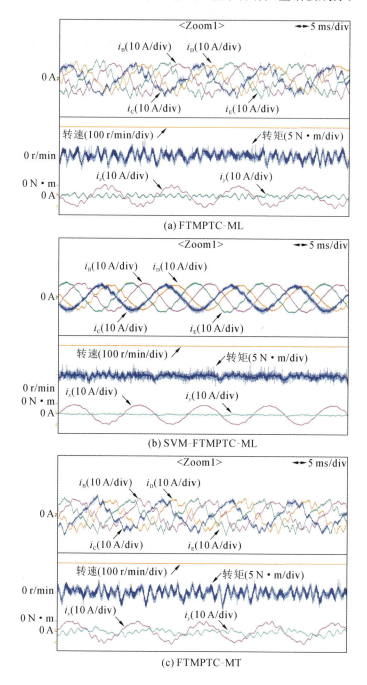

图 7-24 普通 FTMPTC 和 SVM-FTMPTC 方法在不同谐波准则下的实验波形

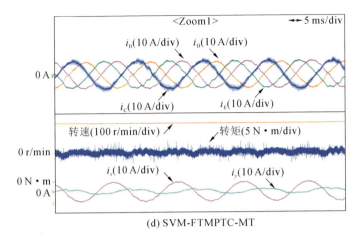

(d) SVM-FTMPTC-MT

续图 7-24

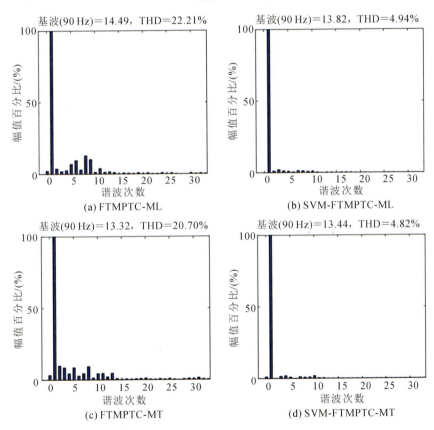

图 7-25　B 相电流 FFT 分析结果

图 7-26 直观反映了采用两种方法时在 ML 和 MT 准则下电机各相电流的 THD 与幅值。采用普通 FTMPTC 方法时在两种谐波准则下电机相电流中的谐波含量均很高（均大于 20%）。而采用 SVM-FTMPTC 方法时电机相电流 THD 均低于 10%。尽管采用两种容错控制方法时电流谐波差异很大，但在相同的谐波准则下相电流幅值仍较为相近。

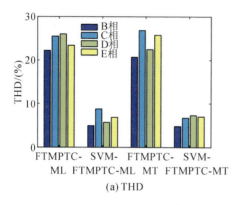

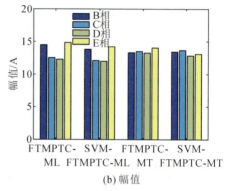

图 7-26 FTMPTC 和 SVM-FTMPTC 方法下相电流的 THD 与幅值

采用普通 FTMPTC 和 SVM-FTMPTC 方法时电机的转矩性能如表 7-8 所示。在不同谐波准则下，采用这两种方法时电机的平均转矩较为接近，而转矩脉动相差较大。FTMPTC-ML、SVM-FTMPTC-ML、FTMPTC-MT 和 SVM-FTMPTC-MT 方法下的转矩脉动分别为 6.24%、2.80%、6.10% 和 2.60%。从转矩脉动结果可以发现，SVM-FTMPTC 方法可有效抑制转矩脉动。

表 7-8 采用普通 FTMPTC 和 SVM-FTMPTC 方法时电机的转矩性能

类别	FTMPTC-ML	SVM-FTMPTC-ML	FTMPTC-MT	SVM-FTMPTC-MT
平均转矩/(N·m)	15.03	14.92	15.01	14.95
转矩脉动/(%)	6.24	2.80	6.10	2.60

为了进一步验证所提方法的优越性，针对两种容错 MPC 方法在 8 kHz 采样频率下展开稳态对比实验，实验波形如图 7-27 所示。谐波电流采用 MT 准则控制，电机运行工况设置与之前稳态实验相同。与图 7-24(c) 和 (d) 对比可见，图 7-27 中波形反映出电机的稳态性能均略有下降。尽管如此，SVM-FT-

MPTC 方法下的谐波电流及转矩仍低于普通 FTMPTC。实验结果表明,当采样频率下降时,相比于普通的 FTMPTC 方法,所提控制方法仍能保持优越性。

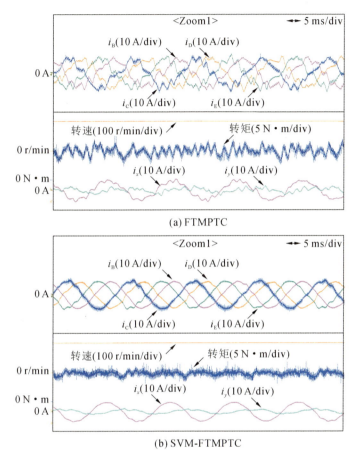

图 7-27　普通 FTMPTC 和 SVM-FTMPTC 方法在 MT 准则下的实验波形(8 kHz)

3. 动态实验

为测试 SVM-FTMPTC 方法的动态性能,针对两种容错 MPC 方法进行了速度反转和负载突变实验。其中,采用 MT 准则来控制谐波子空间。图 7-28 显示了两种 FTMPTC 方法在速度反转条件下的转速与转矩实验波形。负载给定为 15 N·m,转速给定由 300 r/min 跳变为 −300 r/min。转速控制器的输出限幅为 ±30 N·m。当参考转速变化时,系统输出转矩达到下限 −30 N·m。利用 MATLAB 的 stepinfo 函数对转速响应进行分析,结果如表 7-9 所示,分析数据显示两种 FTMPTC 方法的转速响应性能十分接近。

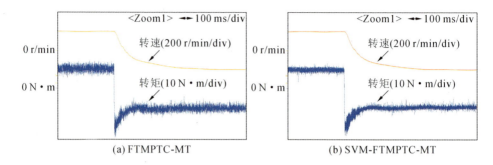

图 7-28　两种 FTMPTC 方法的速度反转实验波形

表 7-9　两种 FTMPTC 方法转速响应分析结果

类别	FTMPTC-MT	SVM-FTMPTC-MT
上升时间/s	0.26	0.24
调节时间/s	0.57	0.56

图 7-29 为两种 FTMPTC 方法在负载突增条件下的转速与转矩实验波形。当单相开路故障下的五相 FSPM 电机处于 300 r/min 空载稳定运行时，将负载突增为 15 N·m。从图中的波形可以看出，两种 FTMPTC 方法对负载突变的响应很相似。当负载变化时，两种 FTMPTC 方法的转速均有小幅下降（约下降 20 r/min），经过 0.15 s 后便又恢复到给定值，而输出转矩经 0.25 s 后达到给定值。实验结果表明，所设计的 FTMPTC 方法仍然能保持较好的抗负载扰动能力。

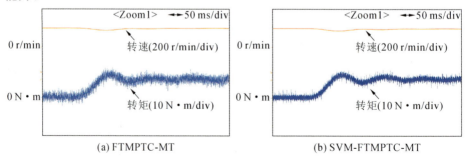

图 7-29　两种 FTMPTC 方法的负载突增实验波形

7.5 本章小结

针对单相开路故障下的五相 FSPM 电机系统,本章选择转矩、定子磁链幅值和谐波电流为控制目标,提出了一种 FTMPTC 策略,可实现对基波和谐波变量的共同控制。为解决 FTMPTC 方法的稳态性能问题,设计了电压矢量筛选方法和改进的 SVPWM。前者可有效降低 FTMPTC 的计算量,提高硬件控制器采样频率,进而改善系统稳态性能。后者通过基波参考电压矢量所在象限确定备选电压矢量,并用合成电压矢量代替单一矢量,以降低电压矢量跟踪误差、改善稳态性能。实验结果表明,所提方法不仅可减小谐波电流与转矩,还可以保证良好的转速和转矩响应特性。

本章参考文献

[1] ZHOU Y Z, CHEN G T. Predictive DTC strategy with fault-tolerant function for six-phase and three-phase PMSM series-connected drive system[J]. IEEE Transactions on Industrial Electronics, 2018, 65(11): 9101-9112.

[2] 陈富扬, 花为, 黄文涛, 等. 基于模型预测转矩控制的五相磁通切换永磁电机开路故障容错策略[J]. 中国电机工程学报, 2019, 39(2): 337-346, 631.

[3] BERMUDEZ M, GONZALEZ-PRIETO I, BARRERO F, et al. Open-phase fault-tolerant direct torque control technique for five-phase induction motor drives[J]. IEEE Transactions on Industrial Electronics, 2017, 64(2): 902-911.

[4] 刘自程, 李永东, 郑泽东. 多相电机控制驱动技术研究综述[J]. 电工技术学报, 2017, 32(24): 17-29.

[5] 陶涛, 赵文祥, 程明, 等. 多相电机容错控制及其关键技术综述[J]. 中国电机工程学报, 2019, 39(2): 315-326.

[6] ZHAO Y, LIPO T A. Modeling and control of a multi-phase induction

machine with structural unbalance[J]. IEEE Transactions on Energy Conversion,1996,11(3):570-577.

[7] TOLIYAT H A. Analysis and simulation of five-phase variable-speed induction motor drives under asymmetrical connections[J]. IEEE Transactions on Power Electronics,1998,13(4):748-756.

[8] DWARI S,PARSA L. An optimal control technique for multiphase PM machines under open-circuit faults[J]. IEEE Transactions on Industrial Electronics,2008,55(5):1988-1995.

[9] BIANCHI N,BOLOGNANI S,PRE DAI M. Strategies for the fault-tolerant current control of a five-phase permanent-magnet motor[J]. IEEE Transactions on Industry Applications,2007,43(4):960-970.

[10] MOHAMMADPOUR A,PARSA L. Global fault-tolerant control technique for multiphase permanent-magnet machines[J]. IEEE Transactions on Industry Applications,2015,51(1):178-186.

[11] ZHANG Y C,YANG H T. Generalized two-vector-based model-predictive torque control of induction motor drives[J]. IEEE Transactions on Power Electronics,2015,30(7):3818-3829.